汪兆骞
—— 著

我们的80年代

中国的文学与文人

中国出版集团 现代出版社

图书在版编目（CIP）数据

我们的 80 年代：中国的文学与文人 / 汪兆骞著 . -- 北京：现代出版社，2020.1
ISBN 978-7-5143-8161-0

Ⅰ . ①我…　Ⅱ . ①汪…　Ⅲ . ①文学家—生平事迹—中国—现代　Ⅳ . ① K825.6

中国版本图书馆 CIP 数据核字 (2019) 第 216687 号

我们的 80 年代：中国的文学与文人

作　　者：汪兆骞
责任编辑：张　霆　姚冬霞
出版发行：现代出版社
通信地址：北京市安定门外安华里 504 号
邮政编码：100011
电　　话：010-64267325　64245264（传真）
网　　址：www.1980xd.com
电子邮箱：xiandai@vip.sina.com
印　　刷：三河市宏盛印务有限公司

开　　本：710mm×1000mm　1/16
印　　张：18.5　　　　　　　字　　数：277 千
版　　次：2020 年 1 月第 1 版　　印　　次：2020 年 1 月第 1 次印刷
书　　号：ISBN 978-7-5143-8161-0
定　　价：49.80 元

目　录

梦得池塘生春草

——古华和获得茅盾文学奖的《芙蓉镇》

古华获得茅盾文学奖的《芙蓉镇》，其书名，是我们《当代》杂志主编秦兆阳从古华自己开列的十几个书名中选定的，芙蓉镇隐含了权力和欲望的双重无意识：一个是交错着权力的芙蓉镇，处三省交界，是商旅豪杰交集，兵家必争的关隘要地；一个是涌动着各种欲望的芙蓉镇，芙蓉满镇，河水泱泱，五岭山脉腹地的平坝，是烟花繁华、温柔富贵之乡。

　　《芙蓉镇》，通过一个偏僻山区古镇的变化，呈现出一幅南国农村社会生活的画卷。正所谓寓政治风云于风俗民情图画，借人物命运演古镇生活变迁。《芙蓉镇》1981 年初，发表在《当代》第一期。

1

我与古华相识，是在 1980 年夏。一次，我与王愿坚去全国作协文学讲习所，参加一个座谈会。经人介绍，我认识了已经发表过《快乐菩萨》《美丽的崖豆杉》等小说的湖南作家古华。他有些腼腆。他对王愿坚说，6 月初，他曾一个人径直闯到朝内大街一百六十六号（人民文学出版社），到小说南组自报家门，谈了他要创作一个"寓政治风云于风俗民情图画，借人物命运演古镇生活变迁"的长篇小说，有两位编辑听后，很热情地鼓励他去写。

到了 9 月中旬，我听说：7 月，文学讲习所创作实习时，古华重返家乡，埋头创作，8 月中旬再返北京时，已拿回十多万字的《遥远的山镇》草稿。他利用业余时间整理抄写，9 月初将只完成四分之三的稿子交到人民文学出版社小说南组，三位编辑只用十天时间，即做出让他到社招待所修改的决定。

我社招待所，不过是位于南楼二层的几间小屋，一桌，一椅，一床，极为简陋，但当时刚刚翘楚文坛的蒋子龙、冯骥才、张锲等人，都曾住在这里改稿，被誉为虎踞龙盘的宝地。《当代》编辑部与招待所同在二楼，只需右拐，仅十步之遥。于是有了近水楼台之便。我得空时就往那里钻，与作家们谈文学，或扯闲篇儿。特别是下班之后，我拉着他们到社里的食堂，吃在当时来说让人眼花缭乱、味道不错的饭菜。爱喝酒的，弄瓶二锅头，花费不多，吃喝尽兴。9 月的一天，天气奇热，我因审读稿件，晚饭就在食堂吃。我远远见一人打了饭菜，默然找一张桌子坐下，埋头吃饭。我定睛细看，那人中等身材，微胖，竟是古华。

我端了饭菜到他的桌上，他有些吃惊，想了片刻，忙问："巧，你也在这里改稿吗？"我开玩笑说，那天你在讲习所，只顾和著名军旅作家王愿坚谈话了，没来得及和我这个小编辑打招呼。他很尴尬，满脸通红。

到了他的房间，热气袭人。我忙跑到我的办公室，脱了衣服，光着膀子，提着电风扇，返回古华住的小屋。他竟衣冠整齐地站在那里，把刚刚沏好的一杯茶推给我，略胖的脸上淌着汗，绽着憨厚的笑。那夜，我们谈了很久。后来，一有空我们就凑到一起，谈的话题开始偏重文学。

古华，自称"乡下人"，原名罗鸿玉，出生于湖南嘉禾县，湘江支流春陵河畔的小镇。他在种田、砍竹、挑炭、打草鞋中度过童年。1961 年，他从郴州地区农业学校肄业，在桥口农业研究所当农业工人十四年。1962 年，二十岁时，他发表小说《杏妹》。1975 年，他调到郴州地区歌舞团，从事歌词创作。1978 年，他出版中短篇小说集《莽川歌》。

囿于时代局限和自身的原因，20 世纪 80 年代前，古华的作品并非完全源于他熟悉的现实生活，忽视如画的农村、苍茫的树木、古朴的民风、各色人物的命运遭际、多灾多难又多姿多彩的生活，而是模仿别人，多为应时趋景之作。用古华自己的话说："完整的生活被肢解，复杂的心理被简化，真实的矛盾被掩盖——这样的东西不可能有生活实感，不可能有长久的生命力。"

到了 1980 年 3 月，古华在北京中国作家协会主办的文学讲习所学习期间，创作的《爬满青藤的木屋》等作品，抨击旧的伦理道德观念对于妇女身心的摧残和精神禁锢，为妇女的人格独立和精神解放而不倦地呐喊，让人对古华刮目相看了。在作家们纷纷集中精力将批判锋芒指向极左思潮的时候，古华却把他的社会批判火力转向对准了封建意识形态，更让人多了几分惊喜。这是看了《爬满青藤的木屋》草稿后，我对古华说的话。

早于《爬满青藤的木屋》动笔的《芙蓉镇》，同样是一部风俗画色彩很浓的小说。古华说，"尝试着把自己二十几年来所熟悉的南方乡村里的人和事，囊括、浓缩进一部作品里"，"力求写出南国乡村的生活色彩和生活情调来。这样便产生了《芙蓉镇》"（《〈芙蓉镇〉后记》）。

创作《芙蓉镇》，滥觞于古华家乡一个年轻寡妇的真实故事。他由此扩展、生发，塑造成《芙蓉镇》里的"芙蓉仙子"胡玉音形象。胡玉音像所有农村劳动妇女一样，善良、勤劳、忍让、富有同情心，而且具有美丽得让世人怜爱的花容月貌。她靠磨米豆腐，创造着自己的生活。但她的性格中交织着新与旧两种成分，因袭的精神负担也很重。她相信命运，混杂着无力认识现实的畸形的、自欺自慰的心理状态。小说的一切矛盾都围绕着她展开，构成了小说浓重的悲剧色彩。小说的成功，在于表现了她的不认"罪"，自怜而不自贱。在严酷的现实面前，从谷燕生与李国香、王秋赦的对立中，她逐渐认识到世事和人生的复杂。她与秦书田的发生在"罪人"间的爱情，是她对"政治身份"的反叛，是对不公正待遇的公开挑战。胡玉音终于由忍辱走上勇敢抗争。栩栩如生、血肉丰满的胡玉音，如同一簇烈火在暗夜中闪光。

古华十分钟爱胡玉音这一文学形象。在闷热的北京 9 月，一天傍晚，暴雨倾盆，我索性住在办公室，有了与古华秉烛长谈的一晚。古华和我都赤着膀子，喝着古华从家乡带来的苦茶，大汗淋漓。古华用手抹了把脸，把目光投向电闪雷鸣的夜空，讲述了他在家乡五里林区同样是 7 月的夜晚。

那夜没有雨，望出去是清幽幽月光下蓝莽莽的林海，深邃而神秘。古华的《芙蓉镇》的创作已接近尾声，自己完全沉浸在创作的亢奋之中，他随着胡玉音的命运跌宕时而哭，时而笑。他手中的笔，犹有神助，文衢通达，情思如涌，小说的细节纷至沓来，人物形象也鬼使神差般立在眼前，有说有笑。仅仅用了十八天，他就把"湘南乡镇上二三十年的风云际会，山川流走，民情变异"的人情世态，浓缩进《芙蓉镇》里。当他给作品画上最后一个句号，他冲出藏身于茫茫林海静谧的小木屋，忍不住号啕大哭……

古华是面向夜空，讲述这段让他自己都震惊的创作经历的，等他转身端起茶杯时，我看到他满脸泪痕。我们默默相对，长久沉寂。

2

在《当代》，最早审读《芙蓉镇》初稿的，是早年毕业于黄埔军校的龙士辉。他见证了《芙蓉镇》从胚胎状态到定稿的全过程。他对我说，乍看到《芙蓉镇》的初稿，"一下子把我看愣了！一个小小的芙蓉镇，几个小人物的命运，使你激动，使你同情，使你流泪，使你叹息，更使你深思……为我们唱出了一首严峻的乡村牧歌"。

龙士辉在充分肯定作品的同时，也指出了人物单薄等问题，于是心领神会的古华，加了王秋赦这一人物，使黎满庚也丰满和鲜活了。

古华说，老龙真是有水平的老编辑。他指出原作品中正直、真挚的黎满庚一下子就变成一个出卖灵魂的小丑，没有令人信服的逻辑性。我就把黎干的坏事都移植给新人物王秋赦，黎满庚果然得救了，王秋赦丰满了。

老编辑龙士辉，也是《芙蓉镇》发表后，最早发表书评的人，认为其是反映农村生活长篇小说的"一个重大的突破，一个新的标志"。《林海雪原》《将军吟》《代价》都凝聚了龙士辉的心血。我对古华说，你是幸运的。

1982年12月，《芙蓉镇》荣获首届茅盾文学奖。我们应该感谢古华，他的《芙蓉镇》在反思话语的悲壮性的洞烛之下，让乡土作为一个被重新赋予阐释的所在，呈现给当时的新时期文学殿堂。可惜的是，古华并没有让乡土从模式化的叙述中突击出来。《芙蓉镇》故事设置的结构依然在二元对立的模式中进行，一边是坚持错误和荒谬路线、极端教条化的王秋赦们，一边是老老实实、本本分分生活却备受磨难的胡玉音们，顶多加上好党员谷燕山和苦中作乐的秦书田。把复杂的生活简单化，将有些人物类型化和丑角化，也是《芙蓉镇》渐被冷落的原因。在讨论这个问题时，古华说："我要做的是从农民苦难中获取一份反省精神来映衬着那个错乱荒诞的时代。"

我无言以对。或许，你的确不能对一部文学作品奢求太多。

古华到北京来领茅盾文学奖时，北京已是寒冬，意气风发的他，到《当代》编辑部时，表示要答谢《当代》一干人。众人以为古华要宴请，不料，他别出心裁，请大家看了一场电影，并给我们的孩子，每人一个棒棒糖。早就听说古华很小气，出手总是抠门儿吝啬，果然让大家领教了。想来，在穷困小村过惯了艰难的日子，让古华不忍奢华，于情理也算说得过去。

临离京前，古华找到我道别，说一定要请龙士辉、冯立三和我吃饺子。龙士辉是他的责编，曾给过他独特的帮助，是他的恩人。而我的大学同班同学，时在《光明日报》的冯立三，曾在1982年5月的《光明日报》上发表《〈芙蓉镇〉人物谈》，高度评价了他的小说。冯立三因故未能出席，我、龙士辉和古华在我就职的人民文学出版社门口一家小店里，吃了顿饺子。古华和老龙把我带去的一瓶五粮液喝得差不多时，都有些醉意。古华突然拉住我的手，问："你喜欢胡玉音不？"我点点头："那是个值得尊重的'芙蓉仙子'。"古华却嗤嗤地痴笑："哥哥耶，那可是个豆腐似的美人哩。"他的眼闪着特殊的光亮。

古华称我为哥，因为我大他两岁，他是 1942 年生人。当《芙蓉镇》被搬上银幕，姜文和刘晓庆出彩的表演让世人都沉浸在《芙蓉镇》的狂欢气氛中，古华也名噪文坛时，我去湖南开会，见到了已经当了中国作协理事、湖南作协副主席的古华。他似乎胖了，也白净了些，衣着也不再土气。他陪我到天子山玩了一趟，话语中流露出家庭不睦的信息。

回到北京，我又参加《啄木鸟》在黄山举办的笔会，与王朔、马未都等诸友游山玩水间，得到古华与该刊一我熟识的女编辑走得很近的传闻。不久，古华悄然远渡重洋，定居在加拿大。

3

古华离开故土之后，国内有人重新评价《芙蓉镇》，称其为"简化的'文化大革命'"，认为《芙蓉镇》特定的社会意义远远超过其"文学性"的意义，批评《芙蓉镇》就是"少数坏人（如李国香、王秋赦）迫害多数好人（豆腐西施、秦书田、粮管所长等）的过程"，"将……种种复杂到令人头痛、令人害怕的问题用伦理尺度分解得一清二楚、黑白分明"，认为"中国知识分子至今仍用《芙蓉镇》式的方式来反思'文化大革命'，那中国真是不幸了"。

持这种观点的人，大约多是年轻人。产生《芙蓉镇》的年代，是"文化大革命"刚刚宣告结束。刚刚从饱经种种精神磨难乃至肉体摧残的记忆中解脱出来的古华，首要的叙事，是呈现和反思极左思潮给共和国、给民族造成的苦难，以及春天骤然到来的喜悦和希望，确有"为人生、为社会"，"文以济世"的传统文学观念。

改革开放之初，其文学观念的偏狭性，在新时期文学中不可避免地暴露出来。当政治反思的文学浪潮一过，古华、莫应丰等相当多知名作家，依然缺乏对文学的自觉性，其作品粗糙、直露的弱点也显现出来。除了有史料价值，缺乏艺术魅力是那时作品共有的缺陷，非独古华一人。完全否定古华，实际上就是否定整个反思文学。

20 世纪 80 年代，政治宽松，文学正向人学回归，作家获得了广阔的创作空间。何必苛求彼时的古华？时代造就了《芙蓉镇》，那个时代注定产生不了文学经典。1986 年，莫言发表了《红高粱》系列小说，是文学之幸，也是莫言之幸。

大约过了两年，国内流传着一本写伟人与女人们的乱七八糟的书，是从国外非法舶来，又经非法偷印、非法传销的印刷品。坊间传说是古华撰写，用来贴补在国外的拮据生活的。在书摊偶然见到，草草一看，文字完全不像古华凝练而富有文学韵味的睿智又含有哲理的语言。为了证实我的判断，我曾请也在加拿大定居的几位文坛老友，设法拜会一下老朋友古华，问个究竟。没别的意思，只想知道古华是否仍是恪守文化人格的作家。可惜，至今也无人给我一个明确的回答。

一别多年，天涯远梦，正有"浓淡难与君说"的梦别之感，人虽远去，风流余韵却依然留在他的作品之间……

天恐文章浑断绝

——莫应丰冒死写出《将军吟》

与《芙蓉镇》同时获得首届茅盾文学奖的长篇小说，还有莫应丰发表在1979年第三期《当代》上的《将军吟》。《将军吟》送到《当代》时，原名"将军梦"。主编秦兆阳建议改名"沉思"或"将军的沉思"。莫应丰致信人民文学出版社社长韦君宜，希望改名为"将军吟"。女作家韦君宜采纳了莫应丰的意见。

　　《将军吟》完稿于1976年春夏之交。作品展现解放军某部空军高层指挥机关在"文化大革命"初期的惊涛骇浪中的浮沉，塑造了司令员彭其等刚直不阿，敢于顶逆风、抗恶流的人物形象。彭其智勇双全，在极险恶的政治环境中，游刃有余地处理突发事件，保护部下，稳定局面。如最精彩的十四章"老人心"——彭其略施小计，将不可一世的"造反派"玩弄于股掌之上，又以大将风度和赤子情怀规劝失足者，表现出其成熟的政治经验和慈祥的心胸。可以说，这是新时期即将到来前，第一部大规模描写"文化大革命"罪恶、控诉极左思潮的长篇力作。

1

1976年，是"四人帮"篡党夺权最疯狂的岁月。那年从3月4日到6月26日，莫应丰秉承着中国知识分子的理性和良知，以及对国运民瘼的关切，躲进文家市公社院内的小楼之上，吃着每月十五元的清淡寡油的伙食，吸着友人肖振国等人送的劣质香烟，秘密地搞起足以杀头的"反动文学"。

夜晚，月明星稀之时，小楼有微弱灯光的窗口里，常飘出《国际歌》的声音，那是莫应丰写到兴奋处，不自觉吟出的旋律，有时也有断断续续的抽泣声，飘向寂寥的夜空，那是莫应丰为他笔下的人物而动情。

莫应丰获茅盾文学奖后的一年春天，我陪莫应丰到秦兆阳位于南池子的居所。我们坐在兆阳先生的书房、画室兼卧室里，听到莫应丰讲《将军吟》创作的传奇故事。莫应丰说，四十七万字的《将军吟》用三个多月的时间草成时，他有一种解脱感、成功感。如果说，笔走龙蛇地日夜兼程创作过程中，他曾恐惧过，那也并非担心被抓去坐牢或杀头，而是怕这部小说夭折。一旦足可给历史留下形象证词的作品完成，他何惧死亡。他给我们吟了小说脱稿时即兴赋的一首诗："含辛茹苦愤无私，百万雄兵纸上驰。泪雨濯清千里目，将军一梦醒其时。"应丰说，他在创作《将军吟》时，赶上那年清明节，北京数百万人到天安门广场悼念周恩来同志，并愤怒地声讨"四人帮"的倒行逆施，那惊天地、泣鬼神的宏大场面，让他仰天长啸，长夜无眠。他加快了创作速度。完稿后，他用木板制成木盒，将草稿装入，再用塑料袋裹好，埋在了地下。等待着春天到来，发芽、开花、结果。

2

莫应丰较之古华，似乎个性更强，对自己的《将军吟》，如同珍爱自己羽毛般坚持己见。按出版常规，一部小说要经过责任编辑、主任、主编或总编辑三审制，思想观念不同，审美情趣差异，再加上政治环境的变化，都可能左右一部小说的命运。在共和国文学春天尚未到来之前，"两个凡是"，"文化大革命"不能怀疑的政治幽灵还在天空徘徊的时候，《将军吟》遇到麻烦，很好理解。尽管女作家又是老革命的韦君宜，力排众议，敢于担当，力推《将军吟》的发表，但作品要进行某些修改也是必须的。出版社将莫应丰邀到北京，住进二楼的招待所。但他离京后，编辑发现，莫应丰并没有接受修改的意见。

韦君宜再次站出来，以对小说艺术的真知灼见，默许了莫应丰的坚持己见，还把《当代》同人审稿时删去的大段大段的文字，重新恢复，保住了《将军吟》的精神风貌。

比起莫应丰，古华性情随和率真，在表达上更自由。他的《芙蓉镇》是经过几次修改的。他的小说爱纤细而不追求阔大，爱朴实而不刻意雕琢，爱隽趣而不腻滞，时有放肆而不失风神。可惜的是，对一些原生态的活泼文字，他忍痛遵命动了"手术"。作品干净了，却大失神采。世间有种种文字，原来就有新旧、雅俗，可悲的是，文坛历来不仅有"语言牢房"，还有编辑的无情刀斧。呜呼，可怜的古华。

过了多年，一次，与韦君宜社长一起出差。在火车上，谈到她毅然拍板决定刊发莫应丰的《将军吟》的胆识和气魄，让我们做晚辈的很是敬佩时，她却很赞赏莫应丰那时敢于坚持己见，拒不修改《将军吟》的风骨。她说："文学创新难，作家坚守文学的道义更难，莫应丰坚决不同意修改《将军吟》，是需要一种精神支撑的，正是他对自己作品灵魂捍卫的精神，深深地打动我，我才有勇气坚持了自己的决定。想起来，我还得感谢莫应丰呢！"

当然，有的修改，也出于编辑和作家的无奈。比如，韦君宜也曾让《沉重的翅膀》的作者张洁，对小说中太过尖锐的地方修改。对此，张洁在 1981 年 10 月 31 日的日记上写道："照我的脾气就不改，但现在这本书已经不是我个人的事，会影响一大批人，甚至我尊敬的一些领导，为了大我，只好放弃小我。"

韦君宜曾对我说，张洁极具个性，是个敢于坚持己见的作家，我告诉她让她修改"是可以堵住他们（持极左思潮的人）的嘴……这让中央替我们说话时，也好出来说话，不要使他们一点回旋的余地也没有"。为了大局，韦君宜注重了策略，同样为了大局，张洁选择了退一步海阔天空。

3

韦君宜 1935 年考入清华大学哲学系，参加过"一二·九"学生爱国救亡运动，1939 年到延安。她做过《中国青年》《文艺学习》总编辑，后调入人民文学出版社任总编辑、社长。她的短篇小说集《女人集》，几乎与《将军吟》同时出版。其表现老干部生活的小说《洗礼》获 1981—1982 年全国优秀中篇小说奖。后来，其《露莎的路》《母与子》等长篇小说，为一位伟大的母亲立传，反映作者对人生、对历史的独特思考。她主政人民文学出版社期间，亲自参与并推出的获茅盾文学奖的长篇小说，就有《芙蓉镇》《将军吟》《冬天里的春天》《沉重的翅膀》《钟鼓楼》等多部。王蒙第一部长篇小说《青春万岁》及《活动变人形》也是在她的亲自关怀下出版的。韦君宜还扶植了蒋子龙、冯骥才、叶辛等大批青年作家。

就我所知，韦君宜从人格上如此褒奖莫应丰，是不多见的。后来，莫应丰来京开第四次文代会，住在京西宾馆，我住的房间离他不远。当秦兆阳和韦君宜高票当选作协新领导班子那天，莫应丰到我房间闲聊，谈到韦君宜时，他说："若不是韦社长以惊人的魄力推出《将军吟》，没准儿我还在湖南电影制片厂混呢。"我把韦社长对他的评价告诉他，他突然变得特别严肃，说："我只是珍惜自己的作品，不愿它被人磨去锋芒。而韦老师力排众议推出《将军吟》，则表现了一种道义和担当，她是我文学之路上遇到的贵人，是我的福星。"

好像就是在那次会议上，在韦君宜的房间，莫应丰与韦君宜有一次关于文学创作的长谈。莫应丰后来告诉我，韦君宜建议应该把创作重心转到湖南乡土风情的镂刻上，揭示农村生活的保守僵化和扼杀人性等方面。莫应丰接受韦君宜的建议，开始把目光投向偏僻闭塞的山乡农村，在表现农民的苦难的同时，又发现人与自然和谐的关系，发现在那片充满凄苦的土地上，同样充盈着静与美、质朴与纯洁、单纯与诚意。他写出了《竹叶子》《美神》《桃源梦》等优秀小说。只可惜，莫应丰于1989年2月，不幸英年早逝，年仅五十一岁。

多年过去，遥想湖南作家的曾经辉煌，仿如昨日。随着古华的远去，莫应丰的辞世，叶蔚林的沉默，韩少功的隐退，伤痕文学和反思文学大潮中最汹涌澎湃的湘军，只留下落寂苍凉的背影，真让人唏嘘叹惋。

纵横正有凌云笔

——李国文和他的反思小说《冬天里的春天》

新时期文学，从一开始就担负起对中国社会进行回顾和总结的重任。一个长期沉浸、反复咀嚼苦难而没有反思的民族，是没有希望的。中国作家原本就不缺乏思考，只是他们思考的权利总是以种种借口被剥夺。改革开放，他们重获话语权的时候，便不失时机地对中国社会，特别是对"四人帮"的极左政治，进行了批判和反思。

　　图1957年发表小说《改选》而被错划为"右派"的李国文，重登文坛后，在作品中就表现出一种把社会的视角和人生的视角相统一、深沉的思想蕴含和浓郁的情感色彩相映衬的艺术追求。他发表了历史内容厚重、结构形式新颖的长篇小说《冬天里的春天》等作品，奏出了时代反思的强音。

　　到了20世纪80年代末90年代初，李国文的创作由强烈的社会性主题，转向对社会形态和心态的揭示，立意变得含蓄而又博大，其小说进入了出神入化的新境界，李国文也成为小说大家。

1

李国文大我十岁，我在称他为老师的同时，更习惯叫他老哥。

他的《冬天里的春天》，在《当代》发表二十多年前，我就知道其大名并读了他发表在《人民文学》上、干预生活、反对麻木不仁的官僚主义的短篇小说《改选》。有意思的是，二十几年之后，在未与李国文老哥谋面前，我又读到了他的也是写选举的短篇小说《秋后热》。

《秋后热》中，围绕着工厂选党代表，展开了"文化大革命"中正义与邪恶间的斗争。最终，在极左的"阶级斗争"的喧嚣下，乘恶风而扶摇直上的"革命"新贵成了工厂的主宰，群众的基本利益、要求，被冠冕堂皇地漠视和剥夺。而与之斗争的退休锅炉工刘喜福，让我想起《改选》中的老郝。从《改选》的峻急愤慨，到《秋后热》的冷峭沉郁，这种呼应，意味深长。

1962 年，我在首都师范大学读中文系二年级时，王蒙突然穿着西装，走进校园，成了中文系研究鲁迅的学者王景山先生的助教，辅导我们现代文学。

王蒙谈到李国文和他的小说《改选》时，评价是积极的，话语间流露出惺惺相惜的味道。王蒙的《组织部新来的年轻人》和李国文的《改选》都发表在同期的《人民文学》上，同时获得极高赞誉而翘楚文坛，又一起不幸落难，连同推出这两篇小说的《人民文学》副主编秦兆阳，于 1957 年同被错划成"右派"。更荒诞的是，1957 年，时在上海卢湾区团委工作的姚文元，在《中国青年报》著文批判过李国文的《改选》，后竟成了李国文反对中央"文化大革命"的罪该万死的公诉书！

新时期文学发轫之初的 20 世纪 70 年代末，秦兆阳从被流放多年的广西回到北京，当了《当代》主编不久，就力推脱离东北劳改苦海的李国文的长篇小说《冬天里的春天》。从初涉文坛到重返文坛，李国文整整耗去了二十多年宝贵的青春年华，其间的苦难，殊非言语能道断。

我初见李国文老哥时，"恰如灯下故人，万里归来对影"。他童颜鹤发，面有佛相，岁月漫掩，几度劫痕却依然如流水一湾，似疏林晚钟，让人惊为天人。其气象神韵，有不可言说的渊默。后来，1998年的圣诞日，我在给他的信中，引用了苏轼的诗句"一点浩然气，千里快哉风"，来表达我对老兄的景慕之情。国文老哥立即回信："兆骞兄，谢谢你的褒誉之词，不敢，不敢。"

国文老哥嗜茶，书房有一大冰箱，专藏各类名茶，尤爱武夷岩茶。他不惜花重金购得以自品或待友。一次，他到茶庄买上千元之上品肉桂，伙计见其一朴素老者，以为听错，问了几遍，方称了茶，诧异地望着客人。每到国文老哥家，自然有好茶可喝。喝茶自然聊天，有一次，他见我不如往日快活，问我究竟。我便一吐心中块垒。我胸无城府，秉性心直口快，不善处理与领导、下属的关系，常使我不得开心颜。国文老哥几次自告奋勇，要找我社领导为我诉苦。尽管我不敢劳烦国文老哥，但他那份情谊，总让我感动不已。国文老哥出任《小说选刊》主编之后，调我大学同学冯立三做副手，我的品性，立三素有好评，他们有了深交之后，我与国文老哥也成了"人间有味是清欢"式的君子之交。

《冬天里的春天》，一如他的处女作《改选》，把社会的视角与人生的视角相统一，深沉的思想蕴意与浓郁的情感色彩相融合，既有强烈的社会性主题，又注重艺术形式的不断探索和创新。《冬天里的春天》中，作者以大幅度的时空跨越和大容量的心理笔墨，将四五十年间风云变幻的历史和云谲波诡的政治生活，浓缩在主人公于而龙回到石湖的两天时间里。历史与现实对照，人物的意识流动，内心独白与梦境幻化，融化其中，使作品摇曳变化、姿彩纷呈。厚重的历史内容，耳目一新的艺术形式，让《冬天里的春天》成为反思小说中的优秀成果，让我一辈子记住了其中"春天始终在人民心中"那句极富哲理的话。

在太过注重苦难和伤痕叙事的反思小说中，故事往往淹没和削弱了鲜活的人物，成为历史发生后的文字记载。《冬天里的春天》的特别之处，在于它超越了历史记载，以人物的命运丰富地重现和超越了历史，并使得不同人参与到对苦难的集体性体验之中。

当然，《冬天里的春天》中，虽重视了人物性格发展逻辑，但有时略显单薄，小说有时过于注重戏剧冲突，有"作"的痕迹。

2

到了写《危楼记事》时，国文老哥又有了新的艺术追求。围绕着有象征性的"危楼"，刻画了形形色色的人物，写了一件件光怪陆离的事件，开掘人物的生存方式和文化心理，对整个暴虐、血腥、荒诞的"文化大革命"做了一次意义深远的文化反思。我把它视为《冬天里的春天》的姊妹篇。

偶尔与国文老哥谈到文学批评，他十分反感动辄把"传世""不朽"的桂冠，加冕于自己喜欢或巴结，或可以攀附的作家头上。他主张作品能否传世，得由后代人来评定。他说："正如现在我们大谈《红楼梦》的不朽，但与这位大师同时的脂砚斋，并没有宣布芹溪不朽。"他还说："老实讲，在当代文学史上，具有深刻意义的 80 年代中叶的文学试验，是现在这些驰骋文坛的年轻人推动起来的。现在探讨它的成功或者是失败，作结论还为时过早。"国文老哥对自己的作品，极为清醒，他认为《冬天里的春天》《花园街五号》等作品，仅仅与《芙蓉镇》《将军吟》一起影响文学潮流，为促进新文学发展添了把薪火而已。

一次，国文老哥得知我正编一部与他同时代人的长篇小说，他开玩笑说，从文学史的角度看，不论是一代文宗，还是词墨领袖，都不过是滚滚流逝长河里的匆匆过客罢了，我等三脚猫式的作品，不过是浮在水面上的泡沫而已，总写，总重复自己，有啥意思？"江山代有才人出"，把版面留给年轻人吧。端是极有见识。

国文老哥，真的不再写小说了，我表示非常惋惜。他说，没有李白，唐诗凄凉，没有我，文坛依旧。

复出后的李国文，竟以惊世骇俗的笔墨，写了大量的散文随笔，"毅然搁下个人写小说之笔，专意去梳理旧籍，写他的文史随笔。他是急流勇进复急流勇退，进退之间，显示了多面手的潇洒"（邵燕祥语）。我和后来成为《中华文学选刊》主编的谢欣在《当代》特意为他开辟了一个散文随笔专栏。人民文学出版社先后为他出版了《中国文人的活法》和《中国文人非正常死亡》等散文随笔集，一时洛阳纸贵。

20世纪50年代之后，知识分子几乎成了革命的对立面。从对萧也牧小说《我们夫妇之间》的批判，可见端倪。反右运动之后，知识分子几乎全部落马，跌入苦难的深渊。"文化大革命"开始，更是在劫难逃，中国知识分子集体失声。真实全面再现这段知识分子苦难史和精神历程的，当数王蒙的季节系列长篇小说。而真正写出中国知识分子精神景况的，不是小说，而是李国文的散文。他的《中国文人的活法》《中国文人的非正常死亡》让我们看到中国知识分子"士"的风骨和德行，看到他们的道义和担当，他们的血性和良知，还有他们的无耻和丑陋。其中"附录"的"功能"系列，用墨不多，就让我们看透当代文人韦君宜、郭沫若、周扬、吴晗、姚文元等人的灵魂。

我退休后，应新华出版社之邀，为该社主编了一套包括刘心武、张抗抗、蒋子龙等十五人的十五卷"金蔷薇散文名家新作文库"，其中就有国文老哥的一本《唐朝天空》。后我又给中国文史出版社主编名作家随笔丛书，因国文老哥身体不适，未能与莫言、陈忠实等老友再聚丛书中，这成了此丛书的遗憾。

戊戌年伊始，国文老哥又推出《李国文评注酉阳杂俎》一书，其深蓝色的封面，望之如夜空，浩瀚、幽深。文人皆知《酉阳杂俎》堪称唐代社会生活的百科全书。《酉阳杂俎》有三十卷之多，内容杂驳，举凡唐代流行的异事，从皇帝到书生及贩夫走卒各色人等，皆有所记，涉及社会生活、文化艺术、奇人逸事、文人掌故，林林总总，记叙繁杂，堪称唐人笔记之典型。过去《酉阳杂俎》多在文人书斋中，作为学术研读，现在由小说随笔大家国文老哥点化，便有了生命延续的传奇。鲁迅在其《中国小说史略》序中说，《酉阳杂俎》"每篇各有题目，亦殊隐僻"。国文老哥却说："因为隐僻，所以费解，所以好奇。"国文老哥的评注，以通俗话语，谈古论今，犀利透彻地赋予其"隐僻"丰富的想象和描绘，使其呈现出有趣、瑰丽和宏大的气象，令人沉思回味。

散文似茶，随笔如酒，读之如听清泉伴着松涛，能得天然韵味。但读国文老哥的散文随笔，不仅有白云苍狗、镜花水月、山南海北、大千世界一番无垠的天地，更有中国知识分子的理性和良知，有金刚怒目，有怒发冲冠。从他的文字中，你会读出对国运民瘼的关切的、博大的忧患意识，在犀利的背后，还有一颗宽厚仁和的心。

国文老哥的散文随笔，有真性情、真人格支撑的胆与识，有侠肝义胆和人格力量。有了灵魂的深度，他的散文才有了强大的艺术力量。

国文老哥在《李国文评注酉阳杂俎》之《导言》里，有一段很精辟的论述："五四新文学运动最大的缺失，就是将志异体文学打入十八层地狱，而白话文的新文学，九十多年来，只有正，而无异，只有实，而无虚，始终处于一种不完全、不完善、不完备，因而也就不完美的跛足状态之中。在世界文学之林中，至今无法成为一种强势文学，不能不为之遗憾。而20世纪中叶，拉美文学得以瞬间崛起，一是正和异的契合，二是虚与实的交结，三是今与古的混同，四是新与旧的碰撞，这种复合多元的文学，远比我们近几十年平面而且片面的新现实主义或写实主义，来得浑厚深邃、丰富多彩，从而产生爆炸性的文学魅力，令整个世界为之侧目。"纵观我们的文学界，何曾有过如此振聋发聩的议论？已逾米寿之年的国文老哥，是否有"我有吴越曲，无人知此音"（李白《赠薛校书》）之慨叹，不得而知。

李国文，1930年生于上海，念过戏剧学校，当过文工团员，去过朝鲜战场，被错划过"右派"，在东北服过苦役，以小说《改选》落难，又以小说《月食》重返文坛，然后以《冬天里的春天》《花园街五号》轰动文坛，成为天下无人不识君的德高望重的老作家。进退持律，智圆德方，始终是他为人的本色。他的人生就是丰富多彩的小说，就是如茶似酒的散文、随笔。

有了李国文的文坛，不会寂寥无趣。

欲问孤鸿向何处

——张炜与命运多舛的《古船》

20 世纪 80 年代的乡土由于其书写语境的不同而呈现出宏大的叙述能力。《古船》是那一时期重要的关于家族故事与土地神话的最优秀的作品之一，是一部深邃厚重的书写农民苦难和变迁的重要小说。

1

20 世纪 80 年代初，中国作协始有小说评奖。我曾参加过几次由作协举办的中短篇小说评奖活动。大约是 1981 年，张炜的《声音》入围，经讨论，获全国优秀短篇小说奖。1984 年，他的另一篇《一潭清水》又获此奖。那时我想，张炜应该很年轻，他的小说写的是农村少男少女在美丽景色下的真诚美好的爱情。小说有田园牧歌般的诗韵。等到 1985 年，在南京举行第七届全国优秀中短篇小说颁奖活动时，我所责编的《麦客》与张炜同获该届（1984 年）全国优秀短篇小说奖。作为获奖的责任编辑，我也受邀参加了颁奖会。这才有了与张炜相见相识的机会。

是了，如我所料，那时的张炜很年轻，面庞清秀而俊朗，略带腼腆，谈吐大方，有儒雅之气。那次活动，由王蒙、葛洛等老朋友主持，来自全国各地的作家、编辑，云集一堂，意气风发。大家一起参加座谈，一起饱览金陵古城和秦淮河，又游了苏州园林，吃了五色包子。有机会多次与张炜交谈，我们成了朋友。

南京分手不久，5 月 7 日，张炜给我写了一封信：

兆骞兄：

近好！匆匆分手，不觉半月已过，甚念。我们谈的《雪》及评论已搞好，寄上。评论者于清才是省里新出现的、最有希望的评论新秀。他也读过你的文章，满口赞誉，说他的短文请你斧正。

不知何时才能再见，盼你来济时到我家里，我们畅叙。祝

愉快！

张炜 1985 年 5 月 7 日上午

没有精力到利禄场中逐鹿，忙里偷闲，片刻闭目，在信上相知晤对，发些痴呆、思古或思远的幽情，成了我的一种习惯。张炜写给我的，纯粹是书生的干净的文字，有对老友的怀念，有对同道的扶植、提掖。读之，似看远山苍茫，心里宁静极了。

借开会之便，我曾到济南去看望过张炜。他即便到威海挂职当书记，其为人和作品都守住了和谐、宁静、干净的精神家园。

2

继《红麻》《秋天的愤怒》在《当代》发表，又在人民文学出版社出版《秋天的愤怒》小说集之后，1986年底，他的长篇小说《古船》又在《当代》发表。在文坛上引起强烈反响的同时，《古船》也开启了它艰难多蹇的旅程。

20世纪80年代的乡土由于其书写语境的不同而呈现出宏大的叙述能力。《古船》是80年代重要的关于家族故事与土地神话的最优秀的作品之一，是一部深邃厚重的书写农民苦难和变迁的重要小说。《古船》悲悯地洞烛着一个小镇两个家族在权力之争中的沉浮，表现了斗败的隋家背负的苦难，又在非理性的报复和野蛮斗争虐杀里寓示着赵多多们的人性的丑陋，以及展示了在这如同古船的小镇里谁都无法逃脱自己命运的人生画卷。

当然，《古船》里有张炜对现代性的向往和焦虑，在结尾处，隋抱朴的觉醒、希冀，都寓示着纠结着沉重传统的古船、古磨、古镇开始迈着蹒跚的步履，艰苦向前。在艺术上，《古船》也有不足，节奏迟缓，在处理历史、道德与审美关系上有些失当，使丰富的历史和现实生活被拘囿在单一的评价尺度上。

《古船》初稿送到《当代》，主编、副主编都参与了审稿。有人指出，《古船》十七章、十八章写到土改扩大化的错杀错打情节，必须修改。张炜接受了意见，加入了土改工作队王书记制止乱打乱杀，坚决执行党的土改政策的一千多字的内容。1986年，《当代》第五期全文发表《古船》，并在"编者的话"中做了推介。

一直参与审稿和与张炜研究修改的副主编之一何启治，写了"编者的话"，有这样一段："……《古船》以胶东地区处于城乡交叉点的洼狸镇为中心展开故事，在近四十年的历史背景上，以浓重凝练的笔触对我国城乡社会面貌的变化和人民生活情况做了全景式的描写……"

"编者的话"实际上并没有准确地评价《古船》的思想和艺术价值，只是说了一些耳熟能详的套话。但这明显是何启治的无奈之举。如果点到《古船》把关于历史变革时期的权力关系的思考拓展到更广阔的时空范围里，进行深入思考，怕会招来麻烦。

鉴于《古船》问世后，在社会特别是文坛引起了较大的反响，中共山东省委宣传部联合山东作协等五个单位，于当年11月17日在济南召开了《古船》讨论会。何启治和责编王建国与《上海文学》《文艺报》同事及不少评论家到会。是年年底，《当代》编辑部也在人民文学出版社新落成的东中街宿舍会议室，召开了《古船》研讨会。我当时是编辑部副主任，受命帮着筹备了这次会议。那天，京城大雪弥天，被邀的评论家、作家、兄弟期刊的同人四十余人到会，发言热烈，争论激烈。热情的肯定，理性的批评，殷切的希望，成为研讨会的主旋律。

查阅那天我的记录和日记，多数人对《古船》给予了很高的评价，认为《古船》是新时期文学长篇小说的重要收获。有人甚至说《古船》具有史诗品格。而争论则集中在三个方面。一是《古船》用《共产党宣言》作为人物性格突破的依据，显得过于生硬，而且违背了《共产党宣言》关于阶级斗争的精髓。二是作品对于土改的血腥斗争表现有余，对其主流则表现不够。三是没写出如鲁迅所说的中国脊梁式的人物。对诸人的发言，张炜平静地听着，记着。轮到他发言时，刚刚三十岁的他既真诚又冷静。端茶打卯，说句闲话。看到他当时的情状，我怀疑起他的年龄，但细看，那张秀气的脸上确实有年轻人人格浣洗的直率。

那次研讨会之后，1987年第二期《当代》刊发了"本刊记者"的相关报道。在这之前，张炜曾对质疑做过公开的辩解。针对不能写土改的过火行为，张炜辩曰："土改运动中'左'的政策，已在当时就批判了——当时批判了的，现在反而不能批判了吗？最后问一句，我仅仅是在写土改吗？"而对所谓"否定土改"论，张炜的回答是："谁否定了？我否定的只是党和人民一贯否定的东西，即否定极左和愚昧，否定流氓无产者的行径。歌颂土改及土地政策，最好就是写一写在火热斗争中党的领导者的形象。王书记是土改的负责人，他怎么样……"

张炜用了几个反问，回答了批评家的质问。须知，当时的文学批评并非完全走出病态政治学、庸俗社会学的泥淖，他们中很多人仍坚持以文艺批评的方式，从事政治性批判。这是张炜的不幸，更是批评家的悲哀。

当时张炜并不知道，在《古船》广受好评的同时，人民文学出版社《当代》杂志，迫于压力不再公开报道《古船》的研讨会。后来，人民文学出版社社长孟伟哉"以行政命令的方式指示"不要出版《古船》的单行本。《当代》同人开会时群起反对，并群策群力，想办法力争出版。最后，何启治以编辑部和个人名义，写了愿为《古船》单行本出版承担责任的书面保证。在社内社外舆论的压力下，《古船》终于出版。

3

《古船》受到最不公平的待遇，是没有获得茅盾文学奖。第四届"茅盾文学奖"评奖时，我熟悉的评委分别告诉我，经他们无记名投票，《古船》以高票入围，且排在前面。让人感到惊诧的是，最后公布的第四届茅盾文学奖获奖书目中，偏偏没有《古船》，而从未听评委提过，我很熟悉的人民文学出版社出版的另一部小说，却位列其中。

在具体的评奖中，既不能不顾及文学规律，又不能不顾及政治形势，这是历届评奖的尴尬。就在《古船》因政治压力，受到打压和冷落，几乎重又沉于芦青河时，前文化部副部长、作协副主席、著名评论家陈荒煤于1989年2月7日，春节期间，发表了《〈古船〉我想——致张炜》。

信中，一句以"不想辩解为什么读到你的大作快一年了，到今天才给你写信"，道出了围绕《古船》背后的纷纷扰扰。老人说，"我这封信只是向你表示一下祝贺"，对"《古船》所揭示的过去几十年来农村中种种运动的愚昧、残酷、悲惨的现象"，"对比今天现实的改革、开放，不能不感到这种历史的沉重"，"我是第一次看到如此深刻、真实地揭示这种矛盾的作品"，"我1946年在冀南搞了一年多平分土地运动。回忆当时一些情况，我对你书中某些描写有深刻的感受"。他还说，"小说证实了我在作协理事会讲话中，谈到的现在我们作家有面向改革的更广大的自由，同时又要彻底否定'文化大革命'这个见解还是对的"，"遵循'文学是人学'这个规律，写好人的命运、性格。这是你作品现实主义魅力的根本所在"云云。

陈荒煤老人全面肯定了《古船》，正面回击了种种对《古船》的非难。

到此，《古船》应该可以乘风破浪了，但且慢，1996年，《古船》面世整整十年的当儿，人民文学出版社又莫名地被要求出版社"全面系统地汇报《古船》从组稿、发表出书到评奖的全部情况"。

呵，苦难的《古船》，张炜的老乡，李清照有词句曰，"只恐双溪蚱蜢舟，载不动许多愁"。《古船》所承载的何止是愁。

而张炜似乎并不在意《古船》的遭遇，因为他有强大的自信力。在《古船》陷入一种宿命之后，他又拾起精神，重新面对了他的时代。其1987年底动笔、定稿于1991年春的作品《九月寓言》，又交到了《当代》。从《九月寓言》中，我看到了张炜的叙述策略和对现代性观念的态度变化。他从对现代性的期待，退守到对现代性的质疑，从对外部事物的关注，退守到宁静田野，对灵魂的留守。张炜从史诗般沉重的《古船》，走进《九月寓言》里充满想象、激情和哲学意味的乡村诗情。张炜由诗人变成了哲学家。

《九月寓言》由我们几个人认真编好之后，准备发在《当代》1991年第五期时，却遭到退稿的变故。我专门写了一篇《兆阳先生与〈九月寓言〉》，交代了退稿始末。如今，张炜的《你在高原》获得了茅盾文学奖，实至名归，值得祝贺，但围绕着《古船》的毁誉短长及种种怪诞，似乎还在继续……

附：兆阳先生与《九月寓言》

大凡历代杰出人物之能垂范于后世者，概由于他们具有中国人的正气与骨气。

秦兆阳先生是生于忧患、经历坎坷、死于忧患的作家，一位坚定的爱国者。他的渊博学识，平和淡泊的为人处世，他的"两袖清风，一身正气"的道德风骨，值得人们怀念。

我是20世纪70年代末，调到人民文学出版社的，转年又奉调到秦兆阳先生任主编的《当代》当编辑，到先生辞世，凡十五年，先生耳提面命，让我受益匪浅。那是我一生中最难忘的岁月。

兆阳先生身体不好，常有小疾，我便向社里要车陪他去看病，又经常到先生家里汇报工作，便自然熟稔起来。但后来因《九月寓言》，我便疏远了兆阳先生。关于张炜的长篇小说《九月寓言》的退稿事件，多年来不仅外界不知其详，便是编辑部内部也多不甚了了。

1991年，一天，兆阳先生给我打电话，约我去他家。时节是夏秋之交，坐落在北池子的兆阳先生家，菊花开得正艳，先生在四合院深处的书房前散步。进得书房，先生开门见山地说："已与朱盛昌、何启治两位副主编商议过，我决定将张炜的《九月寓言》撤下来。你与张炜是好朋友，由你亲自跑一趟龙口，将文稿退给张炜。"

我有些不解，因为《九月寓言》是编辑部约稿，经审定通过，决定在1991年第五期《当代》上全文发表，并且已分别进行了加工，我负责"首领之家"等部分。在审读过程中，大家认为张炜继《古船》之后的这部《九月寓言》，是一部独特、厚重之作。小说以山东胶东小平原一个村庄的生活为背景，"表现了朴实的土地之子的道德价值观念和文明进化所形成的矛盾冲突"，"讴歌了神圣的劳动和坚忍顽强的甚至是原始的生命力"，是一部好作品。

兆阳先生做出退稿决定后，沉默了，面有凝重之色。

我有些任性和率直，毫不掩饰地表示不赞同先生的决定。我说，违背承诺，单方毁约，《当代》的诚信何在？《九月寓言》与《古船》相比，早已收敛了对现代性向往和焦虑的锋芒，从写洼狸镇家族争斗、苦难和变迁，退守到对偏僻穷困的小村生存状态的观照，表达了张炜对现代性的质疑和对人性诗意的坚守，这构不成叛逆和冲击，政治上是安全的。

我还对兆阳先生说，张炜曾对我说过，能够一贯坚持地固守一种精神，即使是陈旧的，至少看上去很陈旧，是并不容易的事。从道义上讲，我们应该支持张炜对这种精神的坚守。

兆阳先生听得很有耐心，但偶尔从他那慈祥而深邃的目光中，我读出了智者对浅薄者的宽容。于是我继续说，《九月寓言》是对物质化现实的绝望后，寻求精神的栖息地。当外界的纷纷扰扰的欲望，终于消融在9月散发着丰收庄稼的芬芳之中，张炜守护住了一个和谐的精神家园。《当代》如能继《古船》之后，再次推出《九月寓言》，或可成就一桩文坛的辉煌。

兆阳先生听完我有些激动的陈述，说："持有你这样观点的人，编辑部还有些。明天，我到编辑部去谈我的看法，你回去准备一下，尽快动身去见张炜。"

第二天，兆阳先生到编辑部做了一个很长的讲话。在最后，兆阳先生说，我知道有些同志对退《九月寓言》仍不理解，但在非常时期，采取一些非常规的做法，也出于无奈，其是非曲直，就不必争论了，责任由我承担。

那会开得很沉闷，最后宣布由我来执行退稿任务。

我送兆阳先生回家，有些为难地对先生说，对于《九月寓言》的处理，我尚且想不通，何以说服张炜，先生是否修书一封，免得我交代不清，有辱使命。先生很爽快地点头，让我晚上去取。

第二天，我登车上路，到了济南，又换乘由山东科技出版社的朋友准备的汽车，一路游山玩水，到了张炜挂职市委副书记的龙口。

老友见面，先叙友情，又看了龙口的好风光，吃了龙口自产的丰盛海鲜，甚是欢愉。到了晚间，张炜带我到他的住处，一边吃西瓜，一边海阔天空地聊，我怎么也不好意思提《九月寓言》。张炜是何等聪明之人，早就从我游移的眼神中看出端倪，他用浓重的胶东口音说："大哥，你有话要说，尽管直说吧。"

我把兆阳先生的信函递给他，然后从提包里取出他的文稿。那是用三合板夹着的沉重整洁的手稿，如同一件艺术品。这巨著起稿于 1987 年 11 月，完稿时是 1989 年 6 月，最后改定于 1991 年 4 月，整整四年时光，凝聚了张炜多少心血，熬尽了张炜多少精、气、神，以致作品完成之后，他就大病一场，住进了医院。

张炜看罢兆阳先生的信，站起身，走到面海的窗前，窗外是一轮明月。他突然问我："大哥怎么看？"我不能违拗兆阳先生的意见，直接评论《九月寓言》，却顺口说了一句萧伯纳的名言——一切伟大的真理，最初都被当作亵渎。张炜笑了，我惊讶于他那脸庞是那么清秀，笑起来充满了自信。他把书稿放在书柜顶上，笑曰："无法藏之名山，只能束之高阁了。"

回家之后，我向兆阳先生复命，并带回张炜对先生的问候，我还杜撰了一句，说张炜非常理解先生的苦心。先生竟然微笑点头。说实话，我对先生退稿之举，是想不通的。想当初，张炜的《古船》在《当代》发表之后，有些人对张炜对赵四爷、赵多多等农民革命家的野蛮、残忍的质疑，颇不以为然，认为歪曲了历史。兆阳先生却对张炜说，如果思想再解放一些，《古船》会更深刻，这无疑是对张炜的有力支持。那么，《九月寓言》已从《古船》退避三舍，缘何要以寓言的多义性为由退稿呢？唯一可以解释的是，兆阳先生思想保守了。是的，兆阳先生因一篇批判文学教条主义的檄文《现实主义——广阔的道路》而获罪，二十多年的坎坷经历，毕竟并不遥远，况且，便是真勇士，也有荷戟独彷徨的时候，有时我又似乎理解了兆阳先生。

1992 年，上海《收获》全文发表了《九月寓言》，又一次震动文坛。

那年秋天，在劳动人民文化宫书市上，我在《当代》摊位上当班，兆阳先生应邀而来，在给读者签售之后，已近黄昏，我陪先生在公园散步。兆阳先生竟重提《九月寓言》，他说，当初眼疾甚重，无法全读，看了一部分，主要听汇报。最近他又让家人读了一遍。他说，《九月寓言》里的精神固守，包蕴着大地的苦难和诗意的栖息，小说已进入了诗性和哲学的层面。此外，兆阳先生仍坚持他对《九月寓言》的批评：处理历史、道德与审美关系上的失当。

我惊惶于先生的"虚己而乐闻"，"不以先进略后生"的精神，改变看法，对《九月寓言》重新做出准确精妙的评价。更让我感动的是，兆阳先生虚怀若谷，说对《九月寓言》的错误判断，过多考虑刊物的安全，是初衷，但多虑而失察，酿成判断失误。这是一个老编辑的失职，对张炜不公，对《当代》也是一大损失。

先生说完这番话，似乎得到一种解脱。

夕阳下，兆阳先生凝重的脸庞上，添了些许轻松，眼镜后的目光沉着而悠远。

"其行己不敢有愧于道"，先生的人品似兰斯馨，如松之盛，其灵魂朗如日月，清如水镜。在文坛厮混三十多年，我很瞧不起那帮无聊文人。沽名钓誉，蝇营狗苟，而兆阳先生却是"清净莲花，污泥不染"，引一句范仲淹的话，便是"云山苍苍，江水泱泱。先生之风，山高水长"。

流年似水，转瞬就年近古稀，青灯古卷听雨声，半是儒家半释家，我早已心静如水，看淡云卷云舒。寂寥时，客厅里常换挂作家字画，邵燕祥、文怀沙、陈忠实诸师友的丹青墨宝，滋润着我快要结茧的灵魂。有时，也挂秦兆阳先生赠我的几幅竹荷，借以怀念师长。凝视先生的竹荷，我早读出先生借竹荷的风骨吐胸中的块垒。那占去半幅素纸的苍劲墨荷下，是一群游弋的小鱼，挺拔的荷梗支撑的苍老荷叶，为小鱼遮挡着风雨。哦，那分明是兆阳先生对文学、对后辈的关爱和庇护，尽管他的双肩是那么羸弱……

阳春召我以烟景

——张贤亮与引起争议的《绿化树》《男人的一半是女人》及另一种生活

新时期文学，有一支力量不能小觑，那就是20世纪50年代末，怀着对革命的赤诚，面对现实，独立思考，大胆探索，创作了大量反映人民内部矛盾，揭示社会生活矛盾和表现爱情生活作品，而被含冤整肃的一大批"右派"作家。

当时，年轻的作家陆文夫、李国文、邓友梅、从维熙、王蒙、张贤亮等，只有二十多岁，他们以对社会主义的真诚和理想主义，开始注意在歌颂的美丽光环的遮掩下的现实问题。他们在自己的作品中，反映可喜成绩的同时，也表现了难以避免的困惑，并提出了自己的观察和思考的成果，交给党和人民，如同王蒙写《组织部新来的年轻人》、李国文写《改选》一样。但不幸的是，这一大批作家被扣上"右派"帽子，受尽了凌辱与折磨。

新时期文学发轫，这批"右派"作家，依旧怀着对人民、对革命事业的无限忠诚，再一次勇敢地站在思想解放运动的前列，毅然拿起笔，从不同角度反思共和国的坎坷历史，透视世道人心，探索人的灵魂，成了新时期文学的中坚力量。

这批作家的作品，主要涉足知识分子形象，即"右派"生活题材。

王蒙的"季节系列"长篇，陆文夫的《清高》《井》，邓友梅的《凉山月》，从维熙的"大墙文学"系列，特别是他们中年纪最小、受苦最深的张贤亮关于知识分子的小说，最具代表性。或可说，在新时期关于知识分子叙事中，算是个异数。他的小说没有一味谴责知识分子的苦难，反而主要表现他们在蹉跎岁月中灵魂的升华、知识分子的社会地位，重建了知识分子的权威。比如从《灵与肉》中，我们可窥探到，改革之初，重建知识分子主体性与合法性的诸种方案，并可把握到此时期知识分子的多维度。回顾《灵与肉》的历史语境，对照当下知识分子深陷学院化、专业化、边缘化、失位化的现实，我们重读张贤亮的"知识分子改造"为主题的小说，很有必要，"有助于我们反思曾经塑造知识分子主体性的条件是如何消失的，那曾经赋予知识分子的历史重任的20世纪80年代是如何终结的"（石岸书《知识分子如何"大写"》）。

1

1957 年，张贤亮刚刚二十一岁，因发表长篇抒情诗《大风歌》而被划成"右派"，开始了整整二十二年屈辱痛苦的阶下囚人生旅程：两次劳改、一次管制、一次群众专政、一次关监。单单这些遭遇，就是一部厚厚的知识分子命运的长篇小说。

张贤亮 1954 年高中毕业，因出身"官僚资产阶级"，又是"关管斗杀子女"，受到了不公正的对待，不得不携老母弱妹，随北京贫民迁到黄河岸边务农。过了一年，他被甘肃省委干部文化学校录用为语文教员。张贤亮感到"新时代的来临"，于是真诚地写出发表于 1957 年 7 月《延河》的长诗《大风歌》。就在同年，《人民日报》发表一篇《斥大风歌》文章，他被打成"右派"。

改革开放后，与张贤亮闲聊，提到《大风歌》时，他说，"今天再读这首诗，只看看《大风歌》的副标题'献给在创造物质和文化的人'，你就不能不说我张贤亮有超前意识"。当然，他又说，《大风歌》诗中"任那戈壁滩上的烈日将我折磨，忍受深山莽林里的饥渴"，简直是谶语。

张贤亮有着特殊的人生经历，注定了他的主要作品跳不出被改造的生活经验。但他的作品与一般写"知识分子形象"的小说不同，他不单单是一种被迫害过程的再现，而是撕开曾被扭曲、曾被摧残过的灵魂，以揭示"人的过程"，并为读者展现那种富有历史感与现实感的人的生存状态的悲怆壮烈。

最初，我是从《宁夏文艺》上，先后读到他的六篇短篇小说。

《四封信》《四十三次列车》两篇，构思不够绵密，文字也较生涩。但小说写"文化大革命"时的种种世相，却有浓郁生活气息。

《霜重色彩浓》则写"文化大革命"后，两个过去的同学是"情敌""政敌"，一个"右派"与一个很"左"却被极左打折一条腿的校长之间的故事。他们抛弃前嫌，不计个人恩怨，走向新生活的情操让人感动。

《吉卜赛人》《邢老汉和狗的故事》这两篇小说还是写"文化大革命"苦难生活的，其严谨的现实主义风格，对生活开掘之深，刻画人物心灵之出色，很耐咀嚼。"墨点无多泪点多"，句句看来都是血。

《邢老汉和狗的故事》是张贤亮尚未平反时，尝试写的第一篇小说。取材于真实生活。张贤亮说，写狗，喻"鸡犬不宁"的"文化大革命"。后此作被谢晋改编为电影《老人与狗》。谢添与斯琴高娃担任男女主角。那时，张贤亮自己已有了"宁夏镇北堡西部影视城"。拍电影时，张贤亮特意按小说中狗的模样，做了一条道具狗来纪念它，也祭奠那段历史。

《在这样的春天里》写"文化大革命"中某农场一个女青年遭受凌辱的故事。小说以白描手法，平静而冷峻地将笔触深入生活底蕴和人物灵魂，从并不新鲜的故事，反映非正常政治生活对人心灵的戕害。这篇小说，是张贤亮与邵振国合作的。在我写的王蒙一章里提及，邵振国的短篇小说《麦客》先后投给包括《人民文学》《朔方》等多家期刊，均遭退稿，邵振国后来对我说，他是怀着最后一试的心情，投给《当代》的。我见到后，编发在《当代》上，不久，小说获全国短篇小说奖。我觉得，《麦客》在挖掘灵魂中溶解的历史内容这一点上，与富有雄浑高原气派的浑茫深沉的张贤亮的《绿化树》、气魄宏大的张承志的《北方的河》、向陕北高原俯视的路遥的《人生》，一脉相承，是一曲高原雄浑而响遏行云的高亢之歌。

直到1985年，我见到了邵振国后才知道，邵振国与张贤亮竟然曾是亲戚。邵振国娶了张贤亮的妹妹。在北京燕京饭店，邵振国为我摆了一桌酒席，因有老前辈俞平伯作陪，我才答应赴宴。席间清楚了邵振国、张贤亮、俞平伯都是亲戚关系。俞平伯在老君堂的故居与我家的四合院同在南小街的一东一西，离得很近。依稀记得在我很小的时候，爷爷曾带我去过俞家那座开满马樱花的四合院，听学者名流诸京戏票友唱京剧。

1980年，我又从9月号的《朔方》上，读到张贤亮的《灵与肉》。

《灵与肉》塑造了一个曾蒙受冤屈却一直脚踏实地的建设者和爱国者许灵均真实、丰满的形象。漫长的生活，把人从"灵"到"肉"一概损伤了，但许灵均却伤心悟道，不敢忘却自己的责任和价值。小说获当年全国小说奖。

于是，评论家阎纲在《〈灵与肉〉和张贤亮》一文，开宗明义地推崇道："宁夏出了个张贤亮！"他把《灵与肉》视为"从黑暗中举起的一个明亮的火把"。这正如张贤亮自己所说，"唯其有痛苦，幸福才更显出它的价值"，这里有张贤亮的痛苦，也有他的欢乐，有他对人生各个方面的体验，而他的欢乐离开了和痛苦的对比，则会变得黯然失色。这苦和甜混在一起，才形成了他这种令人兴奋和引人入胜的香味。这便是《灵与肉》中的精神火把。

《灵与肉》后来被谢晋拍成电影《牧马人》，轰动全国。张贤亮说，小说中的女主人公，是我落魄时的红颜知己，"身无彩凤双飞翼，心有灵犀一点通"。后因她家人反对，把她看管起来。谢晋到中央戏剧学院选女主角，让张贤亮拿主意，张贤亮一看到丛珊，立刻说："就是她了！"那个他四十岁才遇到的喜欢他的女子，一直深深埋在他心里，"青青子衿，悠悠我心"。丛珊与她有几分神似，所以选了丛珊。

张贤亮接着又发表了中篇小说《龙种》《河的子孙》，两篇小说都是写经济改革的，以开阔雄健的色调取代了旧作的悲凉之气。

2

张贤亮真正引起广泛关注、具有轰动性社会效应的作品，是《绿化树》和《男人的一半是女人》两部中篇小说。引起评论界和读者强烈反应和争论的，也是这两部作品。

张贤亮在一次座谈会上说，这两个中篇是姐妹篇，同属他的"唯物论者的启示录"系列。它的主人公是章永璘。但不知为什么，张贤亮该系列，只写了《绿化树》和《男人的一半是女人》，便没了下文。

我曾在1985年问过他，他顾左右而言他，似并没有讲清"唯物论者的启示录"系列半途而废的原因。到了多年后，2008年，我应邀给一家出版社主编一套"阅微学馆——中国当代文学大家随笔文丛"时，我给张贤亮打电话，要他给我自选一部随笔集。我说："这套丛书，没有老哥的东西，焉能称大家文丛。"他很痛快地答应了。在与我商量书的内容时，他提出："我要给你编一本关于文人从政的随笔集，如何？"我听后很兴奋，因为中国文坛尚无作家肯将从政的感悟、经验用随笔的形式反映出来。我的大学老师，当过中央委员、文化部长的王蒙，本有无人企及的条件写关于从政的文学作品，但他从不涉足该领域。因此，1983年"踏上了红地毯"的张贤亮，不仅被中央统战部部长阎明复请到中南海座谈，并历任中国人民政治协商会议第六、七、八、九、十届全国委员会委员。而且每次必有切中大国发展之关键提案，闯出一条中国文人参政、议政的另类道路。

于是，在我主编并作序的这套丛书里，有一本张贤亮《中国文人的另一种思路》的书，使该丛书别开生面，气象不凡。阅读这本书，我很明白，张贤亮的"另一种思路"，注定抢了他写更多小说的时间，接着他又下海经商，办起了张贤亮称为"我的另类文学作品"的镇北堡西部影视城。《一个和八个》《黄河谣》《红高粱》《红河谷》等八十多部影视作品，都是在镇北堡西部影视城拍摄的。

参政、经商，张贤亮哪里还有时间弄文学？熊掌与鱼不能兼得，这原本就是悖论。每次见到张贤亮，总为他的"人在文学，心在从政"惋惜，张贤亮原本是可以写出大作品的作家！政坛的英才已如过江之鲫，而文苑的优秀作家却少之又少，何苦去那里讨生活，逐名利？

还是回到20世纪80年代初期的张贤亮的《绿化树》《男人的一半是女人》。

张贤亮的作品，从他的成名作《邢老汉和狗的故事》开始，大都用一个叙述者"我"的视角，讲"我"的坎坷经历和种种心态，这样作者自己的强烈理想主义色彩，必然渗透到对历史、社会、人生的理解和评判中去。《绿化树》《男人的一半是女人》集中表现了张贤亮小说的这一特色。

《绿化树》写的是章永璘一生曲折经历的一个生活截断。漫长的苦难精神历程中的一个层次，当然也构成了相对独立性。章永璘从一个失去常态的劳改犯，逐渐恢复了一个正常人的意识和感情，特别是有了维护自己尊严的抗争。而这一切，皆缘于一个善良女性马缨花，她奇迹般地闯入了他濒临绝望的生活，使他得到了人生最起码的温暖，从精神到肉体获得了一种新的升华。正是经过"炼狱"的磨炼，又经过学习《资本论》，再加上人民群众的感召，资产阶级家庭出身的知识分子章永璘，成为唯物主义者。

《男人的一半是女人》与《绿化树》相似，都是力图通过章永璘的苦难命运来呈现他的心理历程。二者不同之处，在于《男人的一半是女人》着重写了人的性意识的压抑和觉醒，表现了章永璘经历了灵与肉、人与兽、情与理、欢乐与痛苦、希望与失望、高尚与卑下的痛苦搏斗，最终回归为正常人的重大主题。这一次，给章永璘带来人生转折的，又是一位年轻、美貌、丰满、性感的女性，为他奉献了青春的肉体，她叫何香久。

张贤亮在《男人的一半是女人》中，大胆地赤裸裸地将"性意识"揳入到章永璘、何香久的命运和性格冲突之中。在当时这样大胆地挑战文学中的"雷区"，使这部作品问世后毁誉不一。

持批评态度者，谴责《男人的一半是女人》是一部自然主义的"性文学"；而高度赞誉者，认为该小说是一部表现现实生活的政治批判小说。毁誉的争论，持续了许久。20 世纪 80 年代末，在"反对资产阶级自由化"和"清理精神污染"的时候，张贤亮作为有"争议"的作家，运动一来，必定首当其冲。有意思的是，正逢"山雨欲来风满楼"，那届政协会开幕了。大概是考虑到如果由张贤亮出面澄清一些疑问，可能对海外媒体有点说服力吧，于是那届政协会由张贤亮、马烽、冯骥才、邓友梅四位作家，在东交民巷的中国新闻工作者协会出席中外记者招待会，接受海内外记者采访。"反自由化"正如火如荼地开展，外国记者自然要很关注此事。果然，一位外国记者问中国作家对"反自由化"的态度。

张贤亮的聪明和睿智表现出来了，他说："我相信中国作家经过'反对资产阶级自由化'以后，在政治上肯定会进一步成熟。"

第二天，各大报都在头条位置报道出来。文坛朋友，无不夸张贤亮回答巧妙、得体。我和《十月》《人民文学》的朋友都去他下榻的饭店看他。在饭桌上，大家喜气洋洋，张贤亮一如既往地跟大家开着玩笑，讲着笑话。果然，极左文艺政策很快寿终正寝，文学回归常态。

我在那时的文学研讨会和文学讲座会上，谈文学与性的问题时，都积极肯定张贤亮《男人的一半是女人》突破性禁区的意义，赞赏《男人的一半是女人》不只表现了"性意识"，更重要的是，通过性表现了那个独特的悲剧性的社会环境，并为人们提供了一个历史的证词。

3

　　大约是 2001 年，我和从维熙受河北之邀，又游览了一次白洋淀。

　　著名作家从维熙同张贤亮同时落难于反右斗争，又几乎同时成为劳教人员。从维熙平反后，写了大量自己二十余年风风雨雨的经历和阅尽人世沧桑的苦难，其中尤以"大墙文学"冲破禁区，开辟一个新的文学领域而驰名文坛。从维熙被人称为"大墙文学之父"。

　　我曾在《当代》编发过他的作品，又有几天相伴游玩，聊了不少文坛逸事。他说，1984 年，一次在王蒙家吃饭。王蒙说，他一次在什么会上讲话，称从维熙是"大墙文学之父"，听众问：那张贤亮是什么？王蒙说，张贤亮是"大墙文学之叔"。

　　我一听，乐了，说你比张贤亮大三岁，王蒙说得不算离谱。

　　从维熙说，张贤亮得知王蒙封他为"大墙文学之叔"，立刻写信称他为"兄"。还说，"你的《（大墙下的）红玉兰》开了这种题材的先河，所以把我的名字排在你的后面是恰当的"。

　　后来，我找到张贤亮这封《关于时代与文学的思考——致维熙》。信中说："作家亲身投入创业中去，我以为只有助于我们表现时代和再现历史，而不会贻误我们职业的使命。"张贤亮用他惯常开玩笑的口气说："我建议你去当一个劳改农场的场长，建议（李）国文去当一处铁路分局的局长，建议（陆）文夫去办一个饮食公司或旅游公司，建议（冯）骥才搞一家美术广告公司，建议（蒋）子龙真正地去当'乔厂长'……以施展作家对未来发展图景的想象，把我们变革现实的热情化为现实或局部化为现实。"

张贤亮给老朋友都派了活儿，唯独没说自己去再干什么。

没过多久，在宁夏废弃的乾隆五年重修的镇北铺这座边防戍塞的一片荒土上，矗立了一座"镇北堡西部影视城"。该城以古朴、荒凉、原始、粗犷的独特面貌，成了最理想的以中国西部为背景的影视片的拍摄场所。

从第五代电影导演的开山作《一个和八个》开始，此地诞生了近百部电影电视。从这里走出了无数"影帝""影后"和名导。如今已名闻遐迩的导演张艺谋、王家卫、陈凯歌，演员姜文、巩俐、陈道明、葛优，大都是从这里走向世界。故此影视城获得了"中国电影从这里走向世界"的称誉。同时，这座影城还安置了大量牧民，改变了他们的命运。

镇北堡西部影视城的缔造者，正是作家张贤亮。张贤亮自己说，创建影城是十分艰辛的。那和劳改生活一样，是我一段珍贵的生活积累，可说"寒天饮冰水，点滴在心头"。人们只喜欢看风景，并不太在意景物制作的过程。但当听到蒋子龙有关镇北堡西部影视城的一番谈话，张贤亮释然了，感动了。

那是开"中国作协第六次主席团会议"时，蒋子龙到影城参观，后写了这样一段话：

> 在我参加过的中国作协会议中，这是最具精神冲击力的一次。这冲击力来自张贤亮兄，因为零距离地感受了中国文坛上独一无二的"张贤亮现象"，或曰"张贤亮效应"。在这样一个多元化的时代，能创造一种令人瞩目的现象，形成一种强烈的文化经济效应，非常难得，堪称是一种奇迹。是宁夏这片土地成全了他的文化世界，他的文学才华又成全他创造了"荒凉中的神话"。宁夏称他是"宁夏之宝"，同时他也是当代中国文坛上的一宝、一绝！

张贤亮下海创建的影城，成了宁夏的一张名片。凡到宁夏视察的国家领导人、省部级官员和名人，都要到影城一游，并签名题词。时任文化部长的孙家正的题词最有趣儿："真好玩！"

参政，张贤亮在政协会议期间，提了大量极有价值的提案；下海，张贤亮有镇北堡西部影城杰作。文学呢？

我曾与他讨论过这一话题。那是 2012 年，我与中华书局新阅读分社社长包岩到银川开会，之后一起去影城专门拜访了贤亮。一同去的，还有中国文史出版社的一位编辑，她是我为其出版社主编的"当代著名作家美文书系"丛书的责编，此套丛书有一本张贤亮的集子，顺便取稿。

张贤亮得知，安排我们下榻影城美丽的马缨花饭店。马缨花是《绿化树》中的人物，她的出现，使饱受饥饿和炎凉的章永璘，得到了人生最起码的温暖，并使他从精神到肉体获得了升华。张贤亮曾对我说，马缨花是他的红颜知己。将漂亮雅致的酒店命名为马缨花，足见她在张贤亮生命里的弥足重要。

后来，张贤亮把我们一行人接到影城中一座漂亮的花园式院落里，那是他的办公地和住宅。花木葱茏，曲径通幽，回廊亭阁，典雅清幽。花园深处，是他的偌大书房，挂满贤亮的墨宝。他说，求他写字的人太多，要排很久才能得到他的墨宝，其书法润格费高得让人咋舌。

谈文学，是从影城出售我主编、包岩责编的张贤亮《中国文人的另一种思路》开始的。

我说："老哥，你参政、下海弄得动静挺大，而你的文学创作沉寂得让人忘记你曾是一位最具影响力的作家。"

张贤亮严肃起来，他那七十六岁却像六十岁的脸庞，似乎看不到经历那么多苦难的痕迹。他说："作为一个作家，参政、'下海'的经历丰富了我的创作素材。这么多年我没有发表重要作品，并不等于我没在写作。现在，中国文坛风气不正，信仰迷失，礼崩乐坏，也不是发表重要作品的时候。再说，和我在 20 世纪 70 年代末至 80 年代初同时出道的'新时期作家'中，又有谁在 21 世纪初发表了重要小说呢？不少人已转写散文，或研究《红楼梦》了……"

听罢，觉得贤亮的话不无道理。听话听音，他那句"这么多年我没发表重要作品，并不等于我没在写作"，其实，已透露出他正在憋宝呢，不知什么时候，他会抛出大作品的。

在他的大宅院里游逛时，他把我带到他的收藏馆，那里收藏的是清一水儿的明清红木家具，以海南黄花梨为主。马未都曾跟我说，他早年收藏的香港大导演李翰祥转给他的一套海南黄花梨雕花大床，价值连城。张贤亮处，也有一套。张贤亮得意地告诉我，收藏这一批明清红木家具，花费了他不少心血，也长了不少学问。

我喜欢一个人到乡野漫游。一天，我离开马缨花酒店，来到黄河边时，河水浩浩荡荡，汹涌澎湃。在一处河湾处，我见一波一波的漩涡冲刷堤岸的泥土，耳边响起轰隆隆的堤岸坍塌声，甚是惊天动地。烈日下口渴，我便踅进农家小院讨水喝。一个老汉用木桶从井里打出清汪汪的水，用瓢舀了水给我喝。水很甘甜，不知怎的，我突然想起张贤亮在 1984 年底至 1985 年初，中国作家协会第四次代表大会时，给我们讲的故事。那时，我们同住京西宾馆。

刚移居宁夏的张贤亮，一次用木桶从井里打水，不小心桶掉进井里，只好到附近的庄子借钩子一类的器具。进一户敞着门的人家，见两个穿对襟系襻衣服的小媳妇盘腿坐在炕上缝被子，就说："对不起，我想借你们的钩子用一下。"那两个小媳妇先是互相惊诧地对望了一眼，突然笑得前仰后合，连声叫"妈哟肚子疼"。然后这个推那个，那个揉这个，"把你的钩子借给他"，"你才想把你的钩子借给他"……两人并不理会年轻的张贤亮，在炕上嬉笑着，撕扯成一团。见状，张贤亮莫名其妙，傻傻地愣在那里。过了一会儿，其中一位小媳妇扭扭捏捏地下了炕，别过脸去，把树杈做的钩子递给他。等张贤亮还钩子的时候，又见两个小媳妇拍手跳脚地笑。

见我们听得入了神，张着嘴巴等下文，张贤亮才说，宁夏方言中，沟子就是屁股的意思。你们想想，问人家小媳妇借"屁股"，这不是"骚情"，严重的性骚扰吗？众人笑得眼泪都出来了。

笑过后，我想，宁夏的自然和人情，弥补了"贱民"张贤亮的失落感。那里空阔、粗犷、奔放及原始的美，连同那两个面色红润的小媳妇的笑靥，给了当年只有十九岁的张贤亮的，不仅是温暖，还有活下去的勇气和力量，更形成了张贤亮独特的题材领域和独特的审美视角。宁夏成了他的第二故乡，是他的精神家园，是他的文化背景，是他的生命底色，也是他文学作品中人物的生活背景。他的《绿化树》的故事，就是发生在镇北堡。只是小说把镇北堡改成"镇南堡"而已。小说里大段大段的关于镇南堡的描写，用贤亮的话说"完全是写实的"。从张贤亮讲的借钩的故事，我们会发现，他的小说同样没有高大或渺小的人物，没有重大的社会矛盾冲突，没有离奇的故事情节，没有离开现实的普通的人和现实生活的艺术夸张。但我们可以从中看到张贤亮的灵魂里进行的自我意识的激烈搏斗、灵魂的挣扎，从马缨花和两个小媳妇等普通劳动者的身上，见到美好心灵的闪光。

此次宁夏之行，见到张贤亮精神焕发，满面红光，脸上连皱纹都没有，活得神仙一般，我心里便有期待，他终会拿出大作品的。告别时，我们互道珍重，毕竟他已七十六岁，而我也快到"耳顺"之年。

在返京的飞机上，我忽然想起张贤亮收藏的那块一百二十公斤的晶莹的玛瑙，底座上刻有张贤亮的一首诗："寿高三亿年，与我结善缘。万劫摧不毁，化为石更坚。"

贤亮将强烈、尖锐、复杂、矛盾的存在经验，纳入诗境之中，使诗的抒写与人们的存在之间，发生搏击和摩擦，始终盘桓、萦绕着命运的交响。

古人云："士为国魂。"说到底，张贤亮不过是个"读书明理"的作家，一位至情至性的浪漫诗人。不管在政治风烟里，还是在文学江湖。

此文写完不久，2014 年 9 月 27 日中午，惊闻罹患肺癌已一年多的张贤亮在北京协和医院仙逝。两个多月前，我去协和看望他时，他还没有正经地开玩笑说，我的命硬，阎王爷在短期奈何不了我。谁知那次见面竟成永诀。回想前年，我去银川专门看他。在他的大宅门里，见七十六岁的他，毫无老态，精力充沛，不胜感慨。他得意地对我说："老夫聊发少年狂，自觉如十七八岁的少年郎哩！"更是让人唏嘘。

七十八岁的贤亮兄去世，"西部传奇"从此谢幕。用冯骥才下面的话，作为对他的悼念：张贤亮个人遭受的折磨太深切，"他是个充满文学勇气的作家"，"是个很有开拓力的人，生活很有激情"，"这也是这一代作家最大的特点，贤亮非常有才气"。

从维熙闻贤亮过世，说："让我很心痛。"文学界有谁不心痛呢，但毕竟，他给我们留下了一笔宝贵的文学遗产。

青云不及白云高

—江南名士陆文夫《美食家》与酒趣茶道

20世纪80年代初，大部分文学作品或凝视现实，或反思历史，写的大多是震撼人心灵的社会重大矛盾和历史湍流，堪称时代的黄钟大吕。如《燕赵悲歌》《拂晓前的葬礼》《犯人李铜钟的故事》《天云山传奇》等。

　　但在全国第三届获奖的中篇小说里，竟然出现了别样色彩缤纷的作品，如《美食家》《烟壶》《棋王》和《神鞭》等格外引人注目。它们写的不是生活的主流，而是撷取了生活的几朵浪花，一湾流泉。

　　《美食家》《烟壶》等小说的艺术色彩，无不如不同地域的风俗画。其小说的外部形态相似，内部的意象与意蕴则各不相同。我们从写古城姑苏的《美食家》，写老北京的《烟壶》中，能透视它们内蕴的文化传统的潜流。

　　美食、烟壶、神鞭、象棋，从狭义或广义上说，它们与我们民族的传统文化习俗有着密切联系，作家正是把目光投向了传统的历史观照。

　　小说的艺术焦点都是从人物与传统文化的纠葛中，探索民族的素质和心理结构，展示他们的个人命运与民族命运的沉浮，给人以历史的反思和哲理的启示。

　　当然，这类作品热衷于传统文化习俗风貌描写的同时，忽视了艺术典型和时代精神，值得探究。

1

1979 年 2 月，人民文学出版社在友谊宾馆举办了一次在新时期文学史上意义非凡的"中长篇小说作者座谈会"。文学刚从"文化大革命"禁锢中解脱出来，思辨与议论处于纠结状态，故会议连续开了一周。那时，我在社长严文井等人的帮助下，准备调到人民文学出版社。严文井让我可以旁听会议。王蒙、陆文夫、刘心武、冯骥才、谌容等出席了会议。唯陆文夫是我第一次见到，略显瘦而黑的脸上戴着一副白色的眼镜，显得很儒雅。会议间，茅盾在严文井和韦君宜的陪同下走进会场。原本想让王蒙老师带我认识一下陆文夫的打算只好作罢，后来严文井让我去办别的事，回京时，会议已结束，与陆文夫相识的机会就错过了。真正与他相识，已是 20 世纪 80 年代初了。

陆文夫大我十三岁，大一个年轮多。我管他叫老哥，是在 1983 年的事，那年他的短篇小说《围墙》获全国优秀短篇小说奖。我在那年出版的《当代优秀小说选析》一书里，为《围墙》写了一篇评论。颁奖会间，我们在一桌吃饭时认识了，见他长得也就五十岁出头，沉稳而亲切。他说话慢条斯理，吴越乡音浓重，却也听得明明白白。他那口整齐的牙齿，让人印象深刻。后来读《美食家》才恍然大悟，只有这样一口好牙，才配得上美食家的美誉。等我知他是戊辰年生人，忙改口叫老师。他说，相识是一种缘分，我原本一介布衣，叫老师有点揶揄，也生分，就叫老哥挺好。认识之后，我几次向他约稿，他总说《当代》是大刊，是发大作品的，他的小说分量太轻，难登"大雅之堂"。我知道，这与我们《当代》与他联系不多，缺乏信任有关。他却说，你们吃惯宫廷菜，对淮扬菜未必感兴趣。

《围墙》讲了一个一堵围墙倒塌，研究重修方案时，一干人马坐而论道，互相诘难而一事无成的故事。《围墙》绝不是一览无余的讽刺画，而是引人流连的艺术品，这里有精妙的社会心理呈现，有鲜活的人物性格的雕绘，还有一种动人的诗意。我合手去拿那篇评论，给陆老哥看。他看毕，微微一笑，说："会后，我请你喝酒。"

1985年，陆文夫的《美食家》又获那年的全国优秀中篇小说奖，在南京颁奖时，我又与陆文夫见面。会后，陆文夫拟拉着几位熟人到姑苏古城去品尝美食，别人另有去处，正好我受冯立三之托，准备到苏州去见一位初学写作者，就搭车与陆文夫到了苏州。

陆文夫说，夫人烧的小菜味道最好，不巧外出，只能到街肆酒店去吃了。来到一家不大却典雅的面水小饭店，陆文夫点了几样菜，印象较深的是肉馅鲫鱼和笋丁炒蚕豆，味道的确鲜美。见我吃得贪婪，陆文夫呷着眼说，这些菜肴，是苏州人的家常菜，虽比较简朴，却制作精细，妙在味道自然。

谈到苏州菜肴，陆文夫说，我写了《美食家》，便有了美食家之誉，其实，比起真正的美食家周瘦鹃，我只算个吃货而已。前辈周瘦鹃是海派文化"鸳鸯蝴蝶派"的巨擘，长期主编《申报》副刊。"八一三"淞沪大战一起，他便返回苏州故里。购宅第"紫兰小筑"，种花弄草，研究美食。

陆文夫说，美食和饮食完全不同，美食是艺术欣赏，饮食仅仅为了充饥。美食家并非天生，实为后天养成。我粗懂一点吃喝之道，是得益于周瘦鹃指点，学得一点皮毛而已。周瘦鹃过世，苏州文人的生活也告终结。苏州文人的生活是数百年文化的积累。文人的琴棋书画、文房四宝、美酒佳肴、养鸟种花，是与诗文相提并论的，是文人的情趣所在，更是一种文化传统。

从苏州返京，苏州的那顿饭让我口齿留香，于是我重读《美食家》，当然不仅仅是对姑苏美食的眷恋。《美食家》已让我读出陆文夫的苏州情怀和吴越文化的韵味。

《美食家》的艺术视角极为独特，它塑造了中国文化下特殊的产儿朱自冶，从一个无用的人，变成了一个有艺术价值的"这一个"。小说用一根"美食"红线，把过寄生生活的朱自冶联系起来，貌似写他的个人沉浮，却将中国变幻莫测的历史风云串联起来，将波诡云谲的政治风暴与沧海桑田的世事变迁，掩藏在"小巷深处",于轻描淡写中,点破历史的沉重和人生的蹉跎。

朱自冶原是房产资本家,但他不懂管理、经营之道,唯独好吃、善吃、懂吃,逍遥自在地享受、消费人生。他挥金如土,将吃演绎成繁文缛节的仪式。社会主义改造时,美食消遁之际,他认识了视烹饪为艺术,且烧得一手好菜的孔碧霞。两人因吃结婚,又因吃而闹别扭。在全国大饥馑的年代里,朱自冶才真正对人事和生活有了真切的感受。"文化大革命"之后,天下太平,讲究美食的朱自冶,把吃变成一种艺术追求、精神陶冶,成为名副其实的"美食家"。

掩卷之后,一个迷恋美食,富有同情心,又迂腐可笑,性格复杂,活脱脱的市井小人物朱自冶,在夕阳残照下,在我面前晃来晃去。

有人说,《美食家》宏观着眼,小处落笔,尽管囿于时代局限,也有类似于"伤痕文学"和反思文学的痕迹,但陆文夫在世俗的饮食天地里,写出历史的难以理喻、世事的沧桑变迁,让人体验到人生的无常、生活的苦辣酸甜,展示出丰富的社会内涵与人生意义。

汪曾祺先生曾说过:"市井小说没有史诗,所写的都是小人小事。市井小说里没有英雄,写的都是平凡的人。"汪先生所论极是。我以为,《美食家》由各个小人物的素描,连缀成了苏州市民生活的一幅绝妙的世态风景,"侧面地透露一些政治的消息"(老舍《答复有关〈茶馆〉的几个问题》)。写世俗小人物,是作家注意力转向了民族文化传统、对民族性与国民性的探究,是对历史更高层次的认识和反思,具有更大的穿透力和思辨力。《清明上河图》是展示民俗世态的长卷,又何尝不是一幅诗与史的恢宏画卷。这幅画的主角,正是一群群市井里的小人物。

德国柏林《世界报》发表 Schuhbeck 的文章称:"小说《美食家》我读起来简直就是珍馐美味、大快朵颐——当然是对于脑袋。作家陆文夫端上的是一道哲学的中国大餐。"法国文化部也为陆文夫颁发了"法兰西文化艺术骑士勋章",表彰他在小说方面取得的卓越成就。更有趣的是,陆文夫获美食家美誉后,即被更爱美食的法国美食家协会聘为资深顾问,请他专程到法国各地品尝美食。

2

1988 年底，苏州杂志社成立，《苏州杂志》也正式出版，陆文夫出任主编。正好我要到上海开会，便提前动身到苏州，去拜见陆老哥，向他道贺。前一年，我与《青年文学》编辑，如今的大收藏家，观复斋主人马未都曾结伴到苏州出差。陆文夫外出，未能见面。我们二人畅游苏州、扬州，细品功德林素菜和街头各样小吃。我告诉马未都，陆老哥在，才能品尝到真正的美食。马未都甚是遗憾。

苏州杂志社设在滚绣坊石弄号一个雅致的院落里，原是叶圣陶生前捐给苏州文联保管使用的故居。前几年到北京东四八条七十一号去拜访叶圣陶时，听其子叶至善先生提过此事。那次去苏州，我与马未都还曾去滚绣坊石弄号参观过。不过，那时还是个大杂院。

此次由陆文夫带领重游叶老故居，感慨良多。我们谈到叶圣陶，一生写过很多脍炙人口的作品，如《倪焕之》，而且倾心扶掖过巴金、丁玲等文学巨匠，算得上慧眼识人才了。我曾在叶圣陶北京故居，看见他写的"一九八〇年元旦题词"，"得失塞翁马，襟怀孺子牛——书此二语以迎新年"，那是怎样宽阔的胸襟。陆文夫听后，两眼炯炯，说前辈铺路，我们才有路可走，有前辈做榜样，我们要学习。他认为苏州作为一座文化古城，文化积淀丰厚，也独具特色，理应办一本杂志，弘扬吴越优秀文化，让世人了解苏州，让苏州人了解苏州。他亲拟的办刊方针是"当代意识、地方特色、文化风貌"。

听范小青说，陆文夫办《苏州杂志》，可不是只挂挂名，事无巨细，他是亲力亲为的。他不仅认真终审文稿，即便外出，也让社里将送审稿特快专递寄他，每篇文稿他都有详细的意见。一次，见陆文夫，我笑曰："陆老哥有大作可写，何必来抢我们编辑的饭碗！"

陆文夫讲了他的亲身经历作答。

20 世纪 50 年代初，他的家乡小镇，有个卖猪肉的，叫张大林。此人的肉摊摆在桥头，除一个肉案、一张床之外，家徒四壁。此人人缘好，从不缺斤少两，不过得看是谁买肉，所谓低头斩肉，抬头看人。张大林嗜赌如命，常常输得衣食不周。一年，乡里禁赌，乡长和张大林就发生了一场猫捉老鼠的游戏。

那时，陆文夫在《苏州报》当记者，想利用业余时间把这个故事写成小说。于是，他找了一个不足三米的小屋，炮制小说。小说写出后，他不敢投《人民文学》，便投给上海的《文艺月报》试试。等了很久，稿件退回，退稿信却写得很热情，说现在农村有了新气象，再写赌鬼没多大意义，"你是很能写小说的，懂得使用文学语言，希望你继续来稿"，《文艺月报》还发展他当了《文艺月报》的通讯员。后来，陆文夫又埋头写小说，一篇《荣誉》终于发表在《文艺月报》上，位置显著，还发了评论。小说还获了江苏首届文学创作奖。那时《文艺月报》的主编，是巴金。正是《文艺月报》和那个不知名的编辑，为他打开了文学圣殿的大门，他岂能忘记他们。

办《苏州杂志》，花去了陆文夫太多的精力和心血，已是中国作家协会副主席的他，除了办刊，还要帮杂志社要钱，要人，还要找市、区有关部门，要回叶圣陶捐赠的、已被人占用的故居。迁走住户，装修改建。办事难，文化人没地位、没钱，办事更难，知难而进，陆文夫真的很不容易。在他的努力下，《苏州杂志》发行量节节攀升，已达一万多册，这在期刊报纸不景气的当时，已是天文数字了。1999年，《苏州杂志》还被国家新闻出版署列为全国优秀杂志。

面对如此殊荣，陆文夫回忆起1957年筹办《探求者》刊物的往事，不禁有些唏嘘。在那个"不平常的春天"，陆文夫结束八年的记者生涯，初到江苏省文联创作组，从事专业创作。年轻的他和几位与他差不多年纪的作家，意气风发，筹办了《探求者》期刊。不料风云突变，反右斗争便汹涌而至。经过两个多月的审查，陆文夫受到了处分，成了他人生命运的转折点。

1958年，被错划成"右派"的陆文夫发配回苏州，以三十岁的年龄当了苏州机床厂的一名学徒。陆文夫积极工作、生活，拜老工人为师，在劳动中勇于探索，成了技术革新能手，还四次被评为优秀学员、先进工作者。

经过两年半的劳动，1960年，陆文夫重回江苏文联创作组。四年以后，他创作了"工厂系列"短篇小说《葛师傅》《没有想到》《介绍》《二遇周泰》等。

茅盾读后，在《文艺报》发表了他写的《读陆文夫的作品》一文，对陆文夫的创作给予了很高的评价，最后，茅盾写道："我们满怀喜悦地期待陆文夫的更多更大的成功。"

3

1998年，《中篇小说选刊》在福州举行颁奖活动。蒋子龙、梁晓声、张贤亮、陆文夫、王安忆、王旭峰、周梅森、周大新、池莉、航鹰等众多获奖作家齐聚榕城。当时的省委书记贾庆林还出席了颁奖会。《中篇小说选刊》主编张健行和副主编章士添，是我多年的朋友。每次他们有活动，总要请我去帮他们接待作家朋友。会议期间，龙岩文联的朋友找到我，希望我给他们组织一个作家代表团，到连城的风景区冠豸山举办笔会。我与作家们协商后，组成了有陆文夫、周梅森、航鹰、王旭峰（后因《茶人》获茅盾文学奖）以及《北京文学》主编张德宁等人的作家代表团。颁奖活动结束之后，由陆文夫和我率队乘夜间火车开赴冠豸山。冠豸山，乃福建一风景区，纯为自然造化之景，山水奇绝，美不胜收。几天游览，我与陆文夫形影不离，流连山水之间，有说不完的话题，也领略了陆文夫的茶道与酒趣。

我在京城，家住四合院，有些旧文人习气，被邵燕祥、王朔、朱晓平等戏称"汪爷"。我也就端起北京爷的架势，尽量学做文人的风雅。我家训极严，滴酒不沾，从不抽烟，但说起喝茶，我自认是深谙其道的，敢在懂茶的李国文老哥家妄评他的茶质优劣。

再看陆文夫之与茶，我真有些汗颜。读过他的《茶缘》，其中他是把茶当成文化来写的，其间有人文、精神和世态。龙岩的朋友，以享誉海内外的武夷山岩茶"水仙"敬陆文夫，他却偏偏喜欢冠豸山农家炒制的土茶。他说土茶有自然的香味，苦中有甘，回味无穷。而"水仙"匠气太重，虽香气浓郁，却失去茶的本味。陆文夫自己买了几两土茶，一路品得有滋有味，而我经不起"水仙"的诱惑，常作牛饮。

陆文夫在文坛，不仅以"美食家"名声远播海内外，人还送他"酒仙"雅号。听周梅森说，陆文夫爱喝五粮液，我与主人讲好，顿顿上五粮液。果然，爱喝"淡淡的蓝色洋河"的陆文夫，对五粮液也情有独钟。在北京开会，在苏州他宴请我时，他那饮酒的姿态和神韵，早已印在我的脑海，但在游山玩水的悠然中，我又看到陆文夫饮酒的别样风景。他微眯眼睛，不管有没有人劝酒，总是抿一口，再抿一口，流水似的慢斟慢饮，简直是旁若无人般陶然、悠然，人与酒完全融为一体。从不沾酒的我，见陆氏饮酒之状，问曰："酒真的那么让你痴迷吗？"陆文夫杯不离嘴，笑答："君不知，酒有解忧、助兴、催眠、解乏、驱寒功效，非我独爱。"我又问曰："美食、酒二选一，你该怎选？"陆文夫又自斟一杯，送到嘴边："酒菜原不可分开，有菜无酒，枉对佳肴，有酒无菜，酒也无味，故君子爱美食也爱美酒。只有如你老弟不爱酒者，才提出这等不近情理的问题。"众笑，他也微笑，那时，他的脸上染上了红润。

爬山时，陆文夫给我讲了他过去与酒有关的趣事。

1958 年，陆文夫下放到苏州机床厂当车工时，日子很苦，好在有酒相伴。吃夜饭时，陆文夫常独自一人躲在角落里，慢慢地喝酒。那时生活苦，夜餐只有面条，没有菜，那他就一口酒一口面。为不惹麻烦，他有时干脆把酒倒在清汤寡水的面条里，酒面一起享用。秋天的一天，陆文夫利用假期，来到江南小镇一家酒馆，主人用一条鳜鱼给他弄了一个鱼汤。他一面喝着绍兴黄酒，一面喝着鲜美的鱼汤，抬头望见一湖秋色，那酒、那鱼就更有了滋味，一怀愁绪，与落霞孤鹜远去。酒可愉情解忧，也可伤神伤身，医生警告他："要酒还是要命？"谈到这里，陆老哥对我说："你问我要菜还是要酒，我说二者都要。可是酒与命让我选择，只能要命，因为还有一肚子小说要写。"

陆文夫还讲到，1964 年，他又被下放到不远的江陵县劳动。每天就是体力活儿挑泥，七八十斤的担子，往肩上一担，爬河坡、过田埂，肩头压得生疼，腿压得迈不动步子。晚饭后，连床都爬不上去。他就在昏暗的夜色掩护下，敲开镇上小店的门，小店竟然有兔肉。他顾不得不许吃肉的禁令，买了四两兔肉、半斤白酒。在返回的二里行程中，肉吃尽，酒饮干，再把酒瓶灌满水，沉入河底，不留任何蛛丝马迹。回去往床上一倒，一觉睡到天亮。

"四人帮"被抓之后，陆文夫痛饮一个月的美酒，重操旧业，就有后来《美食家》问世。

说到这里，我们在山路上找了茶肆，饮本地土茶歇脚。话题又回到酒与命。陆文夫很认真地说："没有美味和美酒的日子，活着也就没了情趣，呜呼，陆某是命、美食、美酒一样都不能少矣。世人或会说我太贪，没办法，人的一生都在不停地选择，我是俗人，不能免俗也。"

游览冠豸山后，龙岩文联把陆文夫、周梅森、航鹰和我请去，给那里的攀登文学之峰的作家讲座。我和周梅森、航鹰简要地谈了一些关于小说创作的问题。最后，我请陆文夫重点发言。

陆文夫讲话，如吃美食、品佳茗、饮好酒，于无声处，有奥妙的哲思飞扬，有真知灼见入耳。比如讲小说，鲁迅讲过，茅盾讲过，巴金讲过，皆是经典，真是送人玫瑰，手有余香。而陆文夫对小说，这样说："小说小说，其实就是在小处说说。"

坐在主席台上，听君一席话，如醍醐灌顶，茅塞顿开。作为编了一辈子小说的老编辑，我从未听到别人这么简单却精辟地道出小说的真谛。真是令人叹服。

纵观陆文夫的小说创作，他总是从生活的小处入手，写社会的人情世态，再扩展为社会世相的描写。由小见大，平中出奇，以有限表现无限，小说就写出了小巷小人物耐人寻味的普遍的人生意义。这诠释了他的小说之法。

4

写陆文夫，有个苏州文化名人，不得不提。因为有了一直保持传统文人生活的他，苏州文化才得以传承，包括陆文夫在内的文化人，才有了传统文人的生活情趣。陆文夫的小说神韵、品佳看美酒之道，多是师承了这位江南名士。

　　他就是前面陆文夫提到的周瘦鹃。他与包笑天在清末民初，翻译、创作、编辑大量文艺作品，因内容多是才子佳人、卿卿我我，而被误称"鸳鸯蝴蝶派"，于戏谑之中带些贬意。其实，这是文学史家并未读懂张恨水、包笑天、周瘦鹃等人所写的"社会问题"小说的社会意义和美学价值，而对他们的误解。我为了写关于民国大师的传记七卷本《民国清流》，曾认真研究过他们的作品，他们从不同侧面，带着各自的人生经验，将十里洋场光怪陆离的畸形生活景象，以及形形色色的社会众生相展示出来，虽然忽视在审美意义上观照生活，人物似也不够典型，但他们以历史见证人的身份，为其所见所闻"立此存照"，为我们提供了足以视为真实的原生态的社会历史生活图景。君不见，"战士"的"狂热"早已消遁，隐士的风雅却如陈坛老酒，依然飘香。

　　周瘦鹃懂英文，创作的同时，一直热衷于翻译欧美名家文学作品，其中《欧美名家短篇小说丛刻》，于1917年3月由上海中华书局结集出版。其时正在主持通俗教育研究会小说股工作的教育佥事周树人，见到此书，即与周作人一起报请教育部以该会名义褒奖。周瘦鹃创作的小说，多是以婚恋不幸，失恋者终生饮恨，有情人难圆美梦为内容的"哀情小说"。如《恨不相逢未嫁时》等，实是对封建社会违反人性，违反爱情本性的残酷性，给予暴露和批判。鲁迅在《二心集·上海文艺之一瞥》一文中说，对比"大团圆"与"偶见悲剧结局"的小说，周瘦鹃的小说"不能不说是一个大进步"。但鲁迅对所谓"鸳鸯蝴蝶派"，一直存有偏见。

　　一次，陆文夫来北京开政协会议，我晚上去北京饭店拜访他，特意向他求证他的老乡周瘦鹃对他的影响。陆文夫说："余生也晚，直到20世纪60年代初，才有机会与周先生共席。"陆文夫中学毕业后，进入苏州作协工作。那时，苏州作协小组成员六七人，组长就是六旬出头的周瘦鹃，年纪最轻的陆文夫，愿意听候前辈周瘦鹃的差遣。那时，每月要召开两次小组会议，自然要谈文学创作，然后一定是聚餐，到松鹤楼去吃一顿。每人拿四元，由陆文夫负责收付。那时相当一个人月工资的近三十元的酒席，已算很排场了。

　　陆文夫回忆那段时光时，很有点他饮酒的状态，很投入。他说每次聚餐，都是周瘦鹃提前三五日，到松鹤楼确定日期，指定厨师。周瘦鹃说，不懂得吃的人吃饭店，懂得美食的人吃厨师。每到聚餐之时，众人鱼贯上楼坐定，厨师早已在那里微笑恭候。菜肴已由厨师选定，周瘦鹃笑答："甚好！"不久，炒鳝丝、炒虾仁、炒腰花等，便陆陆续续端来，撤下，菜品极多。每上一道，周瘦鹃都点评一番。众人吃不过来，每样只吃一两箸。周瘦鹃的美食理论是"尝尝味道"，若想吃饱，到面馆一碗面足矣。到流水席流过，厨师忙来征求意见，怕宠骄了厨师，周瘦鹃总是说："唔，可以吃。"那厨师得到真谛美食之道的大家肯定，已满脸生光了。在周瘦鹃左右时间一久，陆文夫不仅懂得了美食之道，也悟出了周先生的小说之道，都是文化，相通之处多矣。

周瘦鹃是"八一三"淞沪之战时，从孤岛上海返回故里苏州的。他购宅种花，莳弄盆景，著有《花前琐记》。"文化大革命"爆发，周瘦鹃的家被抄，其精心栽培、价值连城的花木盆景，也被红卫兵破坏殆尽。伤心绝望之后，于1968年8月，如同老舍投太平湖自尽，周瘦鹃选择了投井自杀，来捍卫文人的人格和尊严。老舍自尽，使京味小说大伤元气，周瘦鹃之死，象征苏州文人生活的终结。

陆文夫曾痛心疾首地说："周瘦鹃先生，可是苏州文化孕育的文化大家呀！"这情景，让我想起丙寅年跟陆文夫去苏州一次喝酒的情景。那次，我吃他炒的菜，他品他的五粮液，谈到周瘦鹃悲剧，他动了感情，由小口呷酒，变成一杯杯捆酒，面色已惨白，我忙夺他的酒杯，不知怎惊动了他的女儿，他的女儿忙进屋夺他的酒杯。戊戌年秋，我到北京一处别墅区去讲我的七卷本关于民国大师的集体传记《民国清流》。讲毕，一位年过六旬的女士笑着过来说："汪叔，我是陆文夫的女儿呀！"我们不期而遇，一起回忆起那次夺杯之事，让人感慨万千，唏嘘不已。

我不敢说陆文夫继承了苏州文化、苏州文人生活的衣钵，但他的茶道、酒趣、食经，还有他的小说，特别是他的文化人格，也让我懂得了源远流长的苏州文化。

几年前，我在甘肃开会，突然从朋友那里，得到陆老哥仙逝的消息，悲从中来，泪眼向南，那张一笑便露出满口白牙，眼角眉梢已爬上几分暮气的陆老哥，竟然如苍然的远山，心里便有了无地埋忧的怆怀……

独自掩卷默无声

——陈忠实与为传统文化唱挽歌之《白鹿原》

费孝通把中国称为"乡土中国"。是的，在这个农业国家，每个人都与乡土有着千丝万缕的联系。

　　"乡土中国"所特有的文化传统、人文精神、乡土情怀和审美理想，都形成一种独特的"乡村文本"。它自身与生俱来的宏大、深沉、稳定的叙述，既规约和限制作家的叙述，又对他们的想象、叙述、诗情产生深刻影响。

　　大唐诗人白居易有诗曰："宠辱忧欢不到情，任他朝市自营营。独寻秋景城东去，白鹿原头信马行。"陈忠实曾说："我第一次把眼光投向白鹿原，预感到这原上有不尽的蕴藏值得去追寻。"他在这个原上追寻了一辈子，深切地感知到，穿透这道沉重的原的软弱和平庸，深知这会直接制约体验的深浅，更会制约至关重要的独特体验的发生。他在反复回嚼这道原的过程中，尤其着意只属于独自体验的产生，得益于几本非文学书籍的认真阅读，"我终于获得了可以抵达这部小说人物能够安身立命境地的途径，我也同时获得进行这次安身立命意义的长篇小说写作的自信，探究这道古原秘史的激情潮涌起来。自我感觉是完成了至关重要的一次突破，也是一种转折"。于是，陈忠实为我们奉献了一部史诗《白鹿原》，"整个白鹿原很快删减到只具象为一个白嘉轩"（陈忠实《从生活体验到生命体验》）。白嘉轩就是白鹿原，一个人撑着一道原。白鹿原就是白嘉轩，一道原具象为一个人。

1

20 世纪 90 年代的乡土，其书写语境不同，因此，陈忠实获得茅盾文学奖的《白鹿原》与张炜时运不济的《古船》相比，呈现出不同的意味。

《白鹿原》沿袭了文学传统中关于土地与家族的叙述，把家族故事以"诗史性"的期待，带入了 20 世纪 90 年代的文学星空。

《白鹿原》问世之后，评论家包括该书的编辑写的"内容说明"，都做了如下评议：《白鹿原》在一个宏大的历史背景下，写了白、鹿两姓一族三个家庭的恩恩怨怨和纠葛矛盾，以及家族与社会的复杂关系，展示了"一部民族秘史"。而他们对小说没有直接写阶级对立和矛盾，更关注历史斗争背后的文化行为，叙事的焦点始终对准聚族而居的白鹿原，通过白、鹿两姓合二为一的宗法文化的恒长与震荡探索民族的生存和精神历程等深刻的表达，具有的独特品格，关注不够。

陈忠实自己说，是的，"我要全面地反映这个文化。这个文化，有它腐朽的一面，还有很伟大的一面，否则，我们这个民族就不能延续下来"。有的论者批评说，陈忠实为了"反映这个文化"，精心塑造了一个大儒朱先生形象。可惜作品中的朱先生，因为过多地负载了作家的理念，成为超凡入圣、不食人间烟火的现代大儒。儒家文化，也成了中国文化复兴的灵丹妙药。这样既违背了历史，又与《白鹿原》浓重写实的艺术风格相悖，此乃一大败笔。论家的此立论似过于草率。

君不见，《白鹿原》叙事苍凉而雄浑，刻画塑造了白嘉轩等一个个真实而血肉丰满的人物，形象地展示了中国传统文化，在革命洪流中始于坚守、终于垮塌的悲剧命运，这是一部民国和解放初社会生活、文化形态的艺术长卷，不失为一部永恒的民族史诗。20 世纪前半叶，中国是乡土国家、农耕社会，是以农耕文化为基础的，它的两大基石是宗法的家族自治、以儒文化为核心的道统。见善必行、闻过必改、能睦亲故的白嘉轩集这两大基石为一身，他不仅仅是白、鹿两家的族长，又是白鹿原的精神文化象征。大革命浪潮涌来，他不自量力，挽狂澜于既倒，结果被撞击得粉身碎骨，却戳穿了乌托邦的虚妄、无知和残酷，更让历史显露出真相。白嘉轩、黑娃、朱先生、白灵、田小娥的死，为中国传统文化唱响了一曲挽歌。白鹿原以中国传统文化的毁灭方式，呈现了此文化的深刻伟大的价值，完成了伟大的历史悲剧。可以说，白鹿原把白、鹿两族的生存状态作为宗法文化的完整模式，置于暴风骤雨的历史进程中，进行正面的、系统的、深刻的审视和呈现，正面观照中国文化精神和这种文化培养的人格，进而探究民族文化命运和历史命运。《白鹿原》是一部重新发现人，重新发掘民族灵魂的厚重的大书。

2

20 世纪 80 年代初，我与陈忠实相识。那时，他已经创作了表现陕西关中农民生活的《接班以后》《高家兄弟》《公社书记》《信任》《初夏》等中短篇小说，并获过多种文学大奖。初次见面，是在《当代》编辑部。他那如黄土高原，有着纵横交错沟壑的脸上，凝铸着岁月的沧桑，很像一个关中农民。文如其人，怪不得他的小说如土地般浑厚却粗糙。其实，忠实是个地道的文化人，父亲是农民，却珍藏一大木箱书籍，十分重视文化。忠实刚上初中时，不管风雨冰雪，父亲都会骑着自行车驮着一口袋馍，给儿子送到离家很远的学校。忠实读过书箱里的书，到初二时，就对文学发生兴趣，开始动笔写小说。

1962 年，忠实从西安市三十四中毕业，在西安郊区当中小学教师，并自修大学。三年后，忠实发表小说处女作《夜过流沙沟》。

1984 年夏，我与忠实、王朔等作家，到京郊游览慕田峪长城。我们谈到了古华的《芙蓉镇》。忠实很赞赏古华透过小社会的变化来概括大社会、大时代变迁的笔法。忠实说，《芙蓉镇》是反思历史的，其反思集中在极左的阶级斗争对人的戕害。它的最大的功绩是坚持"写真实"这一现实主义的创作方法。我发现，忠实在反思自己的创作实践。

说实话，忠实的小说创作，始终没有彻底摆脱政治为文学创作搭建的樊篱，尽管他的小说有浓郁的生活气息，但写不出活的人物，缺乏丰盈的色彩和灵动之气。在我的心里，朴实而忠厚的忠实，能发表不少色调单一的作品，已实属不易，再往下走，实在艰难。我不能直接向忠实表达我的这种悲观，只是以劝他多读书而暗示他已江郎才尽，然后将话题转向脚下残破苍凉的慕田峪长城。

转年秋天，我读到了忠实八万多字的中篇小说《蓝袍先生》（该作引发了他要写长篇小说的欲望），发现他从农村现实生活转移到1949年以前的原上乡村，写作也由紧绷的状态松弛下来，由对新的农业政策和乡村体制在农民世界引发的变化，开始转移到对人的心理和人的命运的思考，这无疑是忠实创作的一大突破。我对以前那么轻率地判断忠实江郎才尽，感到羞愧。

3

大约是1992年初春，默然退出文坛五年的忠实，突然打来电话，说他有一部长篇小说已经脱稿，希望《当代》派人去取，那口气一如往昔的他，谦卑而亲切。于是，我们派了两位编辑去西安。我当时心想，那个朴实得如同黄土高原的忠实，怕会交来像黄土高原一样朴实的作品吧，我并未寄予厚望。

时至今日，我还未能忘记，两位资深编辑向我们陈述取回《白鹿原》稿件的情景。他们到西安后，陈忠实极热情地带他们看大雁塔、兵马俑，并不提长篇小说。直到他们登上返京的列车，忠实才用那双粗壮的暴着青筋的手，将一摞盈尺的书稿交给他们，那眼神闪着灼人的光亮，似乎在说："我连同生命一并交给你们了！"

他们被忠实的眼神感动，躺在卧铺上，分头阅读起来，这一上手，竟再也没放下。回到北京，立刻组织人审读，几天以后，熬红眼睛的审读者，聚到一起，几乎同时惊呼："陈忠实得刮目相看了！"

读完《白鹿原》，我突然发现，一个陌生的大智若愚的陈忠实站到了面前。《白鹿原》时空对立，静动、稳乱这些截然对立的因素，被浑然地纠结在一起，形成的巨大而奇异的艺术魅力，且把人在历史生活中偶然与必然的复杂关系，出神入化地揭示出来。这竟然出自有些"木讷"的忠实之手，我惊愕了。忠实何时得"道"成"仙"，参透了文字的奥妙？

1993年，《当代》分两期刊出《白鹿原》后，陕西轰动，北京轰动，整个文坛轰动。其时陕西一位有影响的评论家，读完《白鹿原》初稿，就激动得跳将起来，高度评价了这部小说。那评价令忠实害怕，我们问了半天，忠实才保留了评论家的一句话："真真唏了个大活！"至今，这句韵味十足的陕西土话，还铮铮地响在黄土高原。

继西安之后，《白鹿原》又在京召开了作品研讨会。时逢仲夏，天气晴好，位于什刹海西侧的作协文采阁，热闹非凡。全国知名评论家如雷达、西来、振邦诸兄，一一与守在门口的忠实握手，入阁。忠实憨憨地笑着。我拍拍他宽厚的肩头，使劲地握着他湿热的大手。

五年不通音信，再见到他时，他脸上的皱纹更密、更深，双鬓染霜，头发稀疏花白，但宽额下那双熟悉的眼睛依然闪烁着，如同黄土高原般深邃和沉静。沉静是一种生命境界，沉静又是文学的高境界。

研讨会由陕西省宣传部部长王巨才主持。会上，评论家毫不吝啬赞美之词，高度评价了《白鹿原》。有的评论家指出，《白鹿原》是个整体性的世界，自足的世界，饱满丰富的世界，更是一个观照我们民族灵魂的世界。它以凝重、浑厚的风范跻身于我国当代杰出的长篇小说的行列。有的评论家则称，《白鹿原》具有文化性、超越性和史诗性。有人拿《白鹿原》与张炜的《古船》做了比较，认为同是一部政治文化色彩浓重的长篇，《古船》写的是人道，《白鹿原》写的是人格，它是通过家族史来展现民族灵魂史。也有评论家指出，《白鹿原》有驳杂、不协调的部分，借鉴《百年孤独》《静静的顿河》的功夫还不到家等。研讨会上，颂歌是主旋律。

白嘉轩作为中华文化的正统人格出现在白鹿原，本身就是一部浓缩了的民族精神进化史，他身上凝聚着传统文化的负载，他在白鹿原上的一切活动，相当完整地保留了宗法文化的全部要义。中国封建社会得以维系两千多年，靠的就是白嘉轩这类柱石的支撑。这一艺术形象是中国现当代文学史上的重大发现。可惜的是，学者、专家对此认识得尚不深刻，让人感到遗憾。我以为，《白鹿原》这样写传统文化，完全颠覆了鲁迅关于"翻开了五千年文化历史，发现只写吃人"的简单的虚无主义文化观。

我听得热血沸腾，又不甚满意。忠实低头记录，大汗淋漓。

最后轮到忠实发言。经过五年修炼，忠实已修炼到不以物喜、不以己悲的境界，但他说到感谢评论家的关心爱护时，还是热泪盈眶，有些哽咽了。

4

陈忠实到四十五岁时，他想，如果到了"知天命"之年，还拿不出自己满意的作品，也许后半生将伴着失落和孤独度日了。他第一次感到一种无法回避的紧迫感。

对生命的苍凉感和负债感，成就事业的人生抱负与生命苦短的焦灼与惆怅，是千百年中国文人对生命的双重体验和主题曲。1987 年，在长安县（今西安市长安区），陈忠实与一位文友秉烛夜谈时，留下了一句掷地有声的话："如果五十岁还写不出一部死了可当枕头的书，这辈子算白活了！"

就在这年农历正月十五闹花灯前，陈忠实辞去兼任的中共灞桥区委副书记职务，安排好年迈的老娘和不大的子女之后，便裹着一件棉大衣，与妻子离开繁华的大都市，在原上凛冽的寒风中，一头扎进了白鹿原下自家的一座农村小院里。闭门谢客的他还给自己定了"约法三章"：不接受采访；不参加无关宏旨的应酬和社会活动；不理会对他过去作品的评价。

在千古流淌的灞河畔，在黄土裸露的原下，开始对周围三县进行走访调查，过了"立春"，又到"谷雨"，乍暖还寒、冷风刺骨的时节，他伴着如豆油灯，细心地从一摞摞卷帙浩繁的县志、党史等资料中，打捞宝贵史料，没有白天黑夜地埋头抄录了三个月。

从浩瀚的史料中，他看到了辛亥革命、军阀混战、抗日战争和解放战争，这些中国历史巨大进程中所发生的惊天动地的事件，在白鹿原留下了生动、深刻的投影。其间，霍乱、瘟疫、饥荒、匪祸也给农民带来深重灾难和斑斑血泪。

翻着这一页页沉重的历史，审视近一个世纪以来这块土地上发生的一系列重大事件，在他心中，这块土地上的生灵也全都动起来，呼号、挣扎、冲突，碰撞、交叉、沉浮，诉不尽的恩恩怨怨、生生死死，在整个白鹿原铺开了一轴恢宏的、动态的、纵深的我们民族灵魂的现实主义画卷。

人们经常可以看到一个披着棉大衣或一身短衣裤的高大汉子，风里雨里，雪中雾中，或骑车或步行在白鹿原上上下下的乡、镇、村、堡上，匆匆赶路。有时，他蹲在村边地头，听那些穿着油渍麻花黑袄，头缠白羊肚儿手巾的农民讲故事、传说。有时，他端着大海碗，凑到农家汉子堆里，听他们唱着高亢的秦腔或拉家常。有时，他在村头残破的碾盘上，与人家对弈下棋。凑巧赶上婚嫁、丧事，他会挤进人群，陪他们笑唱，陪他们落泪。

他已习惯在黄土古道上踽踽独行，叩问历史或与他酝酿的人物对话。

每天，他黎明即起，冲上一杯酽茶，点上雪茄，在熹微的晨光雾气中，踱步在早已残破的有着枣树的小院。他走啊走，待重新进入小说的艺术氛围，召回和他相处多日的熟悉的各种人物，便慢慢转回身，进屋伏案疾书。

大约是太阳西斜，他会暂时告别他的人物，推开柴门，倒背着手，优哉游哉地走进别的农舍，和老乡拉家常，听白胡子老汉说古道今。人家留他喝胡辣汤，他也不客气地端起比脑袋大的海碗，与老汉走出家门，蹲在墙旮旯儿，与邻家一起大声喝着，看光着屁股的小孩子打闹。

晚上，在灞河畔，他看长天月色，听十里蛙声，然后爬上原坡，坐着数点点的灯火，望流萤明灭。有时，他会咿咿呀呀地哼起秦腔。秦腔高亢粗犷又低沉婉约，是秦人的艺术，其中不屈不挠、可歌可泣的故事和人物，悲壮苍凉的曲调，正与《白鹿原》的基调相谐。无怪有的读者说："看《白鹿原》，有听秦腔的感觉。"的确，正是秦腔，让《白鹿原》深入到秦汉文化的魂魄。同时，沉郁苍凉的秦腔也抒发了陈忠实寂寞孤独的心境，让人蓦然想起当年杜甫的诗句"片云天共远，永夜月同孤"（《江汉》）。

后来，过去多年，我与忠实受邀，到西柏坡参加一次笔会，同住一室。在谈到《白鹿原》创作时，忠实说："我躲在原上写《白鹿原》，既兴奋又寂寞。我体会到，创作是最孤苦伶仃也是最诚实的劳动。"

5

1991年底，一场纷纷扬扬的大雪，结结实实地覆盖了白鹿原时，陈忠实推开小屋，仰起脸，任硕大晶莹的雪片砸在脸上，心里却油然升起些许的矛盾。熬了快五个春秋的《白鹿原》，已经接近尾声了，他所钟爱的人物将与他渐行渐远了。两个叛逆者白灵与北海最终要出走了……

在西柏坡，陈忠实曾对我说："草拟稿进行得超乎预料的顺畅。到1989年元旦，超过四十万字的草拟稿完成了。1988年4月动笔，到次年元月完成，刨除近两个月的停笔，实际写作时间只有八个月，这大约是我自专业创作以来，写作量最大的一年，也是日出活量最高的一年。这年过了一个好春节，心头的鼓舞和踏实是前所未有的。"

1992年1月29日，羊年农历腊月二十五日，下午三时，陈忠实终于给《白鹿原》画上最后一个句号。前几天，陪他整整五年的妻子回西安时，他关照熬瘦了的妻子说："咱们再见时，书稿肯定就写完了。你多买些炮，要雷子炮！"

忠实再到积着雪的小院，静得出奇。整个世界只有他和《白鹿原》中历经劫难而幸存下来的几个人物。刚才，文稿杀青，他将一大摞稿件码齐，然后点上一支雪茄，任烟雾在眼前缭绕。不知怎的，两颗清泪慢慢涌出眼眶，正可用"独自掩卷默默无声"来形容。

《当代》全文发表《白鹿原》后，整个文坛如一鼎沸锅。他却从灿烂重归于平静。5月，他约了几位文友，花生米就着啤酒，边谈边饮，平静而惬意。等到夕阳西下，他又悄没声息地再次告别西安，迎着麦香，重返白鹿原下的那座小院。他点上雪茄，斟上一杯西凤酒，然后唱起土味十足的秦腔，望着一轮明月，心境平静似水。

北京的研讨会开罢第二天，忠实应新华书店之邀，为读者签名售书。我陪他到书店。一开店门，外面已排起长长的队。几个小时，忠实忙得没抬一次头，比起一般的签售，可谓盛况空前。当晚，忠实在我社门口孔府酒家宴请我们和北京评论界朋友。美味佳肴，玉盘珍馐，再加上陈酿好酒，席上热闹非凡。酒过三巡，忠实的脸就红了，不再如先前那般拘谨，笑得灿烂且豪放。

忠实站起来，说："我给朋友唱段秦腔。"

他唱的是《辕门斩子》中杨延昭的一段唱："见太娘跪倒地魂飞天外，吓得儿战兢兢忙跪尘埃……"唱得声情并茂。

1999年冬，庆祝新世纪到来。中国作家集结于四川成都。白桦、叶楠、陈忠实、蔡其矫、李瑛、苏叔阳、邓友梅等诸友欢聚一堂。我也忝列被邀名单。我与忠实爬峨眉、游乐山，夜间到街头吃夜宵。啤酒小炒，味美价廉。临别时，忠实挥毫为我写了"怡然"条幅，让我分享他宁静怡然的心境。至今，此条幅仍挂我书房，见字如见君也。

西柏坡笔会与忠实见面时，见他气色不好。他说常腰疼。我回京之后，托朋友给他带去一些中草药。每年全国"两会"时，作为政协委员的忠实来京开会，我有时去看望他。我给文化艺术出版社编"走向诺贝尔丛书"时，选了《白鹿原》，给中国文史出版社主编"当代著名作家美文书系"时，为忠实编了一本《拥有一方绿荫》，还获了全国奖。

6

《白鹿原》横空出世，给一度沉寂的新时期文学带来了震撼与信心，它告诉世界，我们民族的文学思维并没有停滞，作为社会良知的作家，也从未放弃对时代精神价值的严肃思考。但大气磅礴的《白鹿原》，却遭到过不公平待遇。

自打《白鹿原》在《当代》上发表，就有来自方方面面的一些若隐若现的指责、批评。

而据 1993 年 12 月 13 日《羊城晚报》转引《金陵晚报》的消息说，某位领导批评"《白鹿原》和《废都》一样，写作的着眼点不对"，明确把《白鹿原》和《废都》两部小说，"列为影视禁拍作品"。我们在北京也听到有人在一次会上批评了《白鹿原》，并说不要再宣传《白鹿原》等话。直到 1997 年 5 月，在天津评选 1991—1995 年优秀长篇时，一位临时主持人竟粗暴地不让提已获茅盾文学奖的《白鹿原》。

在当时，《白鹿原》在某些人眼里，竟成了洪水猛兽般邪恶的东西，整个社会不敢再碰这部可能引火烧身、敏感的《白鹿原》了。但我们人民文学出版社，还是把"人民文学奖"授予了《白鹿原》。

拉尔夫·艾默生说："所有遭到查禁和删除的语言，将回荡在世界每个角落。"不公正对待《白鹿原》的那些人，早已离开他的位置，被人遗忘了。时光总是把苦难酿成美酒，《白鹿原》越来越显示出它的价值。《白鹿原》仍是最受广大读者喜爱的小说之一，年年被出版社加印。

关于《白鹿原》的删改问题，也值得一提。《白鹿原》的所谓删改，集中在小说中的性描写。只要有高格调，文学本无禁忌，许多禁忌是我们自己设置的。食色，性也。长期以来，我们禁止写性，避开了人性冲突——灵与肉的冲突，于是我们的文学成了残缺不全的东西。而《白鹿原》最具光彩、最惊心动魄的是写礼教与人性，天理与人欲，灵与肉的冲突。比如"黑娃与田小娥的相遇与偷情，是闷暗环境中绽放的人性花朵，尽管带着过分的肉欲色彩，毕竟是以性为武器的反抗"（雷达语）。我看过《白鹿原》的原稿。《当代》编辑部以"应有节制，或把过于直露的性描写化为虚写、淡化"的"审稿意见"，让陈忠实忍痛割爱，删去了不少揭示人性的性描写。我以为这是不尊重文学规律、不尊重作家的行为，对《白鹿原》造成了伤害。

后来，评茅盾文学奖时，又令陈忠实再次删节性描写，一批所谓的文学批评家，却干着违背文学规律的蠢事。果然，"干净"的《白鹿原》得了茅奖。

又后来，时过境迁，陈忠实勇敢地以第一版《白鹿原》，取代"干净"后的《白鹿原》。我曾想，陈忠实应力争恢复完全按自己的意志叙事的初稿《白鹿原》，让读者和评论家来评判两者的差异，公道自在人心。

文学创作需要天赋，需要智慧、文化和思想，有时更需要创新和勇气。

桃花无言一队春

——路遥的《平凡的世界》遭退稿及其他

开篇前先说几句闲话，身为职业编辑，为人做嫁衣裳，倥偬数十载。整日伏案审稿、编稿，经常与文坛名家、新秀打交道，在敬畏、精诚、庄严、隐忍中，看云卷云舒，落日西沉，青春老去，其经历的苦乐悲欣交集，笔墨难写。

英国史学家爱·霍·卡尔说："历史是历史学家跟他的事实之间，相互作用的连续不断的过程，是现在跟过去之间的永无止境的问答交谈。"编辑又何尝不是一辈子与作品、作家对晤问答呢？这种对晤交谈，会发生许多不寻常的故事，虽世情相去已如云泥河汉，但并不都斑驳成尘，一直都弥漫着一种文化意绪。比如号称获茅盾文学奖最多的《当代》，曾决绝地退过一部由路遥创作，亦获茅奖的《平凡的世界》，这事便值得一提。围绕退稿风波的种种议论，也意味深长。巧的是，过几天便是路遥离开他钟爱的世界二十七周年，回忆这段往事，权当对一位逝者的纪念。

1

退休之后，在开始创作数十年准备的七卷本《民国清流》系列的间歇，写过一本《往事流光：见证文学的光荣年代》(重庆出版集团出版)，，将与老师聂绀弩、王蒙、李国文、陆文夫及好友古华、陈忠实、莫言、阿来、张抗抗、铁凝、蒋子龙、张贤亮、王朔等作家的交往、相处的温馨故事记录下来，以让读者一识鸿雪，也算我个人见证参与新时期文学的美好回顾。惜本人才疏学浅、眼光谫陋，文坛崧岱，多有疏漏。没写路遥，实有隐情。

最早我得知《当代》某编辑曾毅然退掉路遥的长篇小说《平凡的世界》第一部，不是从编辑部内部，而是先从《花城》主编老朋友范汉生那里，他打电话给我说，此稿乃是你们的某编辑退稿。《花城》派负责人谢望新，飞赴西安审看路遥的《平凡的世界》，现场高度评价，同意刊发《花城》(谢望新《路上求索》)。不久，1986 年第六期《花城》果然推出了《平凡的世界》第一部，还在编者按中高度评价了这部长篇小说，按语不提遭退一事，使坊间传说更变得扑朔迷离，致使相关各种议论似钱塘秋潮。《当代》编辑部认为，编辑退稿，哪怕是名人的大作，无论退对退错，皆属文学鉴赏范畴，与政治、道德等并无干系，因此既未对退稿编辑提出批评，也对外界的纷纭议论不予置评，其智慧大度，深得同人赞誉。我未将路遥与《平凡的世界》写进《往事流光》一书，慎重考量的正是对编辑部约定的遵守。因为写路遥和《平凡的世界》，退稿风波无法回避，我只能沉默。

我是个电脑、手机盲，外部信息了解太少，很久以后才发现，我那位退《平凡的世界》的同事，早已以轻松甚或调侃的笔调写了《记得我当年差点毁了路遥》一文。胸中有丘壑，他不委流俗的个性不改，更多了些老辣练达。想想我对那个约定的恪守，显得多么愚钝可笑。

2

　　西安是路遥创作生涯的福地。出生在陕北绥德清涧县乡下，在延川长大的路遥说："我的创作，作品中所有的生活和它的生活背景、生活原材料，大部分都取材于这个地方。"但是，他所有的重要作品，都是他从延安大学调到西安《陕西文艺》之后完成的。好风凭借力，是文化底蕴深厚、作家云集的西安，把他推上了文学创作的巅峰。"字字看来皆是血，十年辛苦不寻常"，其间艰苦，世人岂知？

　　1976年秋天，一个"全身落满黄土尘末，背着沾满黄土的行装，脸庞黑红，头发蓬乱，衣着不整"的年轻人，走进了西安建国路71号院的《陕西文艺》。他就是从延安大学来报到的路遥。经历了从农村到城市这一漫长而复杂的过程，路遥的心中涌动着复杂的心绪。

　　编辑部同人从土气十足的年轻人身上，看到黄土高原的土气背后，蕴藏着一种巨大的精神力量。他勤奋、认真、踏实的工作态度，博得同人的赞许。1977年，《陕西文艺》恢复了刊名"延河"。曾由柳青、王汶石、杜鹏程付出大量心血的《延河》，编辑力量强大，自20世纪50年代始有过一段辉煌的历史。1978年，柳青、胡采等人组成中国作协西安分会筹备小组，西安作家恢复活动，路遥有机会得到柳青耳提面命的指导。柳青的《创业史》第二部，在《延河》连载，路遥是其编辑。路遥通过文章《病危中的柳青》和《柳青的遗产》，表达了对这位文学前辈的由衷敬意。在创作《平凡的世界》时，他多次为柳青扫墓。一次，他带弟弟王天乐去祭扫，在墓前转了多时，突然猛地跪在碑前，放声大哭。

　　在当时颇有人望的同人潜移默化的熏陶和帮助下，有深厚生活积淀的路遥，其文学创作上了一个新台阶。他在被戏称为"王李家㞎佬"的一间陋室内，创作了六万字的中篇小说《惊心动魄的一幕》，被编辑部副主编贺抒玉推荐给一家大期刊，不幸被退回来。又寄给另一家大刊物，也被退回来。就这样，稿件便有了在五家刊物旅游的经历。在最后投寄给人民文学出版社《当代》时，路遥的心绪极为低落，他甚至想，如再退稿，就付之一炬。

让路遥颇感意外的是，不久，他接到全国发行量最高的《当代》独具慧眼的主编秦兆阳的亲笔信。秦兆阳热情肯定其创作的同时，指出其不足，与他商量：可以就这样发表，但如果愿意修改，请到北京。

路遥到了北京，责任编辑刘茵和我陪着他到北池子，聆听秦兆阳的意见。路遥用了二十多天，做了认真的修改。修改后的《惊心动魄的一幕》，发表在《当代》1980年第三期。同时，秦兆阳撰文《要有一颗火热的心——致路遥同志》发在《中国青年报》上，推荐此作。次年，《惊心动魄的一幕》获得第一届全国优秀中篇小说奖。1982年，《当代》又发表了路遥的中篇小说《在困难的日子里》，获得《当代》当年的"当代优秀作品奖"。

对成就了路遥的秦兆阳，路遥曾说："秦兆阳等于直接甚至手把手地教导和帮助我走入文学的队列。"

获奖极大提升了路遥创作的自信。不久，他告别了妻儿，告别了西安，远赴延安甘泉县，开始创作给他带来更大荣誉的《人生》。这部中篇小说是他从1979年至1981年，折腾了三年才完成的。创作《人生》的直接动机，是他赴京领奖时，在会上与中国青年出版社副总编辑、柳青《创业史》的责编王维玲认识，王维玲主动向他约稿。

他在甘泉县招待所写《人生》，"每天工作十八小时，分不清白天和夜晚。浑身如同燃起大火，五官溃烂，大小便不畅通"。他的朋友白描去看他，只见小屋烟雾弥漫，房门后的铁簸箕里盛满烟头，桌子上还摆着硬馒头，还有麻花和几块点心。他头发蓬乱，眼角烂红。

就在这样的条件下，在王维玲多次来信的鼓励下，经过二十一天的苦熬，如同产妇分娩，他的《人生》诞生。于是，小说中的高加林、刘巧珍鲜活地走了出来。

《人生》完成后，路遥一人跑到榆林白云山寺庙卜了一卦，抽得上上签"鹤鸣九霄"。

路遥多次打磨此作后，以"生活的乐章"为小说题目，忐忑地将此作寄给了王维玲。得到出版社的热情肯定后，路遥来到北京，住进了明亮宽敞的客房改稿。最后，王维玲建议改书名为"人生"，推荐给《收获》发表，在全国产生极大轰动。《人生》获得1981—1982年全国优秀中篇小说奖。

路遥是冷静的，面对文学界的批评，他说："作品最后要经受的是历史的考验。"

路遥囊中羞涩，为了到北京领奖，他把电话打给在铜川矿务局的弟弟王乐天，借了五百元，应了急。

《人生》看似关于高加林和刘巧珍的爱情故事，而路遥要表现的则是新的时代对年轻心灵的冲击和因此而产生的灵魂骚动。他们不甘心像长辈一样，终老在黄土地上，要到广阔世界去闯荡，以改变个人的命运。于是，乡村道德与现代意识，感情纠葛与理性判断，个人生活与人生选择之间展开了深刻的悲剧性冲突。当高加林带着城市给他留下的累累伤痕，返回黄土地时，他深爱的巧珍亦离他而去……

从闯荡到回归，我们分明看到的不仅仅是高家林的内心痛苦、命运的哀叹和自我的谴责，更是对现代意识的诘问。《人生》给我留下深刻的印象，让我对路遥也刮目相看。

因缘萍水，亦非偶然。我在读《人生》之前，早就与路遥在《当代》编辑部相识。

黑瘦的脸庞，拘谨的举止，内敛而幽深的眼神，是我对路遥的第一面印象。他住在《当代》编辑部同一楼的西侧，在编稿之暇，我曾到他的房里聊天。

路遥在北京改稿时，他的老乡，后来成名的导演吴天明请我和路遥吃饭。当时吴天明正在北京参与筹备一部电影。吴天明夫人是我夫人的高中同学和闺密。他们两家都住在南横街，吴天明夫妇同在北京电影学院读书时，常到我家吃饭。他们结婚时，我和夫人为其庆贺。后来，是我极力向吴天明推荐了《当代》发表的郑义的小说《老井》，并把郑义从山西唤到北京与他见面，遂有电影《老井》问鼎各项大奖的壮举，吴天明也奠定其在电影界的地位。此后，我每到西安，天明总是拉上路遥，与我晤面，吃羊肉泡馍。因拍电影《人生》而再获金鸡奖和百花奖的吴天明，一度有把《平凡的世界》搬上银幕的冲动，最终因工程浩大庞杂，而无奈放弃。

3

关于退《平凡的世界》一事，本不复杂。1986 年，《当代》新来的一位编辑去西安组稿，西北片儿属他管，此行他是奔那里的几位文学新人而去。发现、扶掖文学新人，是《当代》一贯坚持的方向。而这位编辑在后来的编辑生涯中，推出邓贤等多名年轻的作家，为同行所推崇。

到了西安，为他安排食宿的陕西作协一位副主席告诉他，"路遥新写成了一部长篇"，问他感兴趣否。当时路遥在文坛已炙手可热，能不费吹灰之力得到他的长篇处女作，如同天上掉下馅儿饼，他"欣喜若狂"地叫道："当然有兴趣。"

殊不知，天下没有免费的馅儿饼。据我这位同事讲，正当他激动不已时，人家副主席接着说："路遥还有一些希望，如果《当代》要用，希望满足三个条件：第一，全文一期发表；第二，头条；第三，大号字体。"给《当代》提这样的要求者，没有先例。

当日下午，我的同事在陕西作协办公室被安排"和路遥见了一面，寒暄了几句"，诸君从他的记述中，可揣测他们的晤面缺乏热情和真诚，毫无文人间的洒脱和情趣。这不禁让人想起，陈忠实把《白鹿原》交给《当代》编辑时的情形，"我连同生命一并交给你们了"。路遥太缺乏自信。

我的同事"拿着路遥的手稿回到招待所，趴在床上兴致勃勃地拜读"，结果是悲剧性的，"读着读着，兴致没了。没错，就是《平凡的世界》第一部，三十多万字。还没来得及感动，就读不下去了。不奇怪，我感觉就是慢，就是啰唆。那故事一点悬念都没有，一点意外也没有，全都在自己的意料之中，实在难往下看"（《记得当年我差点毁了路遥》）。

读不下去的结果便是退稿，这是每一位编辑的权利，想当年，在清华大学读书的曹禺把《雷雨》交给《文学季刊》的靳以，靳以看后，放在抽屉里。一年后，《雷雨》被同是《文学季刊》编辑的巴金发现，立刻发表在《文学季刊》，曹禺一举成了无人不识的大剧作家。判断文学作品，自然与文学观念、审美情趣相关，但也与阅读习惯分不开。我的这位同事"读不下去，就坚决不读"，退掉了《平凡的世界》。倘若陈忠实的《白鹿原》落在他的手里，他照样退稿。用他的话表述，便是"无独有偶，后来陈忠实的《白鹿原》我也没读下去。得了茅盾文学奖，我也没再读"。好在文学自有它自己的规律和标准，即便《白鹿原》被退掉，也不妨碍它还会在其他期刊绽放。问题是，作为一个职业编辑，是否不应无视文学的多样性和读者多元化的阅读诉求，而总以个人的审美情趣取舍稿件？这是一个值得研究的话题。

至于退稿，是每个编辑出版者经常遇到的问题，比如作家出版社也毫不犹豫地退掉了路遥的《平凡的世界》，因为它"技巧粗疏，语言陈旧，人物形象不够立体，同时路遥时不时还跳出来，对情节和人物发表自己的大段议论和感叹，这些问题说明《平凡的世界》显然不是一部成熟的作品"（曹徙南《三十三年过去了，〈平凡的世界〉依然是中国人最爱看的书》）。退稿有时是从意识形态和政治诉求角度考虑的权宜之计。以《当代》为例，出于这种背景，曾退过张炜的《九月寓言》和王朔的《动物凶猛》。当年，老主编担心《当代》的命运，把已排好的《九月寓言》撤掉，责成我将其退给张炜。我无法向张炜解释，坚持要主编修书一封，然后远赴龙口，无言地将《九月寓言》退给称我为兄的张炜。不久，《收获》发表了《九月寓言》，广受好评。王朔将三个中篇送到我处，我最看好的《动物凶猛》被《当代》拒之门外。我只好编发了《永失我爱》和《无人喝彩》，劝说王朔将《动物凶猛》交给《收获》。《动物凶猛》发表之后，姜文改成电影《阳光灿烂的日子》，灿烂得很。小说《动物凶猛》是一篇青春小说。青春总和政治搅拌在一起，青春文学早已失去青春的色彩。作者在《动物凶猛》中，还原了青春的嚣张、青春的骚动、青春的斑斓。作家阿城在《遍地风流》的序言中就说，中国除《动物凶猛》外，没有青春文学。

《当代》退掉张炜、王朔等人的优秀作品，动机很神圣，"保护《当代》"，有殉道者的精神，自然无人追究责任。而社会上对退掉《平凡的世界》感兴趣，合乎逻辑的解释是，《平凡的世界》获得了茅盾文学奖，堂堂获茅奖的大户《当代》，也有失察走麦城之窘。

其实，在《花城》隆重推出《平凡的世界》以后，并没有继续发《平凡的世界》第二部、第三部，与首发第一部时的隆重形成巨大的落差，起码有虎头蛇尾之嫌，甚或给人不了了之的感觉。过了许久，费了些周折，《平凡的世界》第二部、第三部才在地方文学杂志《黄河》上发表，其影响可想而知。

我们这位同事的退稿之举，渐渐被人淡忘，偶尔听有人说，这小子的法眼如炬啊。

4

历史自会有它的邂逅。路遥仙逝二十多年，宿草经荒，墓木成拱，突然，广播剧和电视剧《平凡的世界》热播，再度激发了年轻人阅读《平凡的世界》和关注路遥的热情。于是，关于路遥和《平凡的世界》在文学史上的定位问题，再次成为热门话题。

我对关于《平凡的世界》的种种传闻不感兴趣，只想遵照习近平总书记在文艺工作座谈会上的重要讲话中，关于"打磨好批评这把'利器'"，"在艺术质量和水平上敢于实事求是"的精神，谈谈如何看待《平凡的世界》。

1987 年 1 月 7 日，《花城》和《小说评论》借我人民出版社三楼会议室，举行了《平凡的世界》（第一部）的研讨会。京门的著名评论家几乎悉数到会，我也受邀参加。

研讨会上，"《平凡的世界》几乎遭遇到了全盘否定。很多评论家认为这部作品写得陈旧"（张艳茜《路遥传》）。"《延河》主编白描在路遥逝世二十周年座谈会上回忆，第一部的研讨会在京召开，评论家对其几乎全盘否定，正面肯定的只有朱寨和蔡葵几位"（厚夫《路遥传》）。

张韧、朱寨等人的发言，肯定了该作，同时也提出善意而尖锐的批评。不知为什么，后来，雷达将在该会上的发言抽去批评，整理成《诗与史的恢宏画卷——论〈平凡的世界〉》，来了一个一百八十度的大转弯，认为《平》（《平凡的世界》简称，下同）以它的时代内蕴的深度、形象的扎实和情感的凝重，以它的社会历史主题与人物命运主题的巧妙融合，特别是以它对平凡众生心灵世界的开掘所产生的内在力量，来打动读者，并站稳了脚跟，"它给我们的总体印象是宏大和厚重"。也有人说《平》是"农村日常生活的百科全书"。张韧说，《平》是"现实主义的胜利"。

会上的批评者说其似流水账，冗长而杂芜，说其人物众多，鲜活者太少，说其人物性格分裂，不统一，有图解生活的痕迹云云。至于《记得我当年差点毁了路遥》中，说什么"老何（即我的同事，时任《当代》副主编的何启治）见了我，第一句话是说，大家私下的评价不怎么高哇"，老何也参加了研讨会，他心中自然有数。

在《平凡的世界》由《花城》发表后，我即认认真真地研读了一番。我在自问，倘若路遥把《平凡的世界》交给你，而不是别人，你将会怎么做？坦率地说，界定你手里拿的东西是不是有重大价值的作品，文学性有时不见得是衡量的唯一标准。蒋子龙的《乔厂长上任记》在文学上的弱点显而易见，但它却是中国改革开放文学的开山之作，宣告中国改革开放大幕已经以不可阻挡之势开启。有时，作品会溢出文学边界，具有更为深远的社会意义。《平凡的世界》呈现了20世纪末中国伟大艰巨的转型期的城乡社会图景，承载了一个时代深刻的历史性变化和精神追求，塑造了一个成为历史变化和时代精神汇聚点的新人孙少平，给人以持久的力量。

考虑到路遥是《当代》的作者和曾发表过《人生》这样优秀的作品，特别是他对生活、对文学有一种力透纸背的热爱和真诚，他坚持的现实主义写作精神，我不会当面率性地退掉，而是拿回编辑部，表明我的态度后，由编委会权衡发或退。我似乎理解、认同我的同事对它的基本判断，只是不赞同他退稿的方式。

但自《平凡的世界》发表后，路遥似有"我本将心向明月，奈何明月照沟渠"之抱怨和不满，对我也明显冷淡许多，让我也生"从此萧郎是路人"的担忧。黄土高原的汉子，并非人人时时都有黄土地那样的宽厚胸怀。

当然，《平凡的世界》究竟是什么样的作品，仁者见仁，智者见智。

《平》截取 1975 年至 1985 年，中国历史发生重大深刻的大转折的历史时段为背景，以孙、田、金三个家庭各种人物的命运为结构基础，将公社、县里、地市，乃至煤矿、省城广阔又恢宏的、令人眼花缭乱的社会生活场景，随着一众人物的足迹一波一波展现出来。小说通过对孙少安、孙少平等普通农民心灵世界的精神矛盾的描绘，试图"在最平常的事件中，显示出一个人的伟大来"，以概括那个时代最重大的思潮和某些本质方面的东西。

但意图归意图，小说的成败，最终取决于对主要人物的塑造，是否使之成为鲜活的"这一个"。

通常，小说是以命运史、性格史、心灵史的形式反映社会生活的，只有挖掘人物的精神底蕴，才能表现时代生活的深层流动。但《平》中的两个主要人物孙少安、孙少平，是路遥按照自己的理想，精心设计出来的。兄弟俩的人生选择和生活哲学，明显与路遥的个性、心理以及人生经历有关。我们在读他的《人生》时，从高加林身上，已有发现。《平》中，路遥赋予少安喜求实、重物质、封闭的性格，赋予少平喜幻想、重精神、开放的性格。各有长处，各有缺陷，形成了两个符号式的概念人物。这是路遥思想深处存在的二律背反式矛盾造成的。正如一些评论家所说，一方面，在出身农民的路遥的情感里，他尊崇农耕文化中的宽厚、温情、淳朴及农民身上的坚忍和吃苦耐劳，将之视为精神栖息的家园；另一方面，作为黄土地上有文化的路遥，在意识上对世代农民的生活方式、思维方式、价值观念，又不认同。作为农民的他，造了一个孙少安；作为文化人的他，编了一个孙少平。这两个人物是他理想的概念的产物。

《平》的另一个致命问题，是让人物支配历史和生活。为此，他夸大了小说人物改造、变革社会、生活的能力，违背了生活塑造人物命运即马克思关于物质决定精神这一铁律。

此外，显而易见，《平》没有将生活和人物血肉交凝成一个整体，有"支离纷披的堆积"的明显痕迹，使其展示"一幅广阔而又恢宏的当代生活画卷"

的努力大打折扣。

值得提出的问题还有，小说没有处理好时代与人物的冲突和矛盾。每当人物陷入困境之时，路遥便有意无意地介入矛盾当中，以议论、抒情等简单的方式，"将矛盾化解或转移，甚至将人物所遭受的苦难加以美化并上升为生活哲学。无疑，面对'历史状况本身固有的一切缝隙和裂痕'，路遥采用的却是卢卡奇所反对的方式，即通过创作手段加以掩饰"（高明《孙少平的阅读方式与时代意识》）。此评论切中肯綮。

总的来说，《平凡的世界》是一部优秀而略有瑕疵的作品，评论家王鹏程在一篇评论中指出，路遥的《平凡的世界》的"道德观念，是古典的前现代社会的德性论伦理学。德性论这种前现代的道德形态，既是路遥无法摆脱的历史局限，同时也形成了其无可匹敌的优点"。对路遥来说，《平》是"耗尽其毕生功力"的绝唱。1989 年后，评第三届茅盾文学奖时，环顾处于混乱低潮的文坛，《平》的获奖，实至名归，确实是"现实主义的胜利"。

路遥到北京领奖时，我们又一次见面。在颁奖会上，路遥的《平》挂了头牌。路遥上台时，显得不很从容。陕西来的一位作家，说路遥进京领奖时，手头没钱。好容易借到路费，但进京总要请客啊，赠书啊，没五千元是不够开销的，于是打电话请人帮忙。待他登上火车时，那五千元才拿到手。路遥骂了娘："日他妈的文学！"听罢，众人都笑。路遥脸上也绽出难得一见的笑容。但看得出，那笑容里，有太多的纠结和苦痛。

《平》并未因获茅奖而大红大紫，也没因受到批评而遭冷落。《平》的几度沉浮与文学本身无关。时间和读者是最终的裁判。事实是，《平凡的世界》里那苦难的乡土世界，虽早已不复存在，但为改革命运而奋斗的孙少平们的精神，仍激励和抚慰着生长中的年轻人。

这些关于《平》的评价，让我想起关于毛姆在文学史的定位，争论至今不休。听听毛姆自己的话，或对我们评价《平》有启发。一直被世人视为二流作家的毛姆说："是啊，是什么原因让毛姆一直持续不断地被出版、被阅读，让他一直拥有那么多的文青读者？"毛姆显然是对一些看不上他作品的评论家进行诘问。

评价作家作品，本来是非常主观的判断。中国自古就有"诗无达诂，文无定法"之论，这是文学不可分割的一部分，路遥和他的《平凡的世界》也难逃这一宿命，所谓"毁誉从来不可听，是非终究自分明"也。可惜，他没来得及像毛姆那样发出诘问，就匆匆离去。如果，他得知《平凡的世界》已被选为学生必读的文学作品，那消瘦的脸上，是否还有两行清泪？人代冥灭，清音独远，悲夫！

青山有意留人住

——冯骥才的"津味小说"与《一百个人的十年》

随着改革开放大潮的涌动，国民经济迅猛发展，极大地加速了我国城乡都市化和都市现代化的进程。一种新型的都市文明的兴起，呼唤着新型都市文学的诞生。

于是，便有了在原有的市井小说和工业题材小说合流的基础上，变衍而成的都市风情小说的应运而生。

都市风情小说，实际上就是将都市人绚丽的生存方式、生活状态，鲜明的都市文化习俗、民风世态，以及都市的节奏、情韵与氛围，呈现在小说构成的图画中，使都市小说升华至一个新的境界，跨入到都市风情派小说创作的新的里程。

王朔的都市小说大行其道，刘心武获茅盾文学奖的《钟鼓楼》广受欢迎，接着，冯骥才、蒋子龙、肖克凡的津门文化小说等，都给新时期的都市风情小说，带来全新的风采。

当然，反映城市时代和城市青年生活的王朔的小说，刘心武尽显京华都市风情的"京味都市小说"，冯骥才等展示浓郁津门市井生活气息和诸多津门文化特征的"津味小说"，只是他们小说创作的一部分。他们的小说题材和构思都有很大的开拓，小说的风格和叙述方式也十分多样化，在文化方面也都多有建树。

1

在冯骥才内容和形式多样的创作中，影响最大、最能显示他的才华和艺术个性的是，表现天津市井风俗文化的"津味小说"。

早在 1977 年发表《义和拳》开始，我们已经看到冯骥才发掘津门文化的热情。他所创作的《怪世奇谈》系列中的《神鞭》《三寸金莲》《单筒望远镜》，标志着冯骥才的"津味小说"创作，已由探索走向成熟。

刚读《神鞭》，以为是一个新型侠义小说。后来看了进去，是我低看了它。小说赋予"神鞭"兴衰际遇和当时的津门社会世相，别有寓意。金子仙说这神鞭是国宝，傻二也信以为真，感到有一种使命在身，就娶妻生子，要把神功代代相传下去。但洋鬼子来了，这神鞭根本敌不过洋枪，与义和拳的神拳一起被打得落花流水。

对于"神鞭"的寓意，可能有很多理解。有些评论家是从对待传统的角度来理解，指出，"神"代表蕴藏在老百姓身上的精神力量，"鞭"则可理解为表现形式。

而我则认为，若从对"神鞭"的全部描写看，是否可以理解为代表我们民族的精神或"国民性"呢？

对此，我曾向大冯求解，大冯是何等聪明的人，他一笑："寓意多焉！"

《神鞭》最让我叹服的，是大冯刻画人物的本领。大凡小说中的人物，只要登场亮相，大冯就抓住其特点，寥寥几笔，便使其活灵活现。你看青皮玻璃花、小买办杨殿起、坏心眼儿阴谋家蔡六、"国粹派"金子仙，甚至飞来凤连同站在她身边的老妈子，每个人的肖像举止、心理和精神状态，都鲜活得让人过目不忘。而且，人人都带有浓郁的天津卫的市井味儿。

当然，如若把傻二这一主要人物心灵深处的东西再深入挖掘，使其精神世界的内涵更丰富些、深刻些，傻二或可成为中国文学史上不朽的经典人物。

与《神鞭》同享盛名的《三寸金莲》，是冯骥才《怪世奇谈》系列小说中的另一篇力作。《三寸金莲》以客观的态度，展示出民族文化形态的真实面貌，让读者看到某种沉重的、陈腐的却已自我完善的文化传统与现代文明的冲突。冯骥才在形象地表现这一冲突的过程中，对历史和文化进行了深刻的反思。

冯骥才在《三寸金莲》的开篇里，开宗明义地写道："小脚里头，藏着一部中国历史。"小说通过塑造代表天津卫有闲阶层空虚无聊的佟忍安、吕显卿等人物，呈现他们腐朽的生存状态，对传统劣根性进行了深刻的批判。

一次，我到冯骥才刚刚分到的位于胜利路三多里的新居去看他，在他房舍对面一套独立的书房里，看到了他收集的一堆三寸大小的绣花尖头小鞋。他拿起其中做工极精细的一双，很得意地让我看："朋友知我正在写《三寸金莲》，特意送的。"

我故作掩鼻状："你把陈腐的文化都装进了小鞋里，又沉又臭，罢了，还是你自己把玩吧。"

《三寸金莲》风格奇，构思奇，寓意也深，在三寸金莲与中国历史间建构了一种文化寓言，使其成为 20 世纪 80 年代文学的另类存在。《三寸金莲》问世之后，多家选刊纷纷转载的同时，评论界也蜂拥而至，对其褒贬不一，形成众人纷纷评说的景观。但是，心高气盛的大冯，对褒或贬皆不买账。他在《我为什么写〈三寸金莲〉》一文中，说众人的褒贬"其实全是胡扯"，而他所"搁在不同人不同认识层次不同审美标准的交叉点上"的《三寸金莲》，实为向世人"发起挑战"，期待回应，结果，"不幸不巧不走运不知为什么没遇上"，"故让他大失所望"。此论坚信《三寸金莲》"是一部能够留下来的作品"，一竿子打倒了褒贬两方。这部借三寸金莲的故事，把文化反思推到"自我束缚力、牺牲献祭、美丑共生、新旧互嵌、正反转化等层面"的《三寸金莲》，被人误读，实乃历史的尴尬。可惜的是，冯骥才原计划写作由六部到八部中篇构成的一组文化反思小说——总名叫作"怪世奇谈"——以及正在着手写的《阴阳八卦》等，不得不半途搁浅，他甚至从此离开了小说创作，而致力于文物保护工作。

《阴阳八卦》是《怪世奇谈》系列之三，通过天津卫人惹惹追寻祖传金匣子所遇到的太多神秘怪异的事件，在天津卫的文化背景里，展现了中国传统文化的神秘性和包容性。

冯骥才的《怪世奇谈》系列，手法上兼容荒诞、写实和象征等特点，既有俗文学的可读性，又有严肃文学的思考，还有历史风情画和民间故事，在浓郁的天津地域特色中展示了天津人的生存状态，挖掘出浸透天津卫文化特质的天津人的处世心态，并对中国文化做出深邃的历史和人生的思考。这是城市风情小说中的奇葩。

其实冯骥才的心一直热恋着文学，如他自己所说："我太热爱文学。我心里有东西要写，必须写。不是我要写小说，是小说让我写。"（《冯骥才：我会重返小说》）在 2018 年，他的足本《俗事其人》荣获第七届鲁迅文学奖后，是年年底，他的新长篇小说《单筒望远镜》出版，强势重回文学江湖。

《单筒望远镜》是大冯沉淀三十年的力作，它延续了《三寸金莲》的风格，建构成细致绵密、层次丰富的隐喻结构，呈现穿越历史文化时空的厚重面貌，表达作者对历史人性的透彻思考，是文化寓言式的小说。19 世纪后半叶，天津建外国租界地，东西文明有了最大的冲突，经济、政治、文化也有了碰撞和交流。像《三寸金莲》一样，《单筒望远镜》写的就是对这种文化碰撞、交流的反思，对在这种背景下民族文化心理的思考。在大冯看来，天津卫在那个时代，与世界联系是单向的、难以理解的，如单筒望远镜窥视外部世界，存在隔膜而遥远。《单筒望远镜》从中西文化碰撞的冷峻现实中，揭示了因隔绝产生的文化背景的差异和错觉，并以既深刻又戏谑的笔触，构建了一个宏大、严肃的文化反思主题。

大冯说，"我一直关心的一个问题，是中西文化之间的关系"，这部《单筒望远镜》，就是"一个文化反思的系列"。"这小说是写在近代中西最初接触的年代。是一个跨文化的爱情遭遇，一个浪漫的传奇；在殖民时代中西文化偏见的历史的背景上，又注定是一个悲剧"（《冯骥才：我会重返小说》）。

2

冯骥才走的文学之路，是从人民文学出版社起步的。

早在 1981 年，冯骥才在写给老社长严文井的信中说："我是人民文学出版社培养起来的作者。我把人民文学出版社当作自己的母校。数年前，我是拿着一大包粗糙的、不像样的稿子走进朝内大街一百六十六号的。那时，我连修改稿子的符号和规范都不知道，是老作家和编辑们一点点教会我的。他们把心血灌在我笔管的胶囊内，让我从社里走出来时，手里拿着几本散发着纸和油墨香的书。"

我也曾多次听大冯对我这么说。我知道，这是他的自谦。所以我会马上对他说，错了，正是你们这些作家的大作，为我社增添了光彩，赢得了声誉，你们才是我们的衣食父母呢。

说起来，大冯的话也是实情，他的第一部长篇、第一部中篇、第一个短篇都是在人民文学出版社出版，在《当代》上发表的。而且，他还是"文化大革命"后第一个在人民文学出版社，也是第一个在中国拿到稿酬的作家。

1977 年，"文化大革命"后的第一个春天，人民文学出版社总编辑韦君宜到天津，参加完长篇小说《义和拳》打印本座谈会，决定把作者冯骥才和李定兴借调到北京，改好《义和拳》。不久，冯、李二位到京，走进我们社位于朝内大街一百六十六号那座灰色的大楼。冯骥才开始了风光无限的文学之旅。

大冯每天挤在由办公室改成的像大车店般的房间里写与睡，吃着食堂最便宜的五分钱一份的炒菠菜，偶尔到社门口小面馆吃一顿三角五分钱的肉丝面，已如富翁般满足。总编辑韦君宜见一米九的大冯生活太清苦，特批给他每月十五元的补助，使他终于可以吃食堂一角钱的烧茄子或洋葱炒肉片了。

大冯在人民文学出版社的日子很艰苦，也很快乐。有时与作家们在楼道里打打乒乓球，斗斗嘴，有时到院子里的篮球场比赛一场，其乐融融。特别是修改后的《义和拳》上下册终于出版时，他破天荒地领到三千三百元的稿费。这对于每月工资五十五元的冯骥才和三十元可养活一家人的工人来说，相当于六年的工资，算是一笔巨款了。

在冯骥才继续在朝内大街人民文学出版社写另一长篇《神灯》时，刘心武的短篇小说《班主任》发表了，给刚刚复苏的文坛带来了很大的震动。大冯萌生了写《创伤》的冲动。《创伤》后来改名"铺花的歧路"，写的是"文化大革命"时一个女红卫兵，打死了一位女教师，虽确信没有错，但总被一种罪恶感缠绕着。她上山下乡，当了知青后，与那位女教师的儿子相爱。她所爱之人的丧母之痛，唤醒了她的良知，她最后在极度痛楚中自杀。当时极左的东西尚未得到清算，《铺花的歧路》搁浅于《当代》。《当代》一些编辑以否定"文化大革命"为由，拒绝发表，而由此又有"冯骥才是反革命了"的话传出。好在出差在外的韦君宜对这篇小说评价较高，传闻不攻自破。但冯骥才第一次感到文坛存在极其难测的深浅。缺乏真知灼见的《当代》，将《铺花的歧路》转给了《收获》，其间别有意味。

党的十一届三中全会召开之后，形势大变。人民文学出版社乘势召开了在文坛具有重大意义的"中长篇小说作者座谈会"，传递出文学从"文化大革命"禁锢中解脱出来的信息，文学的春风已徐徐吹来。

在座谈会上，茅盾、冯牧、周扬等都做了发言。冯牧直言不讳地批判"文化大革命"对文学的戕害，而周扬对卢新华的《伤痕》颇有微词。冯骥才听得出，旧文坛的掌门人周扬虽被"文化大革命"整得死去活来，但他固有的东西仍使他故步自封。

现在看来，若冯骥才的《铺花的歧路》能在《当代》及时发表，首举伤痕文学的大旗者，怕就不是卢新华了。

那次会议请了王蒙、陆文夫、谌容、叶辛、刘心武等一批作家。劫后重逢者，击掌相庆。文坛新友，握手微笑，春天的到来，让他们满面春风。

冯骥才先后两次发言。第一次他主动要求上台，其锋芒对准"文化大革命"的文化专制，进而谈文学民主。

第二次上台，是茅盾到会之后，韦君宜点名让冯骥才上台，把《铺花的歧路》讲给茅公和大家听。在茅盾由严文井和韦君宜陪着入会场，到冯骥才面前时，韦君宜对茅盾说："这就是您给他题写过长篇小说书名'义和拳'的作者。"

茅盾与冯骥才握手，与会者报以热烈掌声。

韦君宜点名让冯骥才上台讲《铺花的歧路》给茅公听，有利于有备而来的他，对一些文学问题表态。果然，在冯骥才、《冬》的作者孙颙、《生活的路》的作者竹林等人讲完之后，茅盾态度坚决地说："写得好，能够引起人们对'四人帮'的痛恨。"茅盾还给冯骥才提了具体意见，说主人公白慧不一定自杀，自杀有悲剧力度，但情节结尾逻辑有点勉强。对在思想上支持、在艺术上帮助自己的茅盾，冯骥才站起来，深深地向他鞠躬致谢。

散会后，冯骥才将茅盾对《铺花的歧路》的肯定和修改意见，用长途电话告知《收获》的李小林。李小林的回答让冯骥才大吃一惊，巴金肯定了这篇小说，也觉得结尾生硬一些。两位大师真是独具慧眼且表现了知识分子的骨气和血性。

修改后的《铺花的歧路》，发表在1979年3月复刊的《收获》第二期。同年11月，人民文学出版社出版了《铺花的歧路》单行本。人民文学出版社和《当代》从1977年始至2013年，先后发表出版了冯骥才的《义和拳》《铺花的歧路》《雕花烟斗》《意大利小提琴》《一百个人的十年》《末日夏娃》等十部作品，还有四部中短篇小说和一篇散文。人民文学出版社出版作家作品最多者，除了王蒙，便是冯骥才了。

1997年秋，王蒙打电话告诉大冯，说北京文坛一些朋友想聚合一下，为曾苦心孤诣、热情扶植过作家的韦老太祝寿，但因韦君宜病重住院而作罢。王蒙、冯骥才都曾得到过她的无私帮助，才顺利地成为文坛大家，二位怀旧感恩的人，在电话里回忆往事，感慨万端。后大冯写了感恩的话，传给王蒙，让他念给韦君宜。可惜，韦老太脑出血后，已神志不清了。冯骥才对我说起迟到的感恩，泪花在眼里闪烁。

3

1986年，是"文化大革命"灾难性降临的第二十年，也是它结束的第十个年头，冯骥才"心里沉甸甸生发出一个庄严的愿望，要为中国历史上最不幸的一代人，记载他们心灵的历史"。

于是，冯骥才开始在《当代》《十月》《收获》等重要期刊上，发表"最初采写的（1966年至1976年）一批'文化大革命'受难者内心的故事"——总名为"一百个人的十年"口述实录文学。至2008年10月，这部"反思一段中国绕不过去的历史"的《一百个人的十年》艰难出版。

翻开这部厚厚的"为这些经历者留下了记忆"的《一百个人的十年》，其目录的第一篇《拾纸救夫》，正是由我编发在1989年第一期《当代》上的，后获《小说月报》第四届百花奖，我也同获责任编辑奖。

冯骥才要写《一百个人的十年》，我知道得较早。一次，我到天津开会，大冯拉我去他家吃饭，弟妹为我准备了红烧大虾。那一揸多长的野生对虾，已是稀罕物，市场上很难再觅到。边吃边聊中，大冯将他要写《一百个人的十年》的打算告诉我，并征求意见。我为大冯的良知和道义感动，也提醒大冯，这是一浩大的文学工程，写作会很艰巨。

不久，在天津《今晚报》见到大冯写的有关征询个人"文化大革命"经历的启事，接着，包括中国新闻社在内的全国各大媒体都争相转发。人们的伤痕未愈，所以反应很热烈。

启事的内容有三：一、记录"文化大革命"受难者心灵历程；二、只采访普通百姓，拒绝名人和有地位的人；三、真实姓名及具体的地名、人名，保证不向外泄露，以保证被采访者的安全。

为芸芸众生诉冤道屈，偏重心灵揭示，又保证不向外泄露身份，立即得到全国各地的积极反响。从那时起至采访结束，单是致信冯骥才要求与之谈话的，大约有四千封。采访先从天津开始，然后扩展到外地。

大冯将《拾纸救夫》拿给我时，给我讲了背后的故事，让我激动不已。

《拾纸救夫》的叙述者在安徽，他是自己掏路费到天津给大冯讲这个故事的。他是这个故事中负责落实政策的军官，他亲自经历这件事足有十年，但依然放不下。这位军官的正义感和人道精神及其立场，与大冯写的《一百个人的十年》所遵循的不谋而合。

《拾纸救夫》并不是最先写的一篇。大冯把《拾纸救夫》放在《一百个人的十年》一书的开篇，"是为了给读者一个阅读立场"。

大冯说："阅读这部书是需要一种充满正义和良知的立场，我有意创造这种阅读角度。"

大冯还给我讲过《我到底有没有罪》一文的采访情况，也令我不胜唏嘘。

那是一次近乎残酷的采访。被采访者是一位妇女，她先约大冯谈，见面又拒绝和他谈。她流下泪，哭出声。采访是在她单位的一间空屋里，是她自己选的地方。见她哭得很伤心，大冯说，我懂得你心里的苦痛，咱们改日再谈。她却非拉住大冯继续谈。那因深切灵魂的痛苦与折磨发出的哭泣声，深深打动了大冯。采访后的第二天，她的先生打电话给大冯，她因血压太高而病在床上。她为此整整躺了一个月。她说："回忆一次等于脱层皮呀！"

作为同是"文化大革命"的受难者，大冯说："一些人口述他们的经历时，那口气与神情常常使我潸然泪下。"

我之所以在写冯骥才时，把他与《一百个人的十年》的写作，单独放在一章，是因为他"试图以一百个普通中国人在'文化大革命'中心路历程的真实记录，显现那场旷古未闻的劫难的真相"，体现了作家的良知正义和社会责任感。你不能不为他的文化人格赞叹。

"20世纪历史将以最沉重的笔墨，记载这人类的两大悲剧：法西斯暴行和'文化大革命'浩劫。凡是这两大劫难的亲身经历者，都在努力忘却它，又无法忘却它"（《一百个人的十年》前记）。

冯骥才的《一百个人的十年》，为我们呈现了"文化大革命"浩劫留下的难以计数的看不见的创伤累累的灵魂，让我们想起波兰马丹涅克纳粹集中营遗址万人坟墓巨大拱形石盖上的碑文：我们的命运是你们的警钟！

古来青史谁不见

——蒋子龙与改革文学

20世纪80年代，现代工业引起生产方式、生产关系和人们价值观念的变革，给传统农业国中国，带来巨大的冲击。文学最早对城市大工业的变革做出总体性思考和全景式把握的，是蒋子龙。从1979年起陆续发表的《乔厂长上任记》《开拓者》《赤橙黄绿青蓝紫》等一系列写工业题材的小说，揭示了改革开放大潮下都市工业群落中人与人之间复杂的关系，以及他们的生存状态和生命景观，使其与老套的"工业文学"形成鲜明对照。

　　这些作品，在现代都市工业改革的庞大背景下，在中国工业重新起步的艰难曲折中，塑造了一批有高度历史使命感、锐意改革、一往无前精神的"都市人"群像，人称现代都市里的"开拓者家族"。

　　关于蒋子龙的创作生涯，他在《蒋子龙文学回忆录》自序中这样表述："在我青年时喜欢的歌曲里有一句歌词：'一条小路曲曲弯弯细又长。'命运和文学结合在一起，路就会变得愈加崎岖和坎坷。这第一步是怎么开始的呢？是因为幸运，还是由于灾难？是出于必然，还是纯属偶然？是先天的，还是后天的？我有许多说不清的问题，其中一个就是为什么和文学结下了不解之缘……回顾大半生，文学害过我，也帮过我。人与文的关系是一种宿命。"

1

蒋子龙1941年出生于河北省沧县，1965年在部队当兵时，发表第一篇歌颂式的短篇小说《新站长》，已显露出文学才情。复员后，他到天津重型机器厂当过工人、厂长秘书、车间主任。

蒋子龙的文学之路，正如他自己所说，颇有点传奇色彩。我们熟悉并成为朋友后，蒋子龙曾给我讲过一个故事。天津卫有个小子，对写作非常痴迷，整天没头没脑、没日没夜地写作，然后一篇篇地投进邮筒，寄给报纸杂志。然后就一篇篇地被退了回来。就在他准备砸了笔，烧了稿纸，从此洗手不再弄时，《天津晚报·副刊》竟然以整版篇幅发表了他的一篇小说。他甚至已记不起是什么时候投去的。更让这小子想不到的是，这篇小说还引起了在天津主抓意识形态的书记、国务院文化组成员、毛泽东的亲戚王曼恬的重视。她大笔一挥，做了批示，要《天津晚报》和正在搞斗、批、改的文联、作协，立刻组织文学批评家写评论。唱赞歌的评论一连发了几十篇，延续了两个月，那个一文不名的傻小子，一夜成名。接着，王曼恬在全市宣传系统大会上，重点表彰、高度评价了这个被弄得晕头转向的傻小子，封他为最有前途的工人作家，指示文联作协重点培养……

这个故事是蒋子龙与我同游九华山时，在蜿蜒起伏又漫长的山路上讲的。炎炎烈日炙烤下，我听得津津有味。人们都知道，蒋子龙健谈且口才好生了得，再加上他特有的冷幽默，让你根本感受不到爬山的寂寞和劳累。

我从小在天津意租界长大，住宅与梁启超的"饮冰室"比邻，至今仍有亲人居住津门，天津卫那点儿事，总会有所风闻。我笑道："那个一夜成名的傻小子，非你老蒋莫属。"

子龙不笑："老兄，怎么一点幽默感都没有？"

老蒋正是有了这一经历，才在"文化大革命"即将结束的1975年，被邀到北京朝内大街一百六十六号人民文学出版社去修改稿件。那时，蒋子龙是天津重型机器厂车间主任，到朝内大街时，身上还穿着蓝色工作服。

那年春天，政治空气略显宽松，性急的严文井、葛洛、李季等劫后余生的文学界老人牵头，假人民文学出版社大楼，准备恢复早已停刊的《人民文学》杂志。原《人民文学》的编辑崔道怡在回忆这段往事时，似乎印象深刻。他告诉我，是他接待蒋子龙等人的，好像还有内蒙古和湖南的两位青年作者。他们是经过认真挑选的。蒋子龙等人把自己的小说改了近两个月，随着《人民文学》复刊的流产，严文井、葛洛、李季等人被迫为此做检讨，蒋子龙三位作者也都回到各自单位。

到了1979年10月30日，在全国召开的第四次文代会上，我第一次见到蒋子龙，那时他在终于复刊的《人民文学》上，发表了《乔厂长上任记》等工业题材小说，给一片诉"文化大革命"之苦的文坛，炸响了一声改革的惊雷。继因王曼怡赏识而在天津一炮而红后，以这一改革小说的发轫之作，蒋子龙又成为在全国大红大紫的改革文学的掌旗人了。

《乔厂长上任记》以乔光朴赴重型电机厂上任厂长为主线，展开了该厂一场复杂激烈的改革与反改革的斗争。当了厂长的乔光朴，有胆有识，又有铁手腕。他面对新旧交替历史时期厂里"千奇百怪的矛盾、五花八门的问题"，敢于整顿无政府主义，放手抓生产和产品质量，斗败善耍手腕制造事端的代厂长冀申。他不计个人恩怨，大胆提拔犯过错误的青年干部郗望北，又为改革大局，杜绝流言蜚语干扰工作，突击与童贞结婚。乔光朴这种刚毅进取的性格，正是时代呼唤的改革者的性格。

《乔厂长上任记》不仅写乔光朴锐意改革和推动改革大业迅猛前进，而且将笔触深入改革大潮深处涌动的暗流。同时，小说没有把乔光朴理想化，而是写出他自身的种种矛盾和性格弱点。蒋子龙正是通过乔光朴难以克服的孤独感和"外交失败"，写出了改革进程的曲折艰苦。蒋子龙冷峻的现实主义笔法，塑造了乔光朴复杂的性格特征，使之成为新时期文学人物画廊里难以逾越的成功典型。《乔厂长上任记》高票获得1979年全国优秀短篇小说奖。而他总是说：

"不过是发发牢骚之作！"

世上一切事物都具两面性，所谓福祸相倚。粉碎"四人帮"后，王曼怡下台，蒋子龙自然会受到一些人的怀疑和排斥。《天津日报》竟然有十四个版讨伐蒋子龙。他每见一篇批评，就买回一瓶啤酒，就着五毛钱的火腿肠，喝得有滋有味。

就在天津批蒋子龙一浪高过一浪时，文坛老人陈荒煤站了出来，于10月10日组织《文学评论》《工人日报》联合召开《乔厂长上任记》座谈会。他在会上公开支持《乔》，赞扬蒋子龙塑造的乔厂长，"破除了一切条条框框和种种陈规陋习，按时代要求，遵循经济规律办事，不愧为献身四化的当代英雄和闯将"。语锋一转，又对《天津日报》批判蒋子龙的做法，提出尖锐批评，指出这是"打着百家争鸣的幌子打棍子"，"是极左思潮的继续"，旗帜鲜明地肯定了蒋子龙的《乔厂长上任记》。

《天津日报》批判蒋子龙，其后台是天津市委一位领导。

陈荒煤讲话之后，他又将矛头对准陈荒煤。是年10月底，全国第四次文代会召开前一周，当时的中共中央秘书长、中宣部部长胡耀邦对《乔厂长上任记》做出批示，对天津市委那位领导的做法"也不很赞同"。这场批判蒋子龙的闹剧，才得以平息。蒋子龙有幸参加了第四次文代会。对此，蒋子龙风趣地说："热闹吧，就为一篇小说竟惊动了这么多人。"其实这并不是单纯的小说事件，它触发了时代潜在的历史情节，有着更为复杂的社会性。小说不过是碰巧将历史性潮流和历史性人物结合在一起，造成强烈的社会轰动效应。但是，蒋子龙能敏锐地发现并勇敢地书写这一社会现象，人们才尊称他"改革文化的开创者"。中国青年出版社出版蒋子龙第一本小说集时，陈荒煤应蒋子龙之请，欣然为该书热情作序。陈荒煤坚持真理、高扬正气，为新时期文学发展推波助澜，此为一例。当然，以现在的眼光重新审视《乔厂长上任记》那种把各种社会矛盾的解决，完全寄托于"改革"及现代化的做法，确也存在简单化甚至遮蔽矛盾的倾向。但这些主要是历史局限性。

蒋子龙以不断写出好作品，回应社会上保守势力的非难。1980年，他发表了中篇小说《开拓者》，再次引起轰动。《开拓者》写的是分管工业的省委书记车篷宽，探求在经济改革大潮中，如何开拓一条正确道路的故事。小说将车篷宽置于工厂到工业局，再到省委的内部的改革与反改革的复杂斗争中，表现他破釜沉舟、背水一战的勇气和开拓精神。小说对变革中的都市工业生活进行全景式的观照，让人身临其境般感到扑面而来的时代气息，领略到现代都市的韵味。因此，《开拓者》又获得1979—1980年全国优秀中篇小说奖。

接下来，《一个工厂秘书的日记》《拜年》《燕赵悲歌》等，分别获得1980年、1982年全国优秀短篇小说奖和1983—1984年全国优秀中篇小说奖。

那时，我把蒋子龙视为"小说获奖专业户"。他听罢，并不笑，只说："重型机器厂的，总得多拿出一些像样的产品。"

2

20世纪80年代中期，我和《当代》同事章仲锷专程到天津去看望蒋子龙。时逢盛夏，天气很热，很费周折，在天津市区西北，找到了蒋子龙家。他忙把我们让进居民楼一处不宽敞的住宅，很高兴地沏茶倒水，还端上一盘西瓜。一阵斗嘴打哈哈之后，自然谈文学。老章说，你把好东西都给了《人民文学》，一碗水端得不平。他瞪瞪眼，不置一词。我却问他：为什么你把成名作视为"发牢骚之作"？蒋子龙来了精神，他说，你看这破房，是当年厂里分的，我写这篇小说时，在厂里当车间主任，厂里机器老化，动乱之后，人与人的关系变了，工作很难开展，心里很郁闷。我觉得体制根本不适应，如果让我当厂长，我也不知怎么办。正好，有三天假，回到家里，就写这篇小说，一天一万多字，一气呵成。就这么一稿，岂不是利用小说发发牢骚？

牢骚，实际是一种态度，是文学上的真诚和大胆思考而背负的沉重忧患意识，是作家以文学投注自己对社会、历史和时代的质疑与探索。发发牢骚，实际上是作家透视世道人心的一种精神状态。诗经三百首、《史记》《楚辞》皆是圣人发愤之所为也。

　　蒋子龙是工人作家，他的早期作品如《乔厂长上任记》《开拓者》《一个工厂秘书的日记》等，其背景都是工业生活。但他写农民，同样精彩，他的中篇小说《燕赵悲歌》，写一代新型农民的崛起，他们打破枷锁，冲出樊篱，变革生活，显示农民的智慧和潜力。作品因正面切入地反映农村改革及重大社会冲突，具有强烈的时代感和动人的艺术魅力。

　　1986 年，蒋子龙的第一部长篇小说《蛇神》在《当代》发表，后在我社出了单行本。《蛇神》刻画了"文化大革命"对人性的戕害，导致大学生邵南孙的人性扭曲。邵南孙是个血肉丰满、性格复杂的"这一个"。蒋子龙通过罪恶的"文化大革命"塑造的邵南孙，一步步拷问人内心的魔鬼，并最终指向人的生存状态、生命状态和存在之谜。"人生就是选择"，在选择中，呈现邵南孙的灵魂挣扎。

　　我一直看好《蛇神》，可惜不知为什么，评论界对《蛇神》并没有太多的热情。我们《当代》在出版社会议室，召开了一次《蛇神》的作品研究会。京城著名的文学评论家悉数到场。肯定者有之，批评者也不乏其人，争论焦点集中在邵南孙这一人物身上，认为他过于冷酷又充满欲望，他受迫害而又报复别人，过于丑陋。其具体发言，我已忘却，但蒋子龙在会上的一句话，让我印象深刻。他说，诸位评价我的《蛇神》时，请读它的全本，莫以改本为依据。《当代》发表的是"掐头去尾的《蛇神》"（被删掉两万多字）。

　　蒋子龙的《蛇神》在《当代》发表时，我们的一位副主编好心作了删改，用他的话，"作了修润"。编辑修改作者稿件，似是一种常态、惯例，或出于文学观念、审美情趣，或出于政治需要，或作品存在技术问题。后两条，不能不考虑，但因文学观念、审美情趣擅自删改，就会破坏了原作的精神，伤了人家作品的筋骨、风格、神韵，因此一直被作家诟病。小作家忍气吞声，但有个性的作家凛然注明，动我一字，男盗女娼。我不赞同动手修改作家作品，主张只对差错毛病做技术处理。《当代》对《蛇神》修删较多，又未与子龙商榷，气愤的子龙称《当代》所发《蛇神》不是全须全尾。《蛇神》作为蒋子龙的长篇处女作，像长房长子，他自然格外重视。可惜，该作生不逢时，遗传了他多灾多难的文学命运。其中被编辑大肆删改，已经变形走样，再加上好事者散布流言蜚语，不断诋毁该作，蒋子龙给我社领导写信，取消在人民文学出版社出书的计划，将作品交由天津百花文艺出版社出版。此举可见蒋子龙的真性情。后来，人民文学出版社反省，出版《蛇神》，以示歉意。

同样，陈忠实的《白鹿原》，也以写性太多为由，被无情的刀斧砍去了不少。在发王蒙的《狂欢的季节》时，有领导提出"由责编摘出疑问较大者，请作者考虑作一定的删改"，作为副主编又是责编的我，并未从命，而是照发。我编子龙的作品时，从未擅自修改，以示对作家的尊重。听文友说，蒋子龙《蛇神》中的邵南孙原型，在武夷山自然保护区。我与武夷山市几任市委书记因文学结为好友，曾为他们的书作过序。《当代》几次在武夷山组织笔会，都得到他们的热情支持，我也有十三次游武夷山的经历。多次到自然保护区拜访过蛇园的创始人。在那里，边喝五步蛇羹，边听主人聊自己在"文化大革命"中的命运，又看蒋子龙的题字"天下第一羹"，对《蛇神》又多了一些阅读的角度。

我没有向蒋子龙求证《蛇神》与蛇园主人的关系。有曹雪芹经历的贵族后裔不少，但写出《红楼梦》的只有曹雪芹。毛驴到处跑，只有黄胄笔下的毛驴才赋予了美学的内涵，成为艺术形象。《蛇神》中的邵南孙作为熟悉又陌生的"这一个"，与蛇园主人何干！面对八面来风，蒋子龙坚持认为，文学作品应该深入民族的心理层次，"作家有权选择文学自身的时代意识，我塑造邵南孙这样一个知识分子形象的目的就在于此。不要把知识分子都看作'受难的圣者'，当代社会心理潮流不是强调认识自我、强化自我吗？只有敢于剖析自己才谈得上'认识'和'强化'，才有可能提高人的质量和生活的质量"。对此，评论家闪烁其词。

过几年，蒋子龙又写了长篇小说《人气》，又回到他熟悉的都市生活。小说以大都市的房改为背景，描写从市长到普通百姓，形形色色的芸芸众生间，错综复杂的矛盾和纠葛，以及起伏跌宕的情感波澜。《人气》在报纸上连载时，也遭到"腰斩"，差点又引起一场风波。

蒋子龙出版于2008年的长篇小说《农民帝国》，是他的呕心沥血之作，也代表其小说创作的最高水平。这部小说从构思到完成，整整用了十一个年头。小说缘起于他熟稔的曾轰动一时的优秀农民企业家的纷纷堕落，这一现实不得不让蒋子龙深思。

《农民帝国》，以改革开放三十年中郭家店的发展变化为背景，以主人公郭存先的成长经历、人性蜕变、最后走向毁灭为主线，写出了在农村波澜壮阔的变革中，一群乘势而动的农民跌宕起伏的人生景观。

当一些作家以想象和虚构的艺术世界来对抗农村生存现实的尖锐与平庸，或以大地情怀建构起纯美的农村之梦而荡漾丰收的激情，或悲悯地洞烛一个农村几个家族背负着痛苦为改变命运而斗争的时候，蒋子龙的《农民帝国》，则以独特的洞察力、创造性的焦虑和批判精神，对农村的巨大变革，对农民的精神世界，给予了深刻的观照。小说具有悲剧色彩。

记得蒋子龙说过："写郭存先那时候，我知道根本不是个人的事儿，所以叫'农民帝国'。郭存先是个很聪明的农民，当他做对的时候，说不定得到灭顶之灾，当他做错的时候，说不定得到乡亲们的拥护。慢慢地这个人就变了，膨胀了。膨胀之后仍没人质疑，一直到他膨胀到爆炸。"这话意味深长，可作为解读《农民帝国》的一把钥匙。

这部正面切入地反映农民改革及重大社会冲突的作品，有强烈的时代感和动人心魄的艺术力量，这与蒋子龙的艺术功力有直接关系。他的小说，一贯豪放雄浑、苍劲有力，其用笔如椽，浓墨泼洒，大刀阔斧，粗放凝重。而在刻画人物时，常常选择强劲的情节或细节来突显其性格，注重将人物置于与外部世界的冲突中，来探索人物的内心世界，让每部作品都能塑造出鲜活的"这一个"。

评茅盾文学奖时，《农民帝国》一直受到文学评论家推崇，几次入围，但仅一两票之差，与茅盾文学奖失之交臂。当下，茅奖的含金量一直被人诟病。

3

1989 年夏天，我与同事杨新岚去天津看望蒋子龙。杨新岚现在已是当代杂志社的副社长、常务副总编辑，那时她还很年轻，我们多次到津门拜访天津的老、中、青作家，与他们的关系很亲近。

我们到蒋子龙位于大理道的寓所看他。他住老英租界三层小洋楼的二、三两层，比原来的居民楼条件好多了。我们见面后，聊得也热闹，多是关于国家命运、悲天悯人的宏大话题，似乎没兴趣谈文学和他的创作。

我们离开子龙，又与一帮年轻作家如牛伯成、王松等晤面，回宾馆已是深夜。刚躺下，就来了一拨人，检查证件和进行询问，弄得睡意全无。

大约过了一年，安徽诗人严阵到京找到我，希望《当代》组织一批作家，到淮北市搞一次笔会。与主编商量后，由我组成一个作家代表团，我立刻给子龙打电话，邀他参加笔会，他非常痛快地答应。我一人先赴淮北筹备妥当，由副主编何启治率包括人民文学出版社总编辑屠岸、蒋子龙、柯云路、邓贤、张曼菱一行十几人，晚我三天到淮北。我去接站时，见子龙身着蓝色夹克，头顶礼帽，英姿飒爽地冲我微笑。

笔会由淮北煤矿接待，参观、访问两日后，主人在市大礼堂举行一个盛大的联欢会，闻讯大作家蒋子龙、柯云路、邓贤等莅临淮北，这座桃花盛开的城市沸沸扬扬。那晚，人们聚集在广场和挤进礼堂，要一睹大作家的风采。

我与蒋子龙走向大礼堂的路上，听身边一群年轻人中的姑娘说："像蒋子龙这么著名的作家，一定会像电视剧《赤橙黄绿青蓝紫》里的刘思佳一样有风度。"蒋子龙听罢，忽然问我："刘思佳比得了我的风度吗？"

淮北市文联领导，把我们请到主席台上。私下跟我说，请作家代表给大家讲讲话。我指着蒋子龙，突然袭击说："请蒋主席讲话！"（称天津作协主席蒋主席，是此笔会大家都用的称谓。）

蒋子龙倒也不推诿。掌声平息后，听众即见一彪形大汉从主席台的座位上站起。他环顾四周，顿有一股威严之气。接着，只听他朗声道："本人姓蒋名子龙，河北沧州人氏，自幼习武，练就几套拳腿。个头一米八三，对付几条好汉当不成问题，此次来淮北，受命担当天津两位如花似玉的女作家保卫科长，本科长断然不敢有所懈怠……"其讲话幽默睿智、妙语连珠，台下众人早已笑翻。

子龙讲的话，是实情，他从小跟着乡亲练武术，给乡亲念《三侠剑》等武侠小说。后因老师找到他父亲，说子龙是个读书的材料，而改变了他的命运。他父亲望子成龙，见他偷偷练武，还打了他。蒋子龙童年习武，深深被"路见不平，拔刀相助"的侠义精神濡染。这与他走上文学之路，以"关注现实为己任"的文学观念，一脉相承。文学不仅是一种创造，还是一种道义。

他常说："我不是游戏派，我认为文学要担负一定的责任，文学应该有它的义务，文学应该有精神、有品位。我还是主张灵魂写作，灵魂不可以完全让小品担当一个民族的精英文化，一个民族的精英文化负责营养或构建民族核心价值，民族精神的生长，等等，不可以游戏。"文学是灵魂的直呈，作家的灵魂决定作品的境界格调。文者，天下之公器也，非慷慨磊落之人，不可为之。

读子龙作品，衡人徵文，深觉此论不虚。

四月的江南，小雨初歇，黄灿灿的油菜花铺满天涯，主人又安排我们拜谒九华佛山，登黄山览胜，一路风尘，一路欢声笑语。到马鞍山时，我略感风寒，倒在床上。众作家鱼贯而至，甚为关切。蒋子龙特为我弄了芝麻糊，给我沏好端到床前，然后陪我聊到深夜。

文坛上，诸人皆云子龙长着一张拒人于千里之外的脸，不熟悉他的人，不敢贸然接近他。一次，作代会期间，时任某杂志社编辑的胡殷红（后任中国作协办公室主任）找到我，说："大哥，我想采访你哥们儿蒋子龙。"于是，我领她到子龙房间门口，就去找陈忠实聊天。晚上吃饭时，胡殷红面色难看地说："瞧你那朋友，谈话时脸上总结着冰。"后来她又去采访，发表了一篇很漂亮的人物专访，比她在《当代》发的报告文学生动许多。再见面时，胡殷红说："我和老蒋也成了哥们儿。"

老蒋面冷心热，是个有古道热肠、讲义气的人。2009年，河北作家之"三驾马车"何申、仁山、谈歌在河北举行书画展。三位的小说写得不同凡响，书画也灵动飘逸。关仁山赠我的葡萄、牡丹等水墨画，谈歌赠我的书法，都显功力。书画展开幕，年近七旬的蒋子龙突然到会捧场，并在接受记者采访时，对"三驾马车"予以热情评价。

谈歌的闺女结婚，蒋子龙特意从天津赶到北京，与我们一起给谈歌道喜。

作为老朋友，蒋子龙在婚礼上发表温馨、幽默而充满哲理的祝词。蒋子龙对待朋友，算是热心仗义、宅心仁厚了。

蒋子龙说，"我的文学家族"由两部分构成：一部分是虚拟的，这就是小说；另一部分是现实的，那便是散文。蒋子龙小说写得好，散文随笔也写得好，读他这些充满睿智哲思的文字，如同与智者奇遇，文中有灵光闪烁，有魂魄悸动。所以在受几家出版社之邀，主编几套著名作家散文随笔丛书时，我总想着蒋子龙。新华出版社之"金蔷薇散文名家新作文库"，有他的《慈祥之火》卷。中国海关出版社之"中国当代文学大家随笔文丛"，有他的《一瞬集》。中国文史出版社之"当代著名作家美文书系"丛书，有他的《有情世间》卷。最近出版的一套"名家忆往"丛书，我又编选了子龙的一卷《岁月侵入不留痕》。

作为主编，在这些丛书的总序里，我非常感谢铁凝、莫言、国文、心武、忠实、抗抗、子龙等友人拨冗赐稿，鼎力相助，热情支持。

我记得，蒋子龙在其《一瞬集》之序中说："成长和死亡，愉悦和痛苦，成功和失败……苦辣酸甜，百感交集，每个人的'一瞬'都是难以把握，绝不重复，就更有了无穷意味。"

蒋子龙把握住每"一瞬"，让自己成为一位有个性、有成就的作家。

万事翻覆如浮云

——柯云路的《新星》让他名满天下

新时期文学之初，柯云路以创作政治主题小说而登上文坛。

柯云路，1947年生于上海，原名鲍国路，1968年在北京高中毕业后，到山西农村插队，后又在山西榆次市（今晋中市榆次区）锦纶厂工作。

柯云路曾是一位狂热投身政治的知青，有以羸弱身躯，勇敢地与"四人帮"挑战的经历，因此身陷囹圄，九死而不悔，是条硬汉。其多寒的经历、广泛的阅读、深入的思索，化作其文学激情。因此，他的文学创作一开始便显露出对政治生活关注的特性。

他的处女作《三千万》投给了《当代》，获1980年全国优秀短篇小说奖。《三千万》讲的是一个铁腕人物丁猛与特权阶层斗争，而受到打击的故事。作品既触及时弊，又锐意改革；既抚摩伤疤，又刮骨疗毒；既赞新人，又不趋时、不拔高；既揭露丑恶，又有整顿企业的信心。丁猛被评论家视为站得住脚的新的英雄人物。接着，《当代》又发表了他的有关权力结构，呼唤革新的小说《耿耿难眠》和《新星》。

1

真正让柯云路一举成名的，是他的长篇小说《新星》。

《新星》以古陵县为背景，写年轻的县委书记李向南新官上任，雄心勃勃，准备在任期内大展拳脚。他敢于面对现实，倾注政治理想，反对封建专制和官僚主义作风。因政绩斐然，他被老百姓称作"李青天"。但改革初期，这位政治新星的大胆举措，必然受到保守势力的抵触和压制。小说描写李向南向深受极左思潮影响、封建家长制作风严重的官僚体制进行了不屈不挠的斗争，展示了时代的风貌，尽显改革之初社会转型时的乡镇风情。作品不仅广受读者好评，还被称作"县委书记的从政指南"，在海外出版时，则被称为中国"当代官场现形记"。

小说《新星》改编成同名电视剧后，轰动一时，反响强烈，晚间播放时，可以用"城市寂寥"来形容。据《北京晚报》曰："每晚电视台播《新星》时，刑事犯罪案件锐减。"一日，有几位农民打扮的来客，手持一绣有"清官"二字的锦旗，突然造访《当代》编辑部。他们声称是来自秦皇岛的农民，特送锦旗嘉奖县委书记李向南。不久，又有外地农民，携款到《当代》编辑部，云当地农民热情集资若干，以支持李向南改革。

后来，我组织一次《当代》河南新乡太行山笔会，著名诗人、杂文家邵燕祥和柯云路等到会，王朔因临时有事未能出席。新乡市民闻当时红极一时的《新星》的作者柯云路到访，强烈要求一睹风采。我们只好同意在新乡举行一次报告会。因事前各报发了这一消息，开会那天，会场已坐满听众，而会场前仍人山人海。当地不得不出动警察维持秩序。

柯云路介绍了创作《新星》的过程和体会，说他的《新星》"完成于1984年，那时我还生活在山西榆次"。同时，他又说，"《新星》只是想让人们看到理想主义光辉下中国政治斗争的真实故事。虽然熟谙政治的人似乎可以从中看到一些'地道的政治操作手法'，但它毕竟是一部文学作品"。

报告会之后，听众仍不散去，纷纷挤到台上，虔诚地持《新星》要求柯云路签名。坐在台上的我和柯云路被里三层外三层地围住，讲台上的水杯倒了也顾不上了，柯云路一直在签名……

2

从《三千万》开始，认识了柯云路。读他的作品，不管称赞与否，你都会感到他的思想整个地笼罩着你；和他对话，你会发现他以雄辩的口才，执着而充满激情地向你灌输着他的观念。倘若此刻你留心他的神态，望着他那双灼灼放光的双眸，你不得不变得庄重甚或敬畏。他像是牧师，孜孜不倦地在布道，他又像一位君王，在一言九鼎地君临天下！

比如，刚读他的《新星》时，觉得他的政治性太强，他把原本不太鲜明的清官意识淋漓尽致地发挥出来，悲剧不在于作品描写了呼唤青天大老爷式的"改革"，而在于作家本身以崇高的敬意称颂"清官"。他的英雄主义实在不过是传统公案小说里的江湖侠义，或者是儒官的清廉自美。但他对生活的真诚深深地打动着你。因此，当广大读者在呼唤改革的当儿，李向南的出现，把民众的改革意识推向高潮时，你能给作家和读者泼冷水吗？

我曾与中国社科院的评论家张韧探讨这个问题，他说，《新星》这类小说，写的是经济变革，但在政治的、社会的层面塑造人物，是在改革与保守相冲突的模式中，呼唤拯救人的改革家。非但蒋子龙、柯云路，几乎所有改革文学，都有这种通病。

是的，过去我们的文学是一直被要求为政治服务的，囿于这一铁律，我们所有能发表的文学艺术作品，几乎无一例外地在政治指挥棒下亦步亦趋。到了"文化大革命"时，江青炮制的"样板戏"，将文艺为极左政治服务推向极致。

那么，在人民呼唤改革大潮，意识形态标准让位于生产力标准时，作家以饱满的政治热情，用文学作品为此鼓与呼时，我们怎能从文本上过多地挑剔、指责呢？我多次外出讲学，谈到《新星》时，总是充分肯定柯云路善于从政治关系和权力结构上处理生活素材的超凡能力。

聪明过人的柯云路，又何尝不知道《新星》的短长？他在《一个系统工程学家的遭遇》里说，"对于真正领导一场规模浩大的社会改革来讲，唯一能依靠的是科学"。柯云路的"科学救国"之道，有书生之见的味道，因为常识告诉我们，只有政治，才能救国，但对他利用小说，探寻借助科学来破解中国盘根错节的僵化了的官僚政治的良苦用心，你不能不为他的爱国的政治激情而喝彩。

果然，《新星》的轰动余波尚未散尽，柯云路就又给了《当代》一部叫"夜与昼"的长篇小说。主人公依然是古陵县的书记李向南。他走出闭塞、禁锢得密不透风的古陵县城，来到被变革大潮鼓动得如火如荼的北京。这位在古陵搞得风生水起的李向南，在短短一天一夜间，受到猛烈冲击，在思想上豁然开朗之后，却与群英荟萃的首善之地的现代化都市价值格格不入，一下子茫然不知所措。不久，就迷失在茫茫人海之中。

《夜与昼》和《衰与荣》，是原计划写三部的《京都》的前两部，第三卷却一直不见踪影。前两部小说勾连了顾小莉、黄平平等不同性格、不同命运的各色人物，力求反映在 20 世纪 80 年代改革开放大潮的冲击下，都市人的浮躁、困惑以至迷失。我把《夜与昼》《衰与荣》视为改革开放不久北京的人文景观。其政治和文化圈里众生相，揭示了人与人之间微妙的关系和情感流向，构成宏大的人物张力，且富有都市文化的意蕴。

3

我与柯云路多次结伴而游，走遍大江南北。除上述的河南新乡之行，还有南下广州、海南岛的笔会。那次，我找到当时的海南省委书记许士杰，希望为《当代》海南笔会提供方便。书记很爽快，不仅设宴招待柯云路、王朔、王海鸰、张曼菱等一干作家，还提供了车辆住宿之便。就是在那次笔会上，众作家促成了王海鸰一桩并不完美的婚姻。他们夫妻与王朔共同完成了电视剧《爱你没商量》后，劳燕分飞。若干年后，才子乔瑜染疴亡故，才女王海鸰屡出小说杰作，名震文坛。北京大学走出的女作家张曼菱感受到海南的召唤，不久留下来，在这里办影视公司。最近重回北京大学，她的恩师季羡林生前嘱托她，写一部关于北京大学的书。

我与柯云路第二次重访海南，与诗人、杂文家邵燕祥、谌容夫妇同行。谌容是一位密切关注社会变化和时代发展的女作家，以《人到中年》一举成名。她的夫婿范荣康，外人只知其为《人民日报》副总编辑，其实，他也是一位产量颇丰的通俗小说家，却鲜为人知。他们远不如其子梁左、梁天出名。

我们这几个朋友，在烟波浩渺的三亚，踏浪而行，夜晚在沙滩把酒言欢，共话文学，玩得不亦乐乎。柯云路见我们跳舞，遂也有了兴趣，专门请来教练指导，一反他不苟言笑的深沉，让我看到他丰富的精神世界。

但这之后，柯云路鲜少露面，我想，他一定在潜心创作。果不其然，匿迹销声一年多的睿智作家，又拿着是小说又非小说的《大气功师》出现在我们编辑部。

这部融人体宇宙学、哲学、艺术、宗教、人学为一体的别样小说文本，一经在《当代》发表，又掀起了超过《新星》的社会轰动。这次轰动，不是因为改革，更不是因为文学，而是缘于人体宇宙学。柯云路称其为"人类神秘现象破译"。柯云路认为，气功、人体特异功能、飞碟、《易经》、外星人、耶稣、释迦牟尼等，皆为人类的神秘现象。《大气功师》是试图破解这些奥妙的研究成果。鉴于人类对诸多神秘现象的关注，《大气功师》的轰动，似乎合乎逻辑。我们《当代》每天收到几麻袋来自全国各地读者的来信，接着便有大量读者到《当代》造访，要见柯云路，我们只能设柯云路专门信箱。

《大气功师》有不少反科学的东西，在广受追捧的同时，受到科学界的严厉批评，理所当然。我是只看、只听，从未表态，"人体宇宙学"我并不懂。

我多次看到当时名噪一时的张姓"大气功师"的表演。在《当代》编辑部及我的办公室，张大师多次将办公室尚未打开的小药瓶，攥在手里，一抖，从中飞出若干小白药片，而药瓶蜡封的瓶盖丝毫未损。我们把偷着写好的字条装进信封，张大师用耳一听，即可准确无误地说出字条上的字。最令人称奇的是，你交给他一本刚刚出版的小说，他随手一翻，即扔在桌上，然后讲出书中的故事……看到这些表演的作家不少，我们无不啧啧称奇，只有刘心武断然对我曰，这只是一种戏法儿，骗人的。

1990年，《当代》让我组织一次淮北、黄山笔会，蒋子龙、柯云路夫妇、严阵夫妇皆参加。到了黄山，阴雨绵绵，黄山看日出难矣。但柯云路诡异一笑，说，明天诸位定能看到壮观的日出和云海。我与子龙同屋而眠，清晨四时许，柯云路来敲门。待我与子龙走出山上木屋，细雨依旧淅淅沥沥，柯云路坚持领大家去山巅，不到二十分钟，但见细雨飘逝，云雾大开，远远有一轮红日，跳出云海，红光漫天，大家先是面面相觑，然后是惊呼一片！但接下来的一幕，让柯云路现了凡夫俗子的真容。我们结伴爬天都峰，蒋子龙身捷如燕，早早健步登顶，而柯云路刚爬至山腰，已气喘吁吁、大汗淋漓，早已无心观览奇秀风光了，若不是众人搀扶，怕真的要化作似猴子观海的顽石了。晚饭时，他才蹒跚入座，在众人的调侃下，柯云路只有用苦笑作答。这成为黄山笔会的花絮。才华横溢的才子与凡夫俗子的统一与反差，构成柯云路独特、鲜明、真实的性格。

游黄山后，柯云路有五律一首，特意赠我：

> 黄山面目雄，云破露横空。
>
> 松海迎仙子，瀑练挂神峰。
>
> 莲花托日起，天都刺月狞。
>
> 熙熙游客下，两袖满山风。

诗不甚工，但有些仙气。

4

《大气功师》《人类神秘现象破译》遭到批评乃至受到声讨之后，并未见柯云路认输。他只是将笔触重新书写现实生活，接着便有《超级圈套》《东方故事》《牺牲》《芙蓉国（上、下）》等十多部长篇小说陆续问世。

大约是 2007 年，我给中国文联出版社策划了一套小说丛书，其中就有柯云路的十七部（十九本）长篇小说（没有收入那几部探索神秘文化的小说），于 2008 年出版，算是柯云路长篇小说的总汇了。迄今为止，中国小说家能在近三十年写出二十多部长篇，部部都能拥有广大读者的人，怕只有柯云路了。况且，他深居简出，拒绝应酬，远离媒体，还在孜孜不倦地潜心创作。这不，2013 年，他又在《当代》发表了长篇历史小说《曹操与献帝》，不久，人民文学出版社又出单行本。中央人民广播电台播出后，反应颇好。

《曹操与献帝》将曹操这样的强势人物，写得血肉丰满，特别是呈现了他鲜为人知的感情世界，诠释了他的诗中"青青子衿，悠悠我心。但为君故，沉吟至今"的丰富的精神世界。小说写了战争、宫廷、权谋，展示了柯云路写政治、写大场面、写高层的艺术才华。从他的《新星》等小说，我已看出他善于驾驭政治格局中权力的角逐和展示社会与人性的能力。可惜的是，出于众所周知的原因，他这一超人的才情，在写当代生活作品时，不能淋漓尽致地施展。这回第一次写历史长篇小说，柯云路既写出了那个遥远的跌宕起伏的历史时代，又从历史的瞬息万变中写出丰富多彩的个体命运。如在金戈铁马中，出现了擅长琴艺、丹青的柔情女子，为曹操平添风花雪月的白芍，与独夫献帝身边的高士名流，形成鲜明对照，露出皇权卑鄙猥琐的真容。

三十多年，柯云路的二十多部长篇小说，构成了雄伟宏大的关于历史、社会、生活和人性的巨大叙事，其间的酸甜苦辣与创作的悲欢，是一般人无法想象的。他以文学作品嗟咏国家之忧乐，印证流年风雨的世态人情和种种面容，履践自己对社会、人生的庄严使命，让我不能不关注、不敬重这位作家。

青山明月不曾空

——两种语言间流浪的阿来与《尘埃落定》

每个民族都有自己的历史文化传统。我国少数民族文学在新的文化整合中，呈现了自己新的文化特质。

以前，少数民族作家，如云南李乔的长篇小说《欢笑的金沙江》，内蒙古乌兰巴干的长篇小说《草原烽火》，玛拉沁夫的长篇小说《茫茫的草原》，都是写共产党领导少数民族翻身解放，当家做主的主题，堪称是奴隶解放之歌。

20世纪80年代末，我曾与王朔、马未都等作家到云南参加笔会，与彝族作家李乔进行过座谈。李乔向我们介绍创作《欢乐的金沙江》的经过，热情歌颂了解放军进军金沙江，在党的民族政策的指引下，战胜奴隶主，使凉山彝族人民走上幸福之路。我以为，这种赞歌式的表述是符合历史真实的，也是真诚的，但《欢乐的金沙江》作为文学似乎少了独特的民族心理特质和民族文化气质，让历史文化和社会生活过于简单化、政治化。

改革开放后，少数民族文学回到了自己文化的流脉中，从自己民族的文化视角、文化态度和民族生活加以描绘，从中折射出民族理想和品格，一扫过去小说中凌空高蹈的口号。特别值得提及的，是藏族作家阿来的长篇小说《尘埃落定》。

1

《尘埃落定》是藏族年轻作家阿来的第一部长篇小说，1998 年由人民文学出版社出版，《当代》选发了一部分。我们是这样宣传《尘埃落定》的：

"一个声势显赫的康巴藏族土司，在酒后和汉族太太生了一个傻瓜儿子。这个人人都认定的傻儿子，与现实生活格格不入，却有着超时代的预感和举止，成为土司制度兴衰的见证人。

"小说故事精彩、曲折、动人，以饱含激情的笔墨、超然物外的审视目光，展示了浓郁的民族风情和土司制度的浪漫神秘。"

《尘埃落定》通过民俗生活的深入把握，鲜明地表现康巴藏族的民族特点和文化特质，在对历史传奇生活的冷静超然的叙事中，将哲学意识融会其间，恰如陶渊明东篱采菊的悠然，又似佛教禅宗迦叶禅师的拈花一笑。羚羊挂角，诗意超然。哲理性与生命状态水乳交融！

《尘埃落定》以其文化内涵达到一个新的高度，荣获了茅盾文学奖。

原本，《尘埃落定》中曾经那样张扬与喧嚣的一切，随着必然的毁弃与遗忘，已归于平静，但有关阿来和他的《尘埃落定》的话题，总是被人津津乐道。

2003 年 9 月，《尘埃落定》被人民文学出版社选为当代文学唯一经典，进入了教育部《普通高中语文必读课程标准》。但小说中有些细节涉及性描写，遭到一些学生家长的质疑，甚或批评。几乎与此同时，根据《尘埃落定》改编的同名电视连续剧热播，并在当年金秋获电视剧金鹰奖。接着，阿来又应邀到美国比较文学学会年会演讲。

阿来慢悠悠、从从容容地走上讲台，很轻松潇洒地对听众笑了笑，然后口若悬河地开始了他的演讲。令台下各国作家惊异的是，这位中国藏族小伙儿，对世界文学竟如此熟悉，那些经典的文学信手拈来，而且评价极见眼光。阿来最后说："我是一个用汉语写作的藏族作家。从童年时代起，一个藏族人注定就要在两种语言之间流浪。每当我走出狭小的城镇，进入广大乡野，就会感到在两种语言之间的这种流浪。我想，正是在两种语言间的不断穿行，培养了我最初的文学敏感，使我成为一个用汉语写作的藏族作家。"

读到《尘埃落定》的时候，我刚阅读了威廉·福克纳不久，正在为后来我出版的关于诺贝尔文学奖的《文学即人学》做准备。我发现《尘埃落定》与福克纳的《喧哗与骚动》交相辉映。比如，它们都讲述当时社会的转型，表达对故乡世界的乡愁与缅怀，都强调了岁月在传统文化衰败中的消解作用。同时，它们又都借用"傻子"来讲"非常态世界"的驳杂的故事。"约克纳帕塔法"世界，与阿坝藏区"嘉绒部族"世界，都渗透着浓厚的宗教色彩，并以貌似愚笨的却是客观的形式来呈现复杂纷繁的外部世界。而阿来和福克纳的作品，又各有特色。《喧哗与骚动》中的主人公班吉，作为叙述者，只有直白的记录，其叙述成为展现他人个性的舞台，没有个人情感和主观判断。《尘埃落定》的主人公"傻子"二少爷的叙述，像是梦呓，以"傻"作为自我保护，在权力斗争中找到生存空间，以大智若愚，牢牢掌控故事情节的发展。福克纳的作品，充满爱恨交织的张力，游走于对过去的批判和眷恋，并寻找解决之道。相对于福克纳，阿来始终以局外人示人。《尘埃落定》对传统的逝去，只透出淡淡的无奈的忧伤，笔调细腻，深沉地对逝去之物进行追思，对昔日之人进行缅怀。他只是通过二少爷的眼睛超然于时空物外来看待世事的纷争。阿来学习前辈，是为了超越。

2

认识阿来之前，便听人说阿来爱喝酒，且酒量惊人。他有时半个月粒米不沾，只喝啤酒，他说酒也是粮食。他常常从高原马尔康坐汽车，沿着险象环生的岷江走两天，毫无半点儿车马劳顿的倦容赶到成都，寻到文朋酒友，边喝酒，边摆"龙门阵"：谈他走进高原的收获，红四方面军过草原时被人遗忘的故事，他感兴趣的宗教，他考察地方政权的思考……

一次，阿来随一群本地作家，陪北京来的各文学期刊组稿编辑，去了甘孜藏族自治州的海螺沟，爬了冰川，观了风景。当地好客的县委领导，调来几位酒中魁首，在欢迎酒会上摆开了阵势，非要灌倒这些文曲星不可。作家们在主人殷勤的款待下，仓促上阵，很悲壮地抵挡了几个来回，终于拱手告饶，败下阵来。唯一直不显山露水的阿来，神情自若，慢悠悠地沉着应战。十多轮的推杯换盏之后，只见县委一干人马前仆后继地倒下去。海螺沟一战，阿来名声大震。从此，大凡各地文友、编辑到阿坝办笔会，总要拉上阿来。阿来血液里流淌着藏族康巴汉子的热血豪情，这腔热血和豪情，一直支撑着他在文学之路踽踽独行，并成了他小说的筋骨。他说，书与酒是他须臾不可或缺的东西，书给他智慧，酒给他灵感和天马行空的想象、豪情。

关于阿来爱读书，我社的一位同人告诉我，她风尘仆仆地赶到阿坝去看阿来。当晚，阿来携妻挈儿搬到别处，把自己的小木楼让给她。清晨，她看到窗前的海棠花开得正艳，而屋里来不及收拾的书籍散落在窗台、地面、书桌上，大都是当下世界最深奥的有关文化、宗教、文学艺术方面的著作。人的脑袋里装满飘落不定的知识尘埃，学问就如同一柱光线，穿过那寂静而幽暗的空间，照见细小的微尘在飘浮，看到茫茫宇宙的星辰在运行，书是照亮人们前进的灯塔，让阿来在文学之路自由前行。

办笔会大都带有强烈的功利色彩，出版社或杂志社花了不少钱，让作家们游山玩水，实则是一索稿的温柔陷阱。作家们吃了，喝了，玩了，对不起各位作家大爷，请慷慨解囊，奉献大作吧。阿来从不拖欠文债，所交作品，大多在刊物上头条发表，最让大家受用的是，他交了作品，饮了酒之后，还要放声歌唱。听阿来那低沉、浑厚而又有些苍凉的歌声悠悠回荡在山谷里，早就有些微醺的作家、编辑，仿佛随着歌声到了他生长的阿坝藏乡……

初见阿来，是《尘埃落定》在我供职的《当代》发表不久。

一天，他沉静地抄着手，迈着平稳的步子踱进了编辑部。他个头不高，头发浓密而乌黑，端正的脸腔饱满而红润。看到他，我突然想起我社一位曾写《他家木屋》的女编辑曾告诉我，阿来"脸上有高原的太阳"。形容得端是恰切。

那天，我们编辑部借招待阿来之名，起哄去社门口一家饭店吃涮羊肉。

阿来不大爱说话，即便说，也很简约。他肉吃得少，啤酒喝得多，不多时，空酒瓶就摆了一地，阿来的脸却一直沉静如水，眼睛明亮而幽深，似望着家乡那苍老的浮云和远山斑驳的积雪。

3

人们说，阿来很有女人缘，此语不虚。远的不说，阿来到我们出版社的几天里，所到之处，女性编辑都乐于接近阿来，是我亲眼所见。我的两位很熟的女编辑，说起阿来，如同谈他的《尘埃落定》，总是眉飞色舞，两眼放光，都说喜欢阿来。

我社另一位女编辑，是《尘埃落定》的发现者和责任编辑，也是在四川长大的，因认识阿来，得到《尘埃落定》而成了阿来的挚友。我因应邀要给《人民日报（海外版）》写一篇关于阿来的文章，要配上照片，就去找她。在她借给我的一组照片里，就有一帧很有趣儿。那是几年前在九寨沟开笔会时照的，背景是苍郁的树林和幽深的湖水，清一色七位年轻貌美的女作家、编辑、记者，簇拥着微笑的阿来，我的女同事还举着一把阳伞，给阿来遮挡秋日的骄阳。照片上，女人们笑得灿烂，阿来笑得很矜持、很绅士。须知，那时阿来的《尘埃落定》还未问世，他只是笔会中一位普通的成员，能得到女性众星捧月般的簇拥，除了因为他具有人格魅力，还有什么呢？

四川的作家朋友也曾告诉我，他们经常到阿来家那座土楼里做客，有时索性住在那里。总有电话响起，大都是卓玛或桂花们娇美的声音："喂，阿哥在吗？"

据朋友说，一次阿来乘飞机，过安检时，一位年轻漂亮的安检员，接过身份证看了一眼，就抬头诧异地问："怎么，你也叫阿来？"

"怎么，还有人叫阿来吗？"阿来反问。

"有个大作家，写《尘埃落定》的，叫阿来。"

"如果我就是那个阿来呢？"阿来故意一笑。

女安检员的眼神里，显然没把眼前的阿来当成那位大作家，但对眼前这位沉静憨厚的红脸膛汉子，却表现出格外的好感。

当阿来刚进安检门，与阿来同行的朋友，把一本《尘埃落定》送给女安检员，说："是刚才那位阿来写的。"

女安检员先是惊讶，然后脸上升起大喜过望的红云："啊，真是他呀？"

4

1959 年，阿来出生在四川大渡河上游，一个叫"四土"，很早以前由四个藏族土司管辖的地方。他 1976 年初中毕业，算是生不逢时，连上山下乡的荣幸都没捞到。好容易恢复高考了，又因学历不够，怀才不遇地上了中专师范，毕业后当了民办教师，后又当诗人。阿来的老婆是个汉人，儿子的户口随母亲，也是汉族。有人劝阿来把儿子改为藏族，将来高考时有照顾，阿来不为所动，只是沉静一笑，在他眼里，汉藏是一家人，如同眼前的青山和绿水。

藏族农民的儿子阿来，偏偏自幼爱上文学，人们大惑不解。尤其让谁都搞不懂的是，阿来常常一个人徒步从阿坝走向远方，一走就是好几天。有时，在空阔长满鲜花的草原上，阿来会与一群诗友铺上毯子，摆上酒肉，一边大快朵颐地吃喝，一边旁若无人地高谈阔论，或举杯对天，或长吟短叹。一片云彩飞来，洒下雨，他们赶紧收拾东西，再跑到只有蓝天白云的草场。

远处悠闲的牧民，赶着牦牛，看惯了白云聚合流散，却怎么也弄不明白这群年轻人在干什么。

阿来的诗，阿来的短、中、长篇小说，就是以这种独特的方式诞生在阿坝这块神奇的土地上。

很早以前，我曾帮助中国青年出版社，推出过一套全国青年作家的文学丛书，其中有崭露头角的王朔的一本短篇小说集，有一本马未都的短篇小说集，还有一本阿来的诗集。作为诗人的阿来，那时已在四川小有名气。

阿来的诗，思绪纷飞而又意气恣肆，有生命的光彩又超离世俗，读之，让人油然想起陆机《文赋》"精骛八极，心游万仞"之句。真是神思飞驰，意趣丰盈。

阿来写了不少短篇小说。我曾在《四川文学》杂志上读过他的小说，大约是《老房子》。其奇巧的构思和语言天赋，曾给我留下深刻印象。

很少人知道，给阿来带来巨大声誉的《尘埃落定》，经历了鲜为人知的艰辛旅程。

《尘埃落定》完成之后，曾黯然而漫长地辗转了多家出版社，直到有一天，我的那位女同事，到成都参加四川青年作家笔会，第一次见到陌生的阿来，幸运之云才飘向了这位才华横溢、埋在深山人不知的阿来。

参加笔会的年轻作家，利用一切机会，接近由京城去的国家最大的出版社女编辑，向她毛遂自荐，介绍自己的创作情况。但阿来只顾微笑着，默默地为大家搭帐篷，摆座位，聚餐时远远地一言不发，却认真听人谈笑。

直到笔会接近尾声，我的同事出于礼貌，找到阿来，问他最近在写什么。阿来说，没写什么，不过有一部连续被多家出版社退稿的长篇小说《尘埃落定》。话已说到这儿，我的同事一笑，说，拿给我看看吧。于是便有了轰动文坛的《尘埃落定》横空出世。幸运也同时落在这两位头上。当然，阿来的《尘埃落定》即便再次被埋没，总有一天会傲然立于中国文学史。即便不是这位有双慧眼的编辑发现这一小说瑰宝，总会有另一位同样有双慧眼的编辑发现。

随着我们的阅读从极度兴奋最终归于释然和平静，你不能不由衷地惊叹，《尘埃落定》瑰丽而又神秘，且富有诗性之美。你同时会为阿来那出神入化，如流水无首无尾，似流星划破夜空精灵般的语言天赋击节叫好。

不可否认，阿来的《尘埃落定》从内容到技巧，都借鉴了福克纳的《喧哗与骚动》。阿来自己说，"对我影响最大的是美国文学……代表当然是福克纳"。如前面所说，《尘埃落定》与福克纳的《喧哗与骚动》都书写当时的社会转型，表现对故乡世界的追思与缅怀，流露出浓郁的乡愁，同时都渗透着浓厚的宗教色彩，都借用"傻子"的视角，讲混沌、驳杂的"非常态世界"的故事。

但是，我觉得，阿来的《尘埃落定》在经历了横向移植西方现代派的过程中，有了沉静的自省，有了自我精神建构的自觉。

另外，阿来之所以是阿来，是因为阿来在一座非常汉化了的、被原始乡土包围的偏僻小镇，在宗教、自然山川的熏陶下成长，似乎得到超民族、超地域的某种精神。故乡已失去了它原来的面貌，血性刚烈的英雄时代、蛮勇过人的浪漫时代，早已结束，像空谷回声一样，渐行渐远。阿来说过，在一种形态到另一种形态过渡时期，社会总是显得卑俗，从一种文明过渡到另一种文明，人心猥琐而浑浊，所以这部小说，是我作为一个原乡人在精神上寻找真正故乡的一种努力。

是的，我看出，已经远离乡土的阿来，是借这部《尘埃落定》，从精神上悲壮怀乡的。

5

大约在 2004 年初，我和一位朋友策划了一套叫"汉语表达者"的丛书，《阿坝阿来》就是这一丛书的第一本。如阿来自己所说，"我是一个用汉语写作的藏族人"，命中注定要在汉藏两种语言之间流浪。看到两种语言下呈现的不同心灵景观，肯定是一种独特奇异的体验。

《阿坝阿来》这部短篇小说集，选的都是以阿来的出生地阿坝为背景，凸显出他有别于其他作家的作品。阿来这些短篇，都是以真实和严肃的风格，讲述一个个藏族的传奇而又浪漫的故事。

《阿古顿巴》中的阿古顿巴，是藏族口头流传下来的智者，如同新疆的阿凡提被维吾尔族人所熟知一样，为藏人所熟悉。阿来是第一个用小说歌颂他的人。阿来喜欢的不是常人看到的阿古顿巴智慧的一面，而是关注他似笨拙却显出智慧的一面，这后来就成了《尘埃落定》里傻子的雏形。几年前，阿来的一位已入美国籍的中学同窗，重返中国，选修中国文学。他说，早在多年前读《阿古顿巴》就读出了《尘埃落定》的味道。阿古顿巴跟贵族头人作对时，总是用最简单、最直接的办法战胜头人玩的复杂把戏。大智若愚并有着超凡预感和举止的傻子，正是秉承了阿古顿巴的血脉。

创作是一种宿命，十年后，阿来写《尘埃落定》，又回到十年前傻子这个起点。当年，苏联的肖洛霍夫先写《顿河的故事》，多年后又以顿河那些故事为背景，创作了使他一举成名的《静静的顿河》，在这一点上，阿来与肖洛霍夫何等相似乃尔。

藏族口头文学的滋养，对阿来的创作影响，至关重要。这里充满了想象和夸张的色彩，这对历史学家来讲是不幸的，但对小说家、诗人阿来来说，却是幸运的。小说是虚构想象的艺术，阿来在《尘埃落定》表现出的丰富的想象力，对中国文学的想象力的重构，不啻做出了积极贡献。

我曾与阿来有一次专门谈短篇小说的经历。那是我们编的"汉语表达者"丛书出版以后，2004年8月的一个上午，我和阿来，还有与我策划该书的一位朋友，坐在紫竹桥东万寿寺河畔的小酒店里。阿来喝酒，我们饮茶，望着窗外依依的垂柳，漫无边际地闲聊。阿来此次来京，是准备去巴黎参加中法文化交流的。行前有空与我们晤面，干什么吆喝什么，文学圈子里，坐在一起自然会谈文学。

在谈到小说创作时，阿来把酒倒满杯子，自斟自饮。我们从《阿坝阿来》，谈到短篇小说创作。阿来说："现在，一个小说家的成就似乎要靠长篇小说定位，但我最爱写的是短篇。"但阿来在写完《尘埃落定》以后十年里，只写过一篇短篇小说《鱼》，看来，阿来有些言不由衷。

是的，短篇小说是最精粹的小说文本，它对作家的创作感觉和文字水平是最基本的考验，也是衡量作家文学水平的标尺。我很坦率地告诉阿来，我就特别喜欢短篇小说这一文学样式。忽视短篇小说创作，文学终要付出沉重的代价。我原想说，假如没有《尘埃落定》，文坛会给你阿来那么高的荣誉吗？看来，你阿来老弟也难以免俗啊。但我知道，我的这种挪揄，对阿来是不公平的。没有《尘埃落定》，我们怎么见识他的旷世才华？

6

酒让阿来越来越兴奋。从开满鲜花的阿坝草原上悠然来到北京的阿来，深邃的眸子里，流星般闪烁着难以抑制的兴奋。他又斟上酒，说本来写完《尘埃落定》后，"像是进行一场玉石俱焚的恋爱，心被掏空了，一点写作的欲望都没有"了。但是，在阿坝草原又游荡了一年之后，他的脑子里竟然又酝酿了一部新小说。阿来说，这部长篇小说在结构上，是没有人尝试过的，"我现在写的和《尘埃落定》一点关系也没有，也不希望大家拿它和《尘埃落定》比较"。一杯酒饮干，他又斟满，说："下一部小说，我想变换一下主题——关于肉体与精神的双重流浪。"

我知道，阿来的创作通常是即兴的，是随心所欲、信马由缰的，这种给他带来无穷乐趣的即兴，缘于他作为诗人的本性。因此，你无法让阿来给你介绍正在创作中的这部新小说的故事梗概。阿来说："我开始动笔写的时候，我自己都不知道结尾会怎样。"作家即兴创作小说，是符合文学规律的，只有这样才能探讨生活无数的可能性，它可能更逼近生活的本质。

一次，阿来和一位作家出差，这位朋友详尽地向他讲了他马上要动手写的长篇小说的故事、结构提纲。听罢，阿来沉默了，搞得这么细，还会有创作冲动吗？是的，一切都设计好了，创作就会成为一种体力劳动，毫无乐趣。

阿来的长篇小说，都是写藏族生活的。对于很多人来说，西藏、藏族仅仅是个名词或形容词，却意味着诚实的、自然的、荒蛮的、神秘的、超凡脱俗的，现代生活所缺失了的那些东西。但对阿来而言，西藏、藏族是实实在在的，是血肉丰富的。我刚说完，我是通过《尘埃落定》深入了解阿坝藏族历史生活的，阿来放下手中的酒杯，断然反驳了我："我的作品不能让人了解藏族，只能了解阿来！"

其实，对阿来，我们都很难了解，他的脑袋里，装着的"对人生与世界的更为深刻的体验"且不多说，就连阿坝藏族的故事，我们只从《尘埃落定》了解了一部分而已。

阿来写完《尘埃落定》后，又用长篇中的银匠与那个有些古怪的行刑人家族的故事，写成了两个中篇《月光里的银匠》与《行刑人尔依》，共约十二万字。前者发表在《人民文学》杂志，后者刊于《花城》杂志。

阿来说，写银匠是将《尘埃落定》里未能展开的部分进行了充分表达。而写行刑人的八万字，对我来说有意思一些，因为，行刑人在这个新的故事里，成了中心，因了这中心而使故事、使人产生了新的可能性，从而也显示一篇小说的多种可能性。

阿来是坐在火炉边写完这两个故事的。窗外不远的山坡上，疏朗的桦林间是斑驳的积雪。

阿来是在北京的一条小河畔，向我讲述这一切的，窗外八月的夕阳，给浓郁的杨柳涂上一抹热辣辣的金光。

7

写作，特别是《尘埃落定》，改变了阿来的命运。《尘埃落定》登上了世界文坛，已被翻译成近二十种语言。仅英译本就有三种，其中一种版税就有十五万美元之多。该书的电影版权先被香港购得，美国哥伦比亚公司也紧锣密鼓地筹备电影改编事宜。这些毫无疑问地会给阿来带来源源不断的财富。据说，阿来曾对朋友开玩笑说："真没想到，每天醒来就有钱挣。"

写作，给阿来带来了声誉和财富，但阿来拒绝当专业作家，尽管他清楚，专职写作，会让更多白花花的银子滚滚流入他的腰包。在阿来看来，有比钱更重要的东西。

成名之后，阿来一直殚精竭虑地主编科普杂志《科幻世界》。自他接手以后，该杂志的发行量翻番增长。他还特地在《科幻世界》给自己开了一个融科学与文学为一体的专栏。人民文学出版社已结集成《阿来科学随想》一书出版，发行量不俗。

创作无疑是快乐的，创造更是一种幸福。写作需要沉淀，文学需要距离。办刊物的同时，积累的生活也在发酵。

自《尘埃落定》后，阿来又写了几部优秀的长篇小说。因为，写作已成为阿来生命的一部分。文学流浪将贯穿他的一生。他那张扬的生命力在电脑键盘上疯狂地跳跃。阿来与生俱来的文学天赋、一双人性的眼睛、一个智慧的头脑、一个健康活泼的心灵，让阿来的小说有马尔克斯至大至美的境界，又服从昆德拉所说的那种游戏的召唤。在生活中挖掘，又巧妙谐和地玩虚构游戏。

2018 年，阿来的中篇小说《遥远的温泉》获第七届鲁迅文学奖。他在获奖感言中说："我相信，文学更重要之点在人生况味，在人性的晦暗或明亮，在多变的尘世带给我们的强烈命运之感，在生命的坚韧与情感的深厚。我愿意写出生命所经历的磨难、罪过、悲苦，但我更愿意写出经历过这一切后，人性的温暖。即便看起来，这个世界还在向着贪婪与罪过滑行，但我还是愿意对人性保持温暖的向往……以善的发心，以美的形式，追求浮华世相下人性的真相。"

是年，阿来还出版了多卷本长篇小说《机村史诗》，以挽歌式的笔致将记忆深处曾藏在大山里的机村风景，做了抒情化的描写，恢复了中国深远内陆少数族群赖以生存繁衍却在现代化进程中渐渐消逝了的、具有神性的一种风景。在阿来悲痛地充满怀念和敬畏的对往昔生活家园的回忆和凝视中，风景依旧如新，赋予《机村史诗》极为丰富的意义的承载。莽莽苍苍的风景仿佛凝固，成为一个隐而不彰的主题，思考的是过去，也是未来，是悲歌，也是史诗。

《机村史诗》是一部尚未被深入开掘的文学宝藏。

近来，十月文艺出版社出版了阿来的新作《云中记》。为此，有关方面组织了一次阿来与三十个国家的汉学家关于"故事沟通世界"的对话活动。阿来多次参加中国作家与国外汉学家的对话活动，已能从容睿智地应对。他围绕新作《云中记》，以他惯有的幽默个性和博学的才华表示，在文学活动中，除了创作，他还是个"译者"。从文三十多年，他每次写作，都是一次翻译过程——作为一个在汉藏两个语系中流浪的作家，他从藏语到汉语，从方言到普通话，不断地转换、融合。

他说，很多读者说我的作品中有一些普通话不常见的表达，比如"愿你面前的道路是笔直的"，此语在藏文中乃是一种祝福辞令。西藏多山，人生也一样，一生多歧路。这句话实际上是祝对方在世上万事一帆风顺。

在谈到西藏时，阿来说，不少人对这块不老圣土并不十分了解，其实"西藏并非天堂，也不是地狱，而是烟火人间，和其他地域一样。天堂是光明的，地狱是黑暗的，从事文学创作的人，要从黑暗中寻找光明，从艰难中发现希望，哪怕世界艰难，也要写出美好，要去发现人性最伟大的地方"。最后，阿来"希望借助汉学家的翻译，将这种美好带给各个国家的人民"。

我是校阅即将出版的新书的间隙，享受阅读《云中记》的快乐的。

《云中记》以我们都投入深切情感的汶川大地震为背景，旨在表现重建被毁坏的城郭并不困难，但让受灾的人们重建生活的信心极为艰难。一对夫妇，在梦魇一般的灾难中失去了已读中学的儿子，感到如同天崩地裂般的绝望。后来，他们想再生一个孩子，但一个新的生命诞生的同时，又产生强烈的负罪感，似乎再生儿育女的目的，仅仅是忘却死去的儿子。小说还写了很多失去妻子的男人，失去丈夫的女子，在重组家庭时，都背负了在灾难中失去伴侣的刻骨铭心的记忆。

为了写好这部蕴含太多思考的《云中记》，阿来在大地震过去十年之后才动笔。阿来知道，在发生灾难之后不久就写，只能写出悲伤和哀痛，在汶川重建时就去叙述，怕只能写出重建家园的英雄。经历漫长的沉淀和思考，沉重的记忆不会消失，对人性的复杂该有了深刻的认识。《云中记》走入了复杂的人性腠理，展示了复杂的人性图景，让读者看到人性的光辉和幽暗。

看啊，落定的尘埃又微微泛起，山间的大路上，细小的石英砂在阳光下闪烁出耀眼的光芒。阿来本来就在路上，现在是多么好，他的心又在路上了……

老去诗篇浑漫与

——王蒙"季节系列"长篇与《这边风景》

反思文学与伤痕文学几乎是同时出现的，抑或说，反思文学是伤痕文学的延续和深入。如果说伤痕文学是对"文化大革命"灾难的控诉，那么反思文学则更侧重对被颠倒的历史和历次政治运动的是非的再认识、再评价，是对中国"十七年"及"文化大革命"进行历史回顾和诘问。

反思文学是把焦点集中在农民和知识分子两大群体身上的。

优秀的反思小说，并不仅仅局限于以政治风云、历史事件为动因来结构情节，铺陈笔墨，而是力求对农民和知识分子的民族文化心理进行文化反思。高晓声的反思小说《"漏斗户"主》《李顺大造屋》、李国文的《月食》等，生动地展现出农民文化的两重性。后来张炜的《古船》、陈忠实的《白鹿原》则是对农民文化心理探索的佳作。

张贤亮的《灵与肉》、陆文夫的《美食家》、王蒙的《悠悠寸草心》等，都是深刻反思知识分子文化心态的优秀小说。

回眸"十七年"及"文化大革命"文学，你会清晰而又不可思议地发现，在小说的世界中，作为民族理性、良知代表的知识分子，竟成了灰头土脸、夹着尾巴、毫无尊严精神的景况卑微的群体，与富有爱国精神与英勇气概的工农兵形象，形成巨大的反差。

从 19 世纪末到 20 世纪，以知识分子作为描写对象的世界名著大量出现，几乎囊括了那几届诺贝尔文学奖。而中国当代文学中的知识分子却被边缘化、被丑化并成了革命对象。一个充满了文学可能性的题材领域，成了一片荒漠。

不错，那时出现过以知识分子为主角的长篇小说《青春之歌》，但书中的主人公都是特定的动荡时代各式各样的知识分子。他们的分化、组合，进步、沉沦，恋爱、离异等生存形态，确实打动了一些从文学作品中很难看到知识分子形象的读者。但其概念化、模式化倾向，特别是为趋时做过的几次改动，一直为人诟病。

到了改革开放时代，才真正出现了知识分子成为真正主角的长篇小说，如李準的《黄河东流去》、张抗抗的《赤彤丹朱》、李锐的《万里无云》、贾平凹的《高老庄》、王蒙的《活动变人形》及四卷本"季节系列"等。

需要提及的是，这些小说是把有学问的人物，当成具体的"人"来刻画，展示的是一种人的处境，一种包含丰富社会历史意蕴的人的生存状态。

1

强势重返文坛的王蒙，一直孜孜于探索知识分子的心灵秘密。

他的《活动变人形》及"季节系列"长篇小说，在历史反思与文化反思的视角中，完成了对知识分子苦难史和心灵史的重大叙事。

2014 年 4 月，王蒙从事文学创作六十年之际，人民文学出版社在国家出版基金支持下，出版了《王蒙文集》。该文集共四十五卷，约一千六百万字，包括长篇小说八卷，中短篇小说七卷，散文、诗歌四卷，文学理论、评论四卷，以及《红楼梦》研究系列、老庄研究系列、自传回忆录系列，演讲访问录等。《王蒙文集》出版，对王蒙来说是个里程碑式的事件。但年过八十的王蒙，并未停下文字耕耘的脚步，新书仍一本接一本地出版，文学奖项一个接一个地收获。

4 月 27 日，由人民文学出版社、中国现代文学馆共同主办的《王蒙文集》学术研讨会，在中国现代文学馆召开，三十多位作家、评论家、学者与会研讨，几乎异口同声地给予王蒙极高的荣誉：

> 王蒙是喊出"青春万岁"的作家，是当代小说艺术坚持不懈的探险家。他不断地突破固有的文学创作模式，给当代文学带来意味深长的启迪。他的作品客观地反映当代中国的重大事件和各族人民的心路历程，他的创作闪烁着独特的思想光芒，以丰富的思想文化内涵、强烈的时代性和艺术风格产生了广泛的影响。

王蒙的创作始于文学，逐渐扩展到文化、思想、哲学、政治领域。因此，王蒙与其他作家的不同之处，在于他的创作不仅具有文学层面的价值，而且体现了他在思想、文化、哲学、学术等多层面的思考和总结。

举凡研讨会，早已失去了理性、真诚、严肃的科学态度。歌颂赞扬弥漫其间，"靡辞无忠诚，华繁竟不实"（汉·孔融）。思想知识类型上的急功近利或简单片面化，自然也会导致以政治标准或某种"功用"取舍，代替文学本身的价值衡量。显然，这种模样的研讨会，与文学的健全发展相违背。

想起晋代挚虞的《文章流别论》中的话："假象过大，则与类相远；逸辞过壮，则与事相违；辩言过理，则与义相失；丽靡过美，则与情相悖。"贵远贱近，向声背实，都是人性的弱点，我们需要反省的是，在人生中保持一点自觉意识。王蒙正是在赞美面前，表现得比较清醒。他说，六十年来的创作是伴着各种批评进行的，听了很多表扬的话，也有很多批评意见，"这些批评文章都可以编一套上百万的集子了"。诚如他自己所说，"这是头破血流的代价换来的一点明白"。

刘半农在去世前讲过一例笑话。说有一个监差的，监押一个和尚，随身携带公文一角、衣包一个、雨伞一把，和尚颈上还戴着一面枷。他怕这些东西或有遗失，就整天喃喃念着："和尚、公文、衣包、雨伞、枷。"一天晚上，和尚趁他睡着，把他的头发剃了，又把自己颈上的枷移戴在他颈上，随即逃走了。次日早晨，他一醒来，一看公文、衣包、雨伞都在，枷也在，摸摸自己的头，和尚也在，可不知道我到哪里去了！

现在看起来，这还真未必只是个笑话。放眼文坛，像王蒙没失掉自我的，世有几人？

2

我是王蒙先生的学生。与王蒙先生的自谦而"自称'我是学生'"不同，王蒙先生的的确确当过我的大学老师，与我有过两年师生相处的既简单又难忘的经历。

《王蒙自传》第一部"半生多事"，有这样的记载：

"1962年9月，我分配到北京师范学院（今首都师范大学）中文系做教师……我给以研究鲁迅为专业的现代文学史教授（当时只是讲师）王景山做助教……开始，一切顺利，我与不少同学谈得来，他们当中后来有管过《小说选刊》的冯立三，成为大型文学期刊《当代》的负责人之一的汪兆骞，做过《文艺报》编辑部负责人之一的何孔周等。我与他们一起去香山春游，我重新尝到了学生生活的快乐。我给学生上过一次辅导课，讲鲁迅作品的语言，受到他们的欢迎。"

初次见到王蒙，是我上大学三年级的时候，在初秋一个很明丽的一天，中文系主任和王景山先生领着一位身着崭新灰色西服、打着领带的年轻人，走进我们的教室，极简单地向大家介绍说："这是王蒙，今后他将是你们现代文学的辅导老师。"王蒙向大家点点头，他那瘦削的脸上并无表情。

我是在这年暑假时，从时任中国作家协会书记处书记兼人民文学出版社社长严文井处，得知王蒙要到我就读的北京师范学院当老师的，但并未想到他会成为我的辅导老师。

我家住遂安伯胡同，与严文井住的东总布胡同非常近。1959年，我读高三时，军旅作家王愿坚带领我拜访了儿童文学作家严文井，我从此成了严老家的常客。王愿坚家住在禄米仓胡同，离我家一箭之遥，算是我的文学启蒙老师。

1960年，我曾读过王蒙1956年4月发表在《人民文学》上的《组织部新来的年轻人》。那时，因此小说成名的王蒙已被打成"右派"。但我还是很欣赏"少共"作家的勇气和才气。

在王蒙当我老师之前，我刚刚读完他发表不久的短篇小说《夜雨》和《眼睛》。前者发表在《人民文学》，后者发表在《北京文艺》。《夜雨》写一个农村姑娘在新婚前决定不到城里结婚，而坚决留在农村生活、劳动的故事。《眼睛》写一位女知青劳模，走五十里山路，到阅览室借《红岩》，因《红岩》早被借出，女劳模又走二十里夜路去县阅览室抄一夜《红岩》的故事。

老实说，两篇小说都无什么新意，"少共"的意气风发，早已消遁。比较起来，我更喜欢与其同时的陈翔鸣的历史小说《陶渊明写挽歌》和《广陵散》，小说中古代文人的精神气质、所遭遇的社会磨难及精神摧残所蕴含的现实意义，深深地打动了有些叛逆精神的年轻人。

王蒙生于 1934 年（甲戌年），时年二十八岁，比我大六岁，比我班中年长的，也就是大三四岁。但他的履历，令我们相形见绌又叹为观止：他 1948 年入党，翌年十四岁半取得干部身份，1950 年十六岁到北京女二中党支部巡视，十九岁写成长篇小说《青春万岁》，1958 年发表小说《组织部新来的年轻人》，后因此沦为"右派"，毛主席对此曾几次为他说过好话，但并未改变他的政治处境。

1962 年，虽然刚刚经历了三年经济困难时期，政治斗争相对缓和，但深入人们骨髓的阶级斗争意识，仍然让大学生对曾经的"右派"王蒙多了几分警惕和疏离，并不像《王蒙自传》中所说，大学"它的气氛是美好的、清洁的"。他在自传中提到的冯立三等一批莘莘学子，就在王蒙离开不久，被打成了反动学生，便是血淋淋的事实。

当然，中文系的学生，大都有文学之梦，崇拜作家很是正常。但开始接触王蒙时，他那一脸深奥的严肃，那套一上身后就再未脱过的灰色西装，让学生看不清躲在壳子里的王蒙。我将这种感觉告诉严文井。严文井笑着对我说了句："那不是真正的王蒙。"

果然，接触久了，有了与王蒙平等乃至天真的倾心交流，情况不同了，在他充满睿智幽默而不失真诚的话语中，举凡小事、大道，让我们感觉到他的人生至理，还有深深的人生伤痛。一次下乡劳动时，我们躺在大炕上，天南海北地聊天，听他背诵自己的诗篇《错误》："赞美雏鹰的稚弱／迷恋眼泪的晶莹／盼望海洋流着蒸馏水／大清早唠叨半夜的梦。"他是用诗阐述着黑格尔"杂多与统一"的命题，敢于面对和承认自己的不圆满，反对随风倒、蝇营狗苟的机会主义。在充满哲学思辨的氛围里，我看见王先生跷起二郎腿，破袜子露出了白生生的脚后跟，构成一种反讽意味。有些辛酸。问到他落难后到潭柘寺南辛房大队一担石沟劳动的情景时，他不讲自己，却讲了那里批斗会几乎都在深夜进行，《北京日报》的漫画家李滨声几乎被批得昏倒在地，夜夜鬼哭狼嚎。劳改时，王蒙自称一顿饭能吃一斤多窝头，而且不拉屎。问其故，曰："劳动将它们全部转化为热能。"

王蒙谈往事时，总是举重若轻，这是王蒙面对人生困厄的自信，还是拥有智慧的煎熬和困惑的痛苦？

真正让大学生有些莫名的是，作为中文系助教的王蒙，平日里从不主动与学生谈论文学，即便是你主动向他请教文学问题，他总是跟你打哈哈或机警地把你引向别处。你根本无法知道他的文学观念是什么。于是不少大学生说，一个只读过初中的人，除了有写小说的天赋，你能指望他教给你什么学问？

但当他走上讲台，给学生辅导鲁迅散文时，莘莘学子才真真见识了王蒙的才学和襟抱。

那次他讲的是鲁迅的《雪》。大学教材里，与鲁迅有极深感情的冯雪峰，在解读此文时说，南方的雪，象征自南而来的北伐革命。而王蒙则认为，鲁迅笔下北方的苍劲孤独、悲怆奇倔的雪，现出了鲁迅的风骨。王蒙说："我们假定鲁迅写雪的时候并非有意识以北方的雪自况自喻，但是既然是鲁迅，他的书写对象上就浸透了鲁迅的悲怆与伤痛，孤独与奇绝。"雪与人间社会的关系可以不是比喻关系，却必然是联想关系。

教室一片寂静。在教室里听王蒙讲课的我，突然发现进入化境状态的王蒙，是如此滔滔不绝，这般神采飞扬。他那连珠的妙语，把高深的理论、玄妙的概念、奇异的想象转化为深刻的道理、文学的知识和令人豁然贯通的启发。

当身着那件已略显陈旧西装的王蒙，结束了如诗一般充满想象、充满智慧、充满创见、充满章法、充满和谐与挑战，又充满了激情和灵感的讲座，教室里爆发了热烈的掌声。学子们一夜未眠。在那个弥漫着浓重政治氛围的校园，一堂文学课引起如此强烈的轰动，实属罕见。

大约是 20 世纪 80 年代中期，我与王蒙闲聊到这次讲课时，他告诉我，他曾在 1962 年将那堂课整理成一篇文章，投给《飞天》杂志，二十年后才被《飞天》发表。白云苍狗，世事变幻，让人感慨。

到了 1963 年 12 月底，王蒙突然宣布他将去新疆工作，这让我们既震惊又失望。中文系总支副书记毕玲（丈夫为后来当了外交部长的吴学谦），在中文系的一次文学活动中，告诉我说，王蒙是一位有才华的作家，他选择到生活中去，不愿囚禁在校园，我们支持他的选择。

与王蒙告别，没有什么仪式和活动，那时不兴拥抱，我无语地握了握他的手。那天，他穿了一件厚实的新棉袄，表情如往日，极为平静。

大约是 1964 年春，我从王景山先生那里，看到了王蒙远从新疆寄给他的诗。

嘉峪关前风噪狼，云天瀚海两茫茫。
边山漫漫京华远，笑问何时入我疆。

乌鞘峭峰走铁龙，黄河浪阔驾长虹。
多情应笑天公老，自有男儿胜天公。

日月推移时差多，寒温易貌越千河。
似曾相识天山雪，几度寻它梦巍峨……

岁月蹉跎，命运坎坷，但王蒙的雄心壮志，仍在诗中。

后来我们知道，王蒙自愿深入边塞新疆，以笔履践自认的庄重使命，将巨大的社会变革化作纸上的烟云，以锵锵之声与时代相共鸣，一边劳动，一边创作，完成一部"下了苦功夫的书"《这边风景》。

光阴荏苒，《这边风景》在 2016 年获得第九届茅盾文学奖。人们评论曰，"处于逆境的王蒙，决心按照毛泽东同志《在延安文艺座谈会上的讲话》精神……到边疆去，到农村去，深潜到底，再造一个更辽阔更坚实的写作人"，他创作了这部"体现各族人民维吾尔族人民的性格"的长篇小说。小说写出"他们的生动鲜活、幽默智慧、别有趣味，他们在艰难困苦中的光明快乐，还有他们与内地城市大异其趣的语言与文化，突破了环境与书写的局限，创造了阅读的清新与感动"（王蒙获茅盾文学奖接受记者采访）。第九届茅盾文学奖评委以"《这边风景》最初完稿于 40 年前，具有特定时代的印痕和局限，这是历史真实的年轮和结疤，但穿越岁月而一样成立的是生活、是人、是爱与信任，是细节、是情愫，是世界、是鲜活的声音。在中国当代文学中很少有作家如此贴心、如此满怀热情、如此饱满生动地展现多民族共同生活的图景，从正直的品格、美好的爱情、城市的劳动到壮丽的风景、绚烂的风俗和器物，到回响着各民族丰富表情和音调的语言，这一切是为生活和梦想的热忱礼赞，有力地表达了把中国各民族人民从根本上团结在一起的力量和信念"，将茅奖桂冠给了王蒙，这在文坛引起不小的波澜。

论王蒙的创作，《活动变人形》、长篇"季节系列"，不输于历届茅奖作品，茅盾文学奖评委会却偏偏将茅奖授予"完稿于近四十年前，具有特定时代的印痕和局限"的《这边风景》，让人莫名，并让人怀疑茅盾文学奖的公正性和含金量。

3

王蒙是随共和国的诞生而走上创作道路的。和他们那代人一样，对社会主义无限忠诚和充满理想主义。他于1956年发表在《人民文学》上的《组织部新来的年轻人》，正是怀着"少共"赤诚之心创作的小说。小说通过对一个区委组织部的日常生活与工作的观察思考，以在文学上的真诚和大胆的思考，敏锐地触及"官僚主义"这一当时鲜有人注意到的问题，在当时产生了较大影响。

正如王蒙自己所说，他创作这篇小说的目的，是"基于对党的赤诚的爱，当然包含着年轻人的理想主义和不切合实际的要求，我们也正视了生活中的一些消极因素，我们也曾尝试把自己的幼稚的观察和思考的成果交给党，交给人民"（王蒙《我们的责任》）。

但是，当时的文学，正洋溢着高亢豪迈、激情磅礴的对革命、对党歌功颂德的旋律。与王蒙们的"以文学干预生活"，对新生活美丽光环下遮掩的现实问题进行真诚思考的作品，形成鲜明对照，显得步调颇不一致，甚至南辕北辙。

果然，到了1957年，《文艺学习》就开展了《组织部新来的年轻人》的讨论。部队的马寒冰在其《准确地表现我们时代的人物》一文中，指责王蒙这篇小说不真实，说在北京市"从书记到区委常委都是这样的人物（指小说中的刘世吾），则完全是不可能的"。

马寒冰，1949年任解放军一兵团政治部宣传部副部长时，偶遇"西北歌王"王洛宾，一番恳谈后，邀其参军并随军入新疆，受到司令员王震欢迎。最后，王洛宾还是沦为囚徒，多年被专政。他著文批判王蒙《组织部新来的年轻人》，使之落难成"右派"，后又远走新疆，这真是宿命。

对批判王蒙的《组织部新来的年轻人》，毛泽东则表示不同意，他幽默地说："有个人叫王明，哎，不对，叫王蒙，大概是王明的弟弟吧。他写了一篇小说批判共产党工作中的缺点。了解一下，他也是共产党，好吗？部队几位同志就'围剿'，说北京没有官僚主义。北京怎么没有官僚主义。"（见黎之《文坛风云录》）。黎之，即人民文学出版社副总编辑，曾在中宣部工作过的李曙光。

王蒙证实此事不虚。他在《王蒙自传》的"半生多难"中写道："毛主席对《组织部新来的年轻人》说了好话，我当然感恩戴德，心里三呼五呼万岁。但是我从来不认为这仅仅是毛主席对我个人的恩典。毛主席嘲笑苏联《文学报》转载了陈沂、陈其通、马寒冰等人的实质为批判'双百'方针的文章……不是正说明，毛主席既反'左'也反'右'，厥执乎中，正确无比吗？"

令王蒙没想到的是，因写批判俞平伯《〈红楼梦〉简论》的文章《评〈红楼梦〉研究》一文而暴得大名的李希凡，却于1957年2月，在《文汇报》发表长文，对《组织部新来的年轻人》进行了上纲上线的猛烈批判，用王蒙的话说，"意在一棍毙命"。毛主席又说了，"王蒙我不认识，也不是我的儿女亲家，但是对他的批评我就不服"。

改变王蒙一生的小说《组织部新来的年轻人》，与后来成为我的领导、《当代》主编秦兆阳也有干系。

秦兆阳在世时，曾与我谈过王蒙这篇小说的来龙去脉。1956年5月，王蒙把《组织部新来的年轻人》寄给了《人民文学》杂志。秦兆阳于1955年由《文艺报》调任《人民文学》常务副主编。编辑谭之仁看了小说之后，交给他审定。

他看后觉得题旨不错并提出修改意见。

是年 9 月,《组织部新来的年轻人》连同秦兆阳自己写的《现实主义——广阔的道路》(署名何直)一起发表在《人民文学》上。那期《人民文学》给文坛送上了一股新的气息。

到了 1957 年 5 月,毛泽东听信了周扬等人说《组织部新来的年轻人》的缺点(部分是秦兆阳改的),于是提出要批评的意见。

5 月 7 日和 8 日两天,作协召开了座谈会,茅盾在会议开始和结束都讲了话。秦兆阳讲了修改经过并做了检讨。王蒙也两次发言,对编辑提出了希望。据参会的我的老领导严文井、韦君宜、李曙光讲,王蒙发言时希望编辑同志在处理稿子时,多几分社会主义同志态度,少几分商人气、江湖气。多年后,秦兆阳忆起王蒙的那个发言,仍有些不解和怨气。

写到这里,我想起李国文老师曾对我讲过的一件事。20 世纪 70 年代,兆阳老师从广西调回北京,一些文学界的朋友聚会,兆阳老师特地讲了,他因为修改了王蒙的《组织部新来的年轻人》而使之受了无妄之灾,他发了李国文的《改选》,几乎毁掉了人家的一生,这是他最为痛心和歉疚的事情。听到这番话,历经了二十二年苦难的李国文,竟流下了眼泪。

秦兆阳去世后,我在《光明日报》读到了一篇国文老师纪念秦兆阳的文章,其中就提到了此事。王蒙是否写了纪念文章,我不清楚,《编辑大家秦兆阳》(人民文学出版社出版)纪念集,也没有收录王蒙的纪念文章。这让人大抵摸清王蒙对这一公案的态度。

尽管毛主席对王蒙有正面评价,但王蒙并未化险为夷、遇难呈祥,最终还是在 1958 年被错划为"右派"分子。

同一年,有"识"有"胆"的秦兆阳因推出了王蒙的《组织部新来的年轻人》、刘宾雁的《在桥梁工地上》及《本报内部消息》、李国文的《改选》等作品,又写了一篇批评文学公式化、概念化弊端的理论宏文《现实主义——广阔的道路》,与这些才华横溢、目光敏锐、独立思考、大胆探索的作家一起沦为"右派",被流放到广西长达二十年之久。

4

王蒙是 1979 年调回北京，任北京市文联专业作家的。我和时任《十月》的编辑，也是北京师范学院的学弟章仲锷，去看望了阔别十六年的王蒙先生。我告诉他，去年我读过他获全国优秀短篇小说奖的《最宝贵的》，感觉很亲切。

王蒙比当助教时略显胖了，也强壮些，脸上的微笑也更轻松自然。我留意到，他身上的穿着很干净得体。记得十六年前，他的那套灰色西装渐渐变得油渍麻花，有时一抬手，会有毛线从袖子秃噜出来，劳动后躺在炕头，跷起的脚上的袜子破得露出白白的脚后跟。我知道，那是对命运不公的一种抗争，或道家的虚静、恬淡而坦然是他生命的基色。用我们学生的话，那是一种保护自己的绝顶聪明。

王蒙频繁搬家，不妨碍我不断到他的新居去看他。但从 1985 年到 1989 年间，他先后当了中央委员、文化部长后，我一次都没再登门拜访。

1985 年，中国作协第七届全国优秀小说奖，在南京举行颁奖大会，我责编的《麦客》获奖，我也因获得责任编辑奖而应邀到南京。王蒙作为作协负责人，与葛洛等到会，主持大会并讲话。王蒙因才学而超脱，因超脱而幽默，在他讲话时，顺便也幽了我一默。《麦客》是七家文学期刊（包括王蒙任主编的《人民文学》）的退稿，我把它发在了《当代》。对此，王蒙在会上笑着打哈哈："兆骞，邵振国（《麦客》作者）给你送什么礼，你才发表了他的《麦客》？"他以这样的幽默方式夸他的学生，振国大笑，我也大笑，大家都笑。会后，我们师生二人合影留念，如同当年我们一起劳动时，在果林里谈笑那般亲切自然。但我知道，王蒙已是党的要员，师生关系已赋予了更多东西，远离是我的选择。不去攀附，不等于不关注，我关注的是作家王蒙。

"五七"历劫归来的王蒙，在历史反思与文化反思的视角中，自有他特定的、不同的艺术追求，体现出他情感的特质和流向，以及审美把握方式和他独

141

特的生活经历之间的联系。他重回北京后的创作，探索是多方面的，既有继承文学民族传统——对诗意的追求，又借鉴西方现代派特征并做了中国化和个人化改造的——富于哲理，形成了王蒙小说的独特艺术气质和特性。

很早以前，陆文夫就说过，王蒙是一个诗人。20世纪90年代后期，《中篇小说选刊》开完颁奖会之后，我组织了一次福建省冠豸山笔会，邀请了陆文夫、王旭峰、周梅森等作家老友。游山玩水间，我与陆文夫谈到王蒙的创作。陆文夫说，王蒙的《蝴蝶》以一位老干部回忆为背景，对历史和个人命运做了心灵上的总结。王蒙还将"庄生化蝶"的故事，引入小说，既寓含历史的迷惑，又包蕴梦醒后的复归。不具有诗人的禀赋，何以有小说中的自由联想，时空交叉，情感跳跃？我深以为然。

我喜欢王蒙发表于1986年的"新大陆人系列"小说。这五篇系列小说，是王蒙以传统现实主义创作的作品。它们都有实实在在的历史和地域背景，有具体的时代生活的描绘，有与时代息息相关的人物性格，不仅表现了对历史沉重的反思，又有了对人生秘密的探寻，形成了沉郁而庄重的内核。同年发表的《名医梁有志传奇》让人读出了王蒙创作的复杂性：他笔下的人物既有人生的被动与无奈，又有人生不变的信念和不懈的追求。我把梁有志视为王蒙自己的写照，他有过早春阳光大道的喜悦，有过真诚却被误解的困惑，有过被戴上"右派"帽子的屈辱和痛苦，不泯的是他对革命事业的忠诚。

王蒙的长篇处女作《青春万岁》，1953年动笔，1956年定稿，"先是打入冷宫近四分之一个世纪，1979年后才出了书"（王蒙语）。《青春万岁》写的是20世纪50年代初期北京中学生的学习生活，刻画了郑波等一批中学生形象，小说洋溢着时代的激情和青春活力。

这部小说早在1956年就投给中国青年出版社，清样打出，却几次搁浅，到了1979年才由人民文学出版社出版。那时王蒙已四十五岁，而我也快到不惑之年。经过"文化大革命"的淬砺，再读《青春万岁》，早无感动，只剩唏嘘。

倒是王蒙当了文化部长后，于1986年出版的长篇小说《活动变人形》，博得文坛一片喝彩之声。这部小说以独特的艺术眼光和发现，从微观的性格剖析发展到一种宏观的文化的讽刺。我们发现，王蒙对中国传统知识分子的弱点和心理结构的开掘，已进入了新的层次，创造了倪吾诚"这一个"充满艺术魅力的典型形象。

5

生活充满戏剧性。命是生命，也是命运。

我从北京师范学院毕业后，当了几年教师，并为教育局编《读与写》报。在沈从文、严文井及北京教育局老局长韩作黎的关照下，我到人民文学出版社当了编辑。昔日的老师王蒙与我，成了作家与编辑的关系。国家级的人民文学出版社及其下属国家级大型文学期刊《当代》，给王蒙提供了与他相匹配的文学平台。于是，也就有了学生为老师服务的机会。

特别是他卸去文化部长之后，住到与我社对门的小四合院，那里成了我自由出入的地界儿。位于北小街口的那座小院，原是夏衍的府第，王蒙当了部长后，搬了进去，尽管那里离我工作的人民文学出版社只有五十步之遥，但我一次都没看望过部长。我自知卑微，无意与堂奥的官场有瓜葛。

当王蒙辞官，重回文学江湖之后，我常往王蒙家那有着柿子树、枣树的小院里跑，有一搭无一搭地与老师和早就熟稔的师母崔老师东拉西扯。或经常给要拜访王蒙的作家带路，或王蒙出了新书登门去讨要。我们都摘掉护身的铠甲，笑谈文学江湖的云谲波诡，戏说文化圈子里的逸闻趣事。红枣熟了吃枣，柿子熟了摘柿，时间久了，于言谈话语中，王蒙的写作计划就事先知晓，抢先弄到手，便有了责编他"季节系列"长篇小说的机缘。

1992 年，我社先出版了王蒙的长篇小说《恋爱的季节》，此作是继《夜的眼》《深的湖》《活动变人形》之后，再次聚集笔力，书写中国知识分子的命运史和心灵史。

从《恋爱的季节》中，我们读出王蒙回首历史时的沉重慨叹，这是他面对历史真实时内心世界中理性与感性的激烈冲突。与《青春万岁》不同，这里不存在驯顺归化主流意识形态，而是构成了对主流意识形态的一种叛逆，对文化专制主义进行批判。

当时我猜想，王蒙后面的"季节系列"，有可能突破生活表层现象，进入生活深层结构，去发现光明背后的阴影，去悲悯或同情无力主宰自我命运的知识分子的苦难命运，揭示他们人性的坚守和失落，很值得期待。这就是我紧紧盯死王蒙"季节系列"的原因。

幸运的是，我们收获了"季节系列"。1994年、1995年、1999年，我分别从王蒙手中依次拿到他的长篇小说《失态的季节》《蹉跎的季节》和《狂欢的季节》，分别发表在同年的《当代》上，又分别出版了单行本，又于2000年，将四部"季节系列"统一装帧，成套出版，我是责任编辑。

作为《当代》"季节系列"的责任编辑，我在审稿意见上做了这样的评价：

> 季节系列，以磅礴恢宏的气势、汪洋恣肆的文体与波诡云谲的笔触，呈现了那个漫长而特殊年代中与共和国一起经历了早春阳光大道，满怀真诚与热情的知识分子，长期遭受误解、凌辱，饱受种种精神磨难乃至肉体摧残的生活图景，或曰反映了知识分子的命运史、灵魂史。

> 曾因在文学上的真诚和大胆的思考，长期以来背负着沉重历史包袱，经受精神磨难的王蒙，以亲历者的身份，以"季节系列"投注自己对历史、社会、时代、人生的质疑和思考。小说在透视世道人心，特别在探索知识分子灵魂，直指人性深处方面，也做了有益的尝试。

> "季节系列"有明显的"自传"色彩，削弱了小说自由虚构的魅力和刻画人物的神韵。此外，王蒙排山倒海般的语言瀑布，毫无节制的"排比"，都影响了小说的艺术感染力。

多年后，再想起这篇审稿意见，真让我汗颜，无地自容。"季节系列"，原本就是文学化了的王蒙人生经历，"文学是一种特殊的记忆形式"（王蒙），王蒙准确把握了钱文与王蒙的"似与不似"，才使钱文成为既熟悉而又陌生的"这一个",成为堪称典型的文学人物。

关于王蒙一直放不下"文以载道"的是与非,难以说得明白,但他小说里戏谑性巧智的风格,怕不能视为轻松,该是一种沉重。他那排山倒海般的情感和文字的宣泄,难道不是一种价值失落后的叹惋,又何尝不是他们这代人令人动容的文化乡愁呢?

时任《当代》主编何启治的终审意见是:"总体上赞同汪兆骞同志对《狂欢的季节》的评价。"但编辑部对《狂欢的季节》有不同声音。对此,编辑部于10月16日召开会议,专门研究此事。会上不少同人以其"自传"体,缺乏小说艺术魅力,已发表的"季节系列"前两部并无多大影响为由,反对发表。还有人提出写"文化大革命"犯忌,还是小心为好。

我一再陈述《狂欢的季节》的文学叙事以"文化大革命"悲剧为背景。"狂欢",是以喜剧形式再现真正的悲剧。"自传"色彩虽削弱文学的虚构想象的艺术力量,但"经验世界"是王蒙小说独辟蹊径的一种艺术特色。王蒙独特的人生经历本身,赋予其创作的深度和广度,构成真实而又宏阔的境界。至于"文化大革命",只是背景,既未正面去写,也未涉及上层,此类作品颇多,不足为虑。但我无法"力排众议",未能说服众人。主编于10月25日在终审意见中写道:"小说对'文化大革命'的发动者、主持者毛泽东有一定的理解、谅解,也多有讥讽、调侃、挖苦一类的语言……由责编摘出疑问较大者,请作者考虑作一定的删改……为刊物和读者考虑,似可以照顾市场为由征得作者同意后,在《当代》明年二期节选刊发《狂欢的季节》的基本部分,有兴趣的读者可以去看书。当否,请社长、总编辑斟酌。"(《文学编辑四十年》)

主编的意见已比一些同人几乎全盘否定的态度,算是很大度宽容了,但要作者"作一定的删改",并只发"基本部分",且推到下年二期,即2000年4月发表,我不敢苟同,也难以从命。

情急之下,我只能再搏一次,于是找到社长聂震宁,向他重述了我对《狂欢的季节》的意见。作为作家的聂震宁,刚调人民文学出版社不久,正是我带他去拜访王蒙的。他微笑着听完我的陈述,然后极精辟地阐述了他对《狂欢的季节》的意见。他认为王蒙的"季节系列"的可贵之处,在于他不像其他同龄作家那样简单地提出问题，而是善于领悟生活对艺术的启示，善于把生活与艺术形式、表现手法上的多方面尝试结合起来，开风气之先，探索生活，探索人的精神世界，确立了他的小说在新时期文学中的重要位置。

聂震宁对王蒙"季节系列"小说的积极评价，让我并不惊奇，因为他原本就是一位很优秀的作家。让我惊讶的是，他让我到财务室，给王蒙预支五万元稿费，立刻送到王蒙家里，并说，《狂欢的季节》就发在1999年第六期《当代》上。根据编辑部分工，《当代》的二、四、六期，由我具体负责。困扰我多日的难题，就这样迎刃而解。

10月底的北京，虽然略有凉意，却天高气爽。我到刚刚度过生日的王蒙的家里，把支票交给王蒙，他有些奇怪，笑曰，贵社从没有预付稿酬的恩典哪，这不是天上掉馅儿饼吗？我说，雪花银子拿到手，还说怪话，你就偷着乐吧。直到今天，我从未将《狂欢的季节》这段曲折经历告诉过王蒙，也从未向外界透露。出门时，崔老师送我，指着柿树上黄黄的盖柿子说："熟了，不摘鸟就吃了。"我得令般立刻搬梯子摘了几个。甜中有涩。

6

作为学生，我得讲讲1995年，我与王蒙等一起给王景山老师过寿诞的事。春节刚过不久，是王景山七十大寿。王蒙先生通知我到王景山家给老爷子祝寿。

那天，除王蒙外，首都师范大学来了几位我们都认识的教师，还有我的同窗冯立三。我家与王景山老师小洋宜宾的家不远，也算经常走动。而我当年读大学时的那几位老师，却难得一见，阔别三十年之后重逢，满头青丝已变得花白，岁月沧桑也写在脸上，执手相对，无限感慨。大家都说，唯当年那个沉默寡言、小心处世、才华横溢，现已年过花甲的王蒙，依然精力充沛、意气风发。人生的沉浮，炼狱的磨砺，让他有了大智慧、大成就。

与我很要好的同事，姑且隐去姓名，曾在他1997年出版的一本书里，对昔日"文坛领袖"王蒙，有这样的一段论述："可惜今天对于王蒙，已经很冷清……对于登上高峰者，走下坡路是人生的必然，失落和冷清是先前红火后必然要付出的代价，以为自己仍然红火而实际已经冷清的尴尬也是过渡阶段的难免……廉颇老矣，尚能饭否？"他们主张《当代》不要发表"季节系列"，不足为奇，合乎他们的逻辑。我的这些同事，比我年轻许多，有很好的学养，具有超群的审美力和鉴赏力，推出过邓贤等一批有成就的作家。他们又有通俗的智慧，有卡耐基的味道，可惜有时"逸辞过壮，则与事相违"。

不错，王蒙老了，这是自然法则使然，但英雄尚未迟暮，他仍然笔耕不辍，晚年对《红楼梦》《庄子》《老子》的研究，如同他的小说，同样成就斐然。文坛的评论者，有一些人总是瞠乎作家之后，发出相互矛盾的断语。比较起来，我的同事对王蒙判断还算客气。有人嘲讽王蒙是现代派的风筝；有人说王蒙是停留在 20 世纪 50 年代的古典；有人说王蒙是老奸巨猾，脸一阔就变脸的党官；有人说王蒙永远是少年布尔什维克；有人说王蒙是儒，是老庄……王蒙却说，"你永远不会像我一样知道王蒙是谁"，还真有点老庄的禅机，又有现代的黑色幽默。

王蒙作为中国当代文学的见证者、亲历者和建设者，他所创造的艺术世界，是当代文学万花园中的一方亮丽风景，其中的潮起潮落、新陈代谢，无不深刻地反映出当代文学思潮的发展，以及不同时期中国社会的文化心理。他的成就，无人能撼动。

王蒙题赠我的《王蒙自述：我的人生哲学》中，有这样的话，值得玩味：

"王蒙老矣，尚能饭也，能酒也，能吟咏也，能哭能笑也。

"有道是'天机不可泄露'，有道是'只可意会，不可言传'……是的，人生哲学，这是天机，这是石破天惊的感悟，这是'绝密'，这是头破血流的代价换来的一点明白。岂可得道哉！岂可用言语述之！"

不弃不执，心怀坦诚，不失良知，这就是王蒙先生。

东风知我欲山行

——获茅盾文学奖，又摘诺贝尔文学奖桂冠的莫言莫言获诺贝尔文学奖的话题，至今仍在沸沸扬扬。作为人学的文学，检验其高下的唯一标准，就在其对人性探究的层度。从《透明的红萝卜》《红高粱》到《蛙》，莫言几乎所有作品都在冷静甚至冷酷地思考有关人性、兽性与奴性的关系，并挖掘其根源。三十多年来，莫言以极热忱和清醒的姿态，坚持不懈地拷问故乡土地亦即中国农村现实，同时也拷问自己的灵魂。

他创作了十多部长篇小说，一百多部中短篇小说，大量的散文随笔。这五百万字的内容，涉及中国各种社会形态，塑造出了形态各异的陌生的"这一个"人物形象，让读者认识人类之恶、自我之丑，认识到难以克服的弱点和病态的悲惨命运，构成他要追求的对人生解剖后的真正、深厚的悲悯。

真正了解莫言，只有在认真阅读他的作品之后。2013年12月8日，在北京举行的"莫言：全球视野与本土经验"学术研讨会上，学者纷纷充分肯定了莫言的文学成就。张炯总述了莫言创作的三个向度：一是世界文化的视野，二是中国近现代及当代的历史变革，三是民族文化精神及民族文学艺术。对莫言鲜活饱满的艺术感觉和艺术想象，给予了高度赞扬。并提出在多学科、多方法的交叉透视下，莫言的文学道路与文学经验还应在更广阔的世界文学的比较中，去深入认识。白烨对莫言独特艺术风格的形成以及莫言的创作经验进行了解析，盛赞了莫言小说的人性深度和持续反思精神、历史与个人的互动关系、感觉的丰沛性、语言的粗粝性与形式相得益彰，立足本土而超越本土的普世价值与格局。樊星将莫言小说中所表现的中国农民的酒神精神与新文学以来的国民性主题联系起来，认为莫言小说（《红高粱》）弘扬了中华民族刻苦耐劳、酷爱自由、富于革命的精神，在这一点上，莫言的贡献是无可取代的。（详情可见《"莫言：全球视野与本土经验"学术研讨会综述》。）

1

知道莫言，是 20 世纪 80 年代初。一次，我到保定开会，当地文联的朋友赠我一本他们主办的《莲池》杂志。上面有一篇短篇小说《民间音乐》，作者叫莫言，朋友说，莫言的小说处女作《春夜雨霏霏》就发表在《莲池》上。当夜，我草草翻阅了一下，只觉得很会营造艺术氛围，并没有太在意。回京半个月之后，收到老朋友鲍昌（后成为中国作家协会书记处书记）从天津寄来的一份《天津日报》，特别推荐其报上孙犁先生写的一篇关于《民间音乐》的短评。文章说："小说的写法，有些欧化，基本还是现实主义的。主题有些艺术至上的味道。小说的气氛，还是不同一般的，小瞎子（小说人物）的形象，有些飘飘欲仙的空灵之感。"读罢此文，我暗暗为自己的不认真而羞愧的同时，记住了莫言的名字。

到了 1985 年春，我的好朋友、《中国作家》的萧立军，在一次友人聚会时，兴冲冲地告诉我，第二期《中国作家》将发表他责编的莫言的中篇小说《透明的红萝卜》。小萧说，该小说是解放军艺术学院文学系主任、著名军旅作家徐怀中亲自推荐给《中国作家》的。小萧这样评价《透明的红萝卜》：最突出的特点，是意在"感觉"而非性格刻画。小说移植了莫言的童年经验。莫言十二三岁时，曾在当地一个桥梁工地上当过童工，白天打铁，晚上睡在桥洞里。洞外是一片黄麻地，再往外是萝卜地。饥饿的莫言，挨不住饥肠辘辘，偷了生产队的萝卜，被抓住后，哭着向毛主席像认错请罪。

读了《透明的红萝卜》，我看到一个中国文学中绝对罕见的儿童艺术形象——黑孩。小说通过黑孩，概括了历代农民的命运。诚如文学批评家陈晓明所说："叙述者伪装成孩子、疯子、傻子的视角，是为了看到理性世界控制的另外一面。"这篇小说不以情节取胜，也不倚重于社会问题的重大和矛盾冲突的尖锐，而是以蕴藉深厚、丰盈、常态与变态，夸张变形的艺术细节，以及石破天惊的场面摄人心魄，让人久久咀嚼，回味沉吟。特别是小说描写孤苦无依的黑孩，在后母的虐待和社会冷漠熬出的对苦难的非凡的忍受力和在苦难中撞击出的美丽幻觉的毁灭，让我不忍卒读，唏嘘感叹。

但是，黑孩如柔韧的野草，并不是个简单化的孩子，他的内心世界丰富复杂。他以冷漠对待世人的冷漠，与自然却保持着一种超乎寻常的密切和亲和力。显然，这种对黑孩人世荒凉的移位补偿，使作品笼罩一种荒枯、悲凉又透出一点暖意的精神氛围。

黑孩又是有神秘色彩的精灵，小说有意把他忍受苦难的痛苦状态弱化，而强化他忍受苦难的内心力量。这既宣泄了作者的孤愤，又使作品不会陷入通常见到的摹写生活表面形态的弊病。

《透明的红萝卜》发表前，小萧建议《中国作家》领导，组织了两次研讨会。第一次别开生面，把研讨会搬到当时莫言就读的军艺学生宿舍。文学系主任徐怀中、莫言等几个人参加。虽然莫言不善辞令，但小型研讨会开得颇为热闹，最后徐怀中做了肯定的总结。第二次座谈会在华侨饭店举行。作家、评论家汪曾祺、雷达、李陀、史铁生、曾镇南等到会，我也受邀参加。会议由《中国作家》负责人、老作家冯牧主持。当时很前卫的评论家李陀充分肯定《透明的红萝卜》。会上也有不同声音，冯牧见史铁生等沉默不语，沉不住气了，就说："史铁生你怎么老不说话？"史铁生只好发言，但他一张口就说《透明的红萝卜》有宗教意识，又讲宗教对文学的重要性。此话一出，举座皆惊。因为那时讲宗教乃异端邪说。弄得冯牧哭笑不得。我早在"文化大革命"后期就认识史铁生，当时我和崇文区文化馆的母国政等合办过内部文学期刊《春雨》，曾发表过史铁生的小说处女作《教授之死》，并把他抬上珠市口处过街楼进行座谈。

就在《透明的红萝卜》研讨会前，我还到他在雍和宫附近的小屋里去拜访过史铁生。他高度评价了莫言《透明的红萝卜》的夸张变形、魔幻象征等文学手段，他是很有文学鉴赏力的作家。

莫言是1984年准备报考军艺的，但等他兴冲冲从北京延庆部队赶到军艺时，被告知报名工作已经结束。他把在《莲池》上发表的《民间音乐》和另一篇《售棉大道》交给接待他的刘毅然后，就默默走了。当时刘毅然在军艺当教学秘书，协助徐怀中招生。后来刘毅然因发表小说《摇滚青年》早于莫言为大众熟悉。我曾在《当代》编发过他的作品，又几次去军艺做讲座，与刘毅然以及后来当了文学系主任的黄献国、朱向前成了朋友。

莫言是军艺文学系的第一届学员。班里共有三十五位同窗。比起因写《高山下的花环》而获全国1981—1982年度优秀中篇小说奖的李存葆、获全国报告文学奖的《唐山大地震》的作者钱钢，莫言在班里默默无闻。但有一次，在其已在全国炙手可热的同学李存葆在解放军艺术学院文学系召开的其作品的研讨会上，专家们几乎都唱赞歌的时候，一向沉默寡言的莫言，突然发言道，看了李存葆的《高山下的花环》后，闻到了"一种连队小报油墨的芳香"。此言一出，举座皆惊。一阵鸦雀无声之后，众人开始对这位名不见经传的小人物进行反驳。这让莫言的自尊心受到挑战，催生了他的成名作《透明的红萝卜》。莫言以此对《高山下的花环》式的文学叙述，进行了颠覆性的回答。

徐怀中格外看好"在班里眼睛老睁不开的那个"莫言，极力向同学推荐他的《民间音乐》。莫言上课永远坐在教室的一个角落，不太发言，也不怎么参与讨论，却从不会缺课。由于班里人才济济，全国有影响的报刊、出版社来索稿、约稿的编辑，几乎踏破文学系宿舍门槛。莫言埋头写作，不为所动。还是系主任徐怀中挂记着弟子，找到莫言，让他别再把作品投给没影响力的地区小刊了，要鲤鱼跳龙门，投给高水准的文学期刊。得知莫言手头有刚写完的《金色的红萝卜》，拿来一看，十分高兴，改名为"透明的红萝卜"，亲自推荐给《中国作家》。

《透明的红萝卜》在《中国作家》发表后，引起文坛的关注。后来，他回忆这段时光时说："这篇小说实际使我信心大增，野心大增，使我意识到原来这就是小说。"

2

《透明的红萝卜》横空出世，让文坛认识了莫言，更激发了他的创作热情。一次，我去军艺找已大红大紫的李存葆聊天，他准备请我和天津《小说家》的编辑去他山东老家走走。吃完饭，刘毅然拉我到莫言的宿舍去玩。走进莫言十分零乱的宿舍，浓烈的烟草味十分呛人。只见几个学员在那里吞云吐雾，聊得正欢，见我们来，忙让座，拉我们参与神侃。聊了一会儿，我才发现那个对我们到来全然不知，一直背朝我们，埋头在桌上写东西的是莫言。走出莫言宿舍，刘毅然说，莫言就是这样，每天坚持写作，一天能弄出一万字，而且手稿工整清洁，很少涂改，都是一气呵成的。在电脑时代到来之前，莫言的写作速度，让人惊叹。

莫言说，那时他的作品，"很快就出来一批，像《爆炸》《筑路》《秋水》《三匹马》《白狗秋千架》《老枪》，都是这个时期写的"。他在1985年第八期《北京文学》发表的《枯河》，与《透明的红萝卜》一脉相承，忧愤更深广，笔墨更凝重。《枯河》写的是一个孩子小虎的悲剧。小虎上树折树杈，惨遭"紫红色的脸"的大队书记毒打以及其妻"穿花袄的女人"嘲弄后，愤而自杀。其过程极为细腻，气氛悲哀，笔调冷阴，字字如血。这是继《透明的红萝卜》之后的又一力作。

而由《红高粱》始，继以《高粱酒》《狗道》《高粱殡》《奇死》五个中篇组成的洋洋三十万字的"红高粱系列"小说，不仅映红了当代文坛，也给莫言带来了极大的声誉。

"红高粱系列"小说开创了我国革命战争题材作品的全新气象，真实、别开生面地书写历史。小说以高密农民自发组成抗日武装，开展传奇抗战斗争为背景，展示了战争血流盈野、战火冲天，仇恨与爱恋交织喘息，兽性与人性撕搏长啸的悲壮历史画卷。莫言把探索历史的灵魂与探索中国农民的灵魂紧紧结合，互为表里。

小说塑造了余占鳌（爷爷）、戴凤莲（奶奶）、罗汉、恋儿、黑眼、花脖子、豆官等众多鲜活的人物。他们在血与火燃烧的特殊时期的特殊的斗争生活，在灵与肉、生与死、本能与道德的大撞击、大冲突中辗转挣扎、奋斗奔突，表现了我们民族的生命活力、民族的魂魄和历史精神。

莫言的《红高粱》于1986年春发表在《人民文学》杂志上。

《红高粱》的发表，还有一个小波澜。莫言的《爆炸》发表后，新时期文学有了新的走向，韩少功提出寻根"口号"，于是他自己写了《爸爸爸》，贾平凹始写商州系列，李杭育写了葛川江系列，并在我就职的《当代》发表了有影响的《最后一个渔佬》。莫言受到启发，有了由意象转向传奇的兴趣，想写自己家乡高密东北乡的神话。正巧这时《人民文学》的编辑朱伟（现任《三联生活周刊》主编）找莫言组稿，得知这一信息，当即向莫言"订货"（朱伟语）。谁知莫言动笔后，朱伟再去拜访莫言，问起进度，莫言说，刚写完，被《十月》的章仲锷拿走了。朱伟急了，我们事先已说好，怎么给了他呢？莫言说，他来了，想看看稿子，我就拿给他。他坐在那儿一口气读完，就一定要拿走。他那么好的人，我实在没办法。

年轻的朱伟有才气又有能力，怎么甘心早就"订货"的东西被别人抢走，就让莫言立刻给章仲锷打电话，"态度必须明确"地要回稿子。厚道的莫言就给老章打了索回稿子的电话。朱伟接过电话说："老章，你是前辈，这稿子是莫言说好给《人民文学》的，你怎么能不讲道德就把稿子拿走了呢？如果文学界都这样，那还有信义吗？你马上把稿子给我退回来！"

一年之后，我的这位大学校友章仲锷调到《当代》杂志，我们又成了同事。我曾问过他"抢"《红高粱》的事，他淡淡一笑，说，接了朱伟的电话之后，他第二天就把《红高粱》寄给朱伟了。出版界、文学界都是名利场，竞争激烈，抢稿的恶性事件屡见不鲜。能像朱伟与章仲锷这样理性处理的，实不多见。

张艺谋把《红高粱》搬上银幕，把莫言符号播向世界，莫言的小说也走上了世界文坛。而《红高粱》的责任编辑朱伟，正是电影《红高粱》剧本的编剧之一。另一位编剧是现已过世的影协研究室的陈剑雨。一开始，电影的片名叫"九九杀青口"，突出传奇背后的神秘性。后片名重回到"红高粱"。莫言成了炙手可热的作家。

3

《红高粱》之后，莫言又在《人民文学》1987年一、二期合刊上，发表中篇小说《欢乐》。

有人说，莫言的小说在作家群里，是最没有禁忌的，想怎么写就怎么写，松弛到如入无人之境。有人说，莫言之所以这样没有禁忌，是因为他身后有徐怀中这棵大树庇护他。徐怀中在莫言从军艺毕业后，升任到总政文化部副部长、部长，一直关怀着莫言的创作。有了这棵大树，莫言何惧什么禁忌。这种说法，有点似是而非。我倒觉得，好的作家永远不肆无忌惮，他会以个人的独特风格遵循艺术规律。如果我们真的不断深化创作自由，扩大它的内涵和外延，而不被人随意性地解释，以至把它限制到极其狭窄的天地里，莫言和其他作家或可成为世界级大师。

七万字的《欢乐》，一改红高粱系列第一人称"我"，变成第二人称"你"。"你"就是一个二十来岁，在贫困农家的咒骂中长大，几度落考，没有自尊者。通过"你"，小说写出一个农村孩子要挣脱那种生存环境而无助的悲哀。《欢乐》中，没了高密美丽的田野、诗意的风情、血性的农民，只有凝固血泪的辣椒、破皮球一样的乳房。莫言为我们呈现了烙印着仇恨与哀凉的农村，并颠覆了虚伪的人性的美好，用"欢乐"来写土地上生存的农民的悲痛，大胆独特，又寓意深刻。

刊发莫言的《欢乐》那一、二期合刊的《人民文学》，原主编王蒙高就文化部长，接替王蒙当主编的是刘心武，他上任伊始就意气风发地亲自撰写了名为"更自由地扇动文学的翅膀"的刊首语。心武是新时期文学的有影响的作家，他的《班主任》开新时期文学之先河，他发在我们《当代》的长篇小说《钟鼓楼》获第二届茅盾文学奖。由他主政《人民文学》，实至名归。谁料，心武出师不利，这期以《欢乐》为小说头条的《人民文学》，被"收回销毁"。主编刘心武停职检查。被说成"想怎么写就怎么写"的莫言之"《欢乐》，也成了反'资产阶级自由化'的批判对象"（朱伟语）。

后来，作家余华写了《谁是我们共同的母亲》，文章说，莫言对事物赤裸裸的描写激怒了那些批判者，而他因为这篇小说中的母亲形象流下了眼泪。余华的文章代表了作家的良知和道义。

莫言照旧以鲜明的个性，用残酷的方式揭示残酷的现实和人性。过了七年，莫言在云南刚诞生不久的大型文学期刊《大家》上，分两期给读者奉献了他的长篇小说《丰乳肥臀》。

莫言很中意自己的《丰乳肥臀》，他在回答日本汉学家吉田富夫的提问时说："在我二十年的创作过程中，写下了将近四百万字的作品，《丰乳肥臀》集中表达了我对历史、乡土、生命等古老问题的看法。《丰乳肥臀》是我文学殿堂里最沉重的一块基石，一旦抽掉这块基石，整个殿堂就会倒塌。"

莫言曾在许多场合说起过创作这篇小说的缘起，我是在一次作家朋友的饭局上，听喝了几杯酒的莫言说的。

一次在街上，他无意间见一农村人模样的妇女，坐在台阶上，抱着双胞胎给他们喂奶，一边一个婴儿叼着奶头吸吮。一抹夕阳照在母子三人身上，那景况庄严又凄凉。于是，围绕着生殖、哺乳，把母亲、土地、家国这些文学主题关联起来的大书，在他头脑里不断发酵。就在莫言失去了母亲不久，他一头扎在高密东北乡，写了三个月，《丰乳肥臀》呱呱落地。在莫言差两章就收工的时候，云南的先锋文学期刊《大家》从作家出版社得到信息，预订了此作。我去云南开会，《大家》主编李巍知道我是遵守编辑道义的人，又将此信息告诉我。其实，文坛就那么大，在《大家》并不顺利地组稿那会儿，我就知其来龙去脉了。

《大家》分两期发表莫言五十万字《丰乳肥臀》。我一直以为，《大家》勇敢地推出《丰乳肥臀》，展示了《大家》的见识和气度。不久，《丰乳肥臀》不出所料地又在文坛引起轩然大波。一封封告状信，从全国各地层层往上递，一篇篇文学批评的调门越来越高，其批判远远超出文学圈子和文学范畴。

当对《丰乳肥臀》的批判从文学批评转向不少干休所专门办的小报口诛笔伐时，莫言不得不在单位写检查，还按单位要求，通报出版社不再加印《丰乳肥臀》。此次风波之后，莫言从部队转业到一家报社。据说，其责任编辑也被调离了《大家》杂志。

意味深长的是，不久，《大家》在举办第一届"大家文学奖"时，邀请全国知名作家和重要评论家为评委，竟将"大家文学奖"及当时视为巨款的十万元奖金，颁给了命运多舛、"备受争议"的《丰乳肥臀》。

悲乎？喜乎？莫言只顾埋头写作，继《丰乳肥臀》之后，创作了《红树林》《檀香刑》《四十一炮》《生死疲劳》《蛙》等长篇小说，其中《蛙》获茅盾文学奖。

第八十七届诺贝尔文学奖得主、日本的大江健三郎，读过《丰乳肥臀》。早在1994年，大江健三郎在获诺贝尔文学奖后，在斯德哥尔摩的金色大厅发表获奖演说时，特别提及中国作家郑义（《老井》的作者）和莫言。

2002年，他专程到中国采访过莫言后表示："如果继我之后还有亚洲作家获得诺贝尔文学奖的话，我看好莫言。"此话引起瑞典及世界的重视，不久，莫言的作品陆续被翻译成不少国家的语言出版，其书的封四，大都印有大江健三郎的上述表达。

十年之后，大江健三郎的预言变成现实，莫言终于戴上诺奖桂冠。然而，莫言获此殊荣，总是让人心头别有滋味。请注意，瑞典文学院给莫言的颁奖词："将魔幻现实主义与民间故事、历史与当代社会融合一体。"魔幻现实主义生长在南美洲那块土地上，世界各国作家纷纷效仿，本无可指责，但文学的多元格局下，魔幻现实主义更适用于拉美作家。借鉴本身就带有模仿性。莫言生长的土地，出现过大量当地的文化形式，如诞生过记录神怪人物的笔记小说《聊斋志异》，可与魔幻现实主义相媲美。如果莫言更多地吸纳这些中国文学传统的元素，也许会创造出更具中国气派的文学巨著。

4

　　如前所述，我知道莫言很早，他的作品几乎都读过，读后总会给我以震撼。20 世纪 80 年代初，一次到我的大学同窗、时在《光明日报》文艺部工作（后又担任《小说选刊》主编）的冯立三家闲扯，他就向我推荐过莫言。莫言的《枯河》《透明的红萝卜》等小说发表伊始，又去立三家，与他再次谈到莫言。他特意为莫言的这两篇小说写了一篇题为"为了告别那个荒凉的世界"的评论。文章高度赞赏了莫言并寄予厚望，最后，他写道："莫言有二十年的故乡生活积累，有对故乡人民的深厚感情，有出众的才华和充沛的精力，又适逢一个政治清明的历史时期，凡此，都将保证他未来的更大的成功。"我深以为是。

　　那时候，考虑期刊的办刊宗旨，加上老领导谨慎再谨慎的择稿态度，我一直纠结于向不向莫言组稿。后来，《欢乐》的风波一起，我更不敢启齿向莫言索稿。明知是心仪的好作品，却屡与之失之交臂，我曾向刘毅然倾诉过这种苦痛。但无论如何，曾推出过全国一半以上获茅盾文学奖作品的《当代》，竟然未发表一篇获诺贝尔文学奖作家的作品，起码不是一件光彩之事。

　　莫言对我一直很尊敬、大度。大约是我从《当代》退休后的 2003 年冬季，在京举行一次全国性有百人参加的作品研讨会，长者为尊，他们推举我主持会议。会议间，作家强烈要求与著名作家见见面，聆听他们的文学创作之道。于是我请了梁晓声、张抗抗、莫言等作家到会做讲座。

　　晓声、抗抗与我熟稔，是我的好朋友，经常晤面，而与莫言多是在一些会议上谋面。那天，我给他打了电话，希望他拨冗与各地作家见见面。他二话没说，欣然到会。在接他的路上，他向会议的组织者说：汪老师从未求我办过任何事，他让我做的事，一定遵命去办。听者将此话转述给我时，我的心很温暖。

　　莫言的《丰乳肥臀》增补修订版由中国工人出版社于 2003 年印出后，他即签名赠我。

最终圆了我为莫言编稿之梦，是 2012 年。中国文史出版社请我为他们主编一套"当代著名作家美文书系"。我选了蒋子龙及茅盾文学奖获得者周大新、陈忠实和莫言等。找莫言时，正是他获得诺贝尔文学奖前的那段时期，他已无暇亲自动手编这部散文随笔集了。他说，请汪老师代劳、替我编选并起书名吧。我答应了。

我跑了几家书店，购回多种各家出版社编辑出版的莫言散文集，从中选了五十四篇作品，分成两辑，以其中一篇散文《聆听宇宙的歌唱》作为书名。

十分巧合的是，此书出版之时，正是诺奖公布莫言获奖之日。

在举国争读莫言作品的热潮一浪高一浪的风头，我主编的这套丛书中的《聆听宇宙的歌唱》，全国大销，几度断档，并且获国家图书大奖。

一生错过为莫言编辑并推出作品，为他的创作捧一把薪火的机会，而在晚年仅仅为他敲敲边鼓，作为一名编辑，我的心情颇为复杂。

2019 年初，我出版了一部评诺贝尔文学奖的书，四十六万字，名为"文学即人学：诺贝尔文学奖百年群星闪耀时"，对自 1901 年至 2017 年所获诺奖的一百一十四位作家做了点评，其中第一百零五届诺奖得主、中国作家莫言，也在其中。书中说：

> 自本届诺贝尔文学奖颁给中国作家莫言，海内外至今仍议论纷纷，特别是在中国，看法不同，褒贬对立。除有些议论纯属政治和道德游戏，有不同看法，本属正常。但不可回避的是，在热闹的议论中，莫言研究已成为当下的显学。

时来天地皆同力

——严肃作家王朔

20 世纪 80 年代，改革开放后的中国，巨大的活力与普遍的堕落同时出现，一个被物欲驱使的几近疯狂的时代，首先在都市拉开了大幕。城市的文化情绪、文化表达也透露出新的气息。中国的社会生活本身发生了重组。

　　对这重组的态势用文学做了最直接的表达者，便是王朔。他对时代特质的把握，他用最地道的社会意识写作，为文学提供了一种新的社会视角和一种新的社会心态，其价值远远超越了同时期醉心于借鉴世界文学精神和技法的作家，而使他成为当时不可多得的一位严肃作家。其作品造成的轰动影响，文坛群雄难以望其项背。

1

严肃作家王朔，曾受到最不严肃的对待。

有人看不惯王朔以对知识分子"精英文化"的激烈亵渎者的姿态，堂而皇之登上文坛。有人不赞同王朔对一切传统精神内涵予以肆无忌惮的嘲讽：既不相信"文以载道"，也不相信"为艺术而艺术"。有人愤怒于王朔把"经国之大业，不朽之盛事"的文学，当成码字为生的普通职业，变为"游戏人生"的把戏。有人指责王朔拒绝崇高、解构英雄主义，淡化道德责任，消解宏大话语等对主流意识的反叛。

客气一点儿的说，他是"从纯情到邪恶"（《当代》编辑章仲锷语），不客气的，见王朔在小说中自称"玩的就是心跳""过把瘾就死"，就称其小说为"流氓文学"，称他为"痞子作家"。有趣的是，就在这些人喋喋不休、咬牙切齿，不时讨伐王朔之时，他的小说却愈加风靡全国，1988 年被称为"王朔年"。接下来几年，他的小说几乎全被改编成电影、电视剧，红火得让人目瞪口呆，遂有了王朔独步文坛影坛的别样风景。

王蒙在 20 世纪 90 年代初，站出来，公开为王朔撑腰，但还是只限于就"崇高"与"鄙俗"这一层面来谈。睿智的文坛领袖给王朔正名，一时传为佳话。可惜，王蒙并未意识到，读者对王朔的拥戴是属于社会学范畴的，只从文学趣味上找原因，怕很难中的。应该把王朔现象视为中国社会大变革，在文学当中引发的一个反应。王朔是在社会拥戴中登上文坛，成为"市民社会"的代言人。

恩格斯曾借用一位诗人的名言，深刻地道出"时代的性格，主要是青年的性格"。20 世纪 80 年代至 90 年代的文学代表人物，不再是刘心武，也不是王蒙，而是彻底和纯粹地立足于社会变革之中新的社会现实的王朔。这话有点绕，却实在。

2

新时期文学早期，文学的审美信念产生哗变，由追求崇高转向亵渎崇高。这是对"文化大革命"造神运动的一种反驳。在社会上掀起的破除迷信、反英雄化、反假大空式的崇高的浪潮时，文学也站了出来，积极参与消解、批判假崇高。

原本，崇高作为文学信念与审美范畴，既是文学的一种艺术主题，又是文学的一种功能与精神境界。但当极左的欺骗与虚伪充斥其中时，它必然走向了反面。转型时的文学在解构与亵渎崇高时，其艺术方式形成双水分流。一支用原生态的琐碎生活与充满折磨的生存处境来消解崇高；另一支用戏谑、调侃、嘲讽去解构崇高。前者如刘震云，他的小说以"一地鸡毛"式的生活琐事，磨蚀人的进取心消除了崇高；后者如王朔，用小说的人物语言，妙趣横生地直接嘲讽亵渎崇高。刘震云说："大家活着是挺累的，被琐碎的生活纠缠着，显得心力交瘁、疲惫不堪。"（《纠缠和被纠缠》）王朔说，"就想让老百姓做个梦玩"，"把生活中原本无意义的东西还原成无意义"。王朔在他的《我是王朔》中，曾批评过刘震云："刘震云给我一种特别刻薄的感觉。他把生活平庸化了，乘机他自己深刻起来。"在我看来，王朔的戏谑与调侃背后也不乏"刻薄"，把生活与艺术平庸化，哪里有深刻可言？实际上，王朔分明也在批评自己。

王朔看似是冷漠的、旁观的、超然的、恶谑的。但当你注意到他的小说对生活中的痛苦观察那么细致，对痛苦又格外敏感，以佯狂与佯谬的面貌示人，就会发现，其实他并非如他的人物所说："我不悲哀，乐着呢！"那样，这种拒绝承认痛苦的表白，正是王朔心里深藏着的痛苦。他是以否定一切虚伪价值来维系自我的尊严的。骨子里是复杂的，灵魂是丰富的。

对王朔小说之所以毁誉不一，不仅是因为他的小说呈现的生活现象纷杂斑驳，而更在于王朔的小说人物呈现的生活方式的玩世不恭及价值观念极为复杂。有些论者认为，王朔小说多是在玩和性这类本能欲望层面上，展示它的顽主系列形象。论者举《顽主》《一半是火焰，一半是海水》《玩的就是心跳》为例，批评说其中的主人公无不任性、轻浮、放纵、淫逸、贪婪、自私，口吐淫秽言语、奚落崇高和责任感、津津乐道的是女人，甚至以勾搭自己朋友的妻子为乐。他们是嬉皮士，是垮掉的一代，是一点正经都没有的"都市浪子""一群痞子"。

我曾与好朋友、评论家雷达探讨过上述对王朔的批评是否站得住脚。雷达对王朔的评价是清醒、审慎、深刻的。他首先认定王朔的小说的"全部意义在于，他比别人更敏感，更真实地表现了这个价值失范、无所适从的特定时空里一代都市人的紊乱的心理现实，以及他像个'撒野的孩子'（罗兰·巴特语）颠覆传统话语体系的能量"。后来，雷达还专门写了一篇很有分量的评论《论王朔现象》，我以为在全面评价王朔的文论中，无人与之比肩。

是的，王朔的小说恰恰实现了今天生活的真实、心灵的真实，当你摘下已成为你生命一部分的"角色面具"，就有种回归生活的亲切感受。这种艺术的生活化，正是朴素现实主义的一个主要特点。

3

王朔是从《当代》走上文坛的。他的《空中小姐》在《当代》发表之后，即引起读者的普遍关注。为了鼓励文学新人，我们特别授给他《当代》新人奖。不久，王朔与新婚夫人联合署名的《浮出海面》再次登在《当代》，王朔便有点横空出世的味道了。

自从我们一起几次参加《啄木鸟》笔会，也便成了无话不说的好友朋。黄山笔会，我与王朔、马未都等在太平湖游泳，在迎客松看日出。在云南笔会，我又与王朔、马未都在滇池白鱼口度假胜地游泳，游丽江，逛大理。我负责组织的《当代》海南岛笔会，又拉了王朔、王海鸰、柯云路等，海、陆、空全方位游览了海南美景，不仅交流了文学创作的体会，还以王朔为主角促成了王海鹆的婚姻大事。之后才有王朔、王海鹆夫妇共同合作的《爱你没商量》的电视剧。我比王朔大十八岁，也长于马未都，他们都戏称我为"汪爷"，从此之后，"汪爷"竟成了我在北京文学圈子里的称谓，直至我退休。

有一天，王朔匆匆到我办公室，说："汪爷，给我几本五百字大稿纸。"

过半年，王朔又匆匆到我办公室，把厚厚的一摞文稿推给我，说："汪爷，三个中篇由你处理。"

三个中篇，分别是《动物凶猛》《永失我爱》《无人喝彩》。

《动物凶猛》是写"文化大革命"背景下的一群大院半大孩子的故事，呈现出中国孩子最本真的、大胆的甚至嚣张的青春。虽然写得最好，但这类有点犯忌的稿子，《当代》主编不愿冒风险，于是，我让王朔将之寄给《收获》的熟人程永新。王朔照做了。后来，《动物凶猛》被姜文拍成电影《阳光灿烂的日子》，很是灿烂了一番。

《当代》分两期，先后刊登了《永失我爱》和《无人喝彩》，后来又被北京电视台的好朋友李晓明改编成电视剧，也红火了一把。又过了些时日，王朔又来找我："汪爷，这部长篇《我是你爸爸》交给你。"我先是一愣，反骂了一句："我是你爸爸！"双方大笑。《我是你爸爸》是一部意味深长的作品，其以戏谑、嘲讽的语调对传统价值和行为规范的否定特性，似发挥到极致。我未与主编打一声招呼，就自作主张转到我社的小说编辑室，如我所料，他们极委婉得体地退给了王朔。这篇东西"刺儿"太多，据说后来出版了。

从我编发的《永失我爱》《无人喝彩》中，有评论家发现王朔的小说在向传统的伦理道德倾向回归。我不以为然，王朔小说骨子里原本就有真善美，只不过被外在的调侃、戏谑包裹起来而已。

一次，我受邀参加了一位女名模的婚礼，在香山饭店与主持婚礼的侯耀华不期而遇。我的好朋友郑晓龙拍王朔的《编辑部的故事》时，王朔曾拉我去摄制组玩，与饰演余德利的侯耀华初识。王朔说，侯耀华还写过一篇《我看王朔》，我并未在意。等到了香山，与侯耀华再次聊到王朔时，他重复了《我看王朔》的观点。他的表述，让我大吃一惊，他形象、贴切地论道，"王朔的小说像个暖水瓶，以外在的冷峭盛着一壶滚烫的水"，"他是以'温补'的方式调剂着人们的胃口，当然时不时地也会扎上一针"。

我从不怀疑评论家的见识和眼力，但把王朔的小说，看得如此透彻者，怕并无几人。

是的，我注意到，王朔的中篇小说《过把瘾就死》、大中篇《刘慧芳》，比较突出地显示了王朔新的审美追求。与《过把瘾就死》小说的名字相反，其内容颇为严肃。小说中的"我"与女主人公杜梅相互吸引，又相互猜忌，然后拌嘴、使性子，如此这般，洋洋洒洒地写了近十万字，但看似并无情节可言。王朔的小说，功力在语言上，他那赋予了新特性的"京片子"语言，就足以让读者在妙趣横生中，享受着永不乏味的快感。请注意，小说就是在"我"和杜梅的相互吸引和争吵中，把20世纪90年代青年男女在恋爱中的心态"陌生化"、典型化了，从而呈现了庞大都市里年轻人的生存状态和心灵状态。调侃中爆发着幽默，戏谑中羼杂着眼泪。

其篇幅几近长篇的《刘慧芳》，是王朔小说中并不出彩的一篇，但它所包蕴的人性的光彩，让世人为之瞩目。后来，王朔将之改编成电视连续剧《渴望》，便有了世人争看《渴望》的盛况，使之成为那个年代独特的景观。而让全国家喻户晓、深深喜爱的善良、贤惠的刘慧芳形象，成为新的英雄形象，一个社会主义新人。有这样的"痞子作家"吗？那些不怀好意的批评家都傻了眼，只剩下咽唾沫的份儿了。

4

因王朔，我结识了姜文。

冬季的一天夜晚，北京城已沉睡，我家四合院的大门被人敲响。当时我正为编校尤凤伟的中篇小说《生命通道》而熬夜。我拉开门闩，见到比我高出小半头的姜文，微笑着，搓着手，站在我面前，有些惊愕。姜文笑曰，是王朔让我来拜访你的。因拍《阳光灿烂的日子》，姜文、王朔成朋友。我忙请姜文到书房里坐。姜文说，我想把《当代》发的《古老的谋杀》改编成电影，王朔让我来找你帮忙。姜文声音洪亮，我的读中学的一双儿女，闻声分别从自己的房间跑过来，要见见大明星。于是认识了姜文。

后来，姜文参演的《北京人在纽约》播放时，好朋友、导演郑晓龙让我参加在假日酒店召开的座谈会，并叮嘱要重点发言。我的长篇发言使座谈会活跃起来。会上又认识了刚刚成名的歌者和作曲家刘欢。

那之后，姜文又改编了我责编的、在《当代》发表的尤凤伟的《生存》。一开始，他们合作得比较愉快，后来闹了矛盾，希望我来调解。最后，因未获公演权，纷争停息。

一次，在王蒙小说研讨会，我又与应王蒙之邀参会的王朔谋面。此时已距我社在港澳中心酒店召开的香港作家梁凤仪作品研讨会两三年了。正是在那次会上，王朔希望我写一篇长文，评价一下他的作品，并为如今已声名大噪的金丽红编的《王朔文集》助助威。王朔从未求过我，我用了几天，写了一篇长文《侃爷王朔》，在《北京晚报》连载。不少文坛朋友为这篇文章唱了赞歌，我的师哥、评论家张同吾还为《北京晚报》写了一篇评《侃爷王朔》的文章，着实地夸我一番。当然，也有一位获茅盾文学奖的朋友，因不屑王朔，而打电话取笑我："你是堂堂大编辑家，怎么以爷称王朔？"一直到多年以后，有些作家朋友还为我这篇文章而耿耿于怀。20世纪末，云南邀请中国作协党组书记唐达成、老作家李準、将军诗人李瑛等一批作家访问昭通，我也忝列其中。我们把所获报酬，悉数捐给贫困山民。后来当地作协，请我们给云南作家讲讲文学现状，唐达成点名让我主讲。我刚刚讲到王朔，一位很有成就的北京作家，竟然拍案而起，云："兆骞兄，你休谈王朔，我们耻于与王朔为伍！"

也是因为王朔，我结识了冯小刚。

初见冯小刚，是在1986年。那时郑晓龙告诉我，我责编的《麦客》要由北京电视台拍成电视剧，希望我和《当代》给予支持。

1985年，在南京召开了第七届全国优秀短篇小说奖颁奖会，是我想办法，把郑晓龙和李晓明带到南京并参加颁奖活动的。会上，我已将《麦客》的作者即邵振国等获奖作家引荐给郑晓龙、李晓明。

拍《麦客》时，冯小刚是美工，我经常跑片场，与小刚有了点头之交。而正式相交，是一家杂志让我写王朔，于是一起去见王朔和冯小刚。冯小刚很希望我多写王朔和他们合作的电视剧。又后来，冯小刚拍王刚发表在《当代》的《冰凉的阳光》，王刚和我有了多次接触冯小刚的机会。熟了，交流就多了。一次，冯小刚找我，说汪先生，您在剧中演那位教师吧，先生的性情品格挺符合这一角色，王刚也撺掇我试试。我哪是那块料，忙抱拳婉拒。电视拍成，到我社试演，以答谢我们的热情支持，不知何故，此剧未能公映。但冯小刚的才华和独特的艺术风格，已让学者专家云集的人民文学出版社诸公震惊和叹服。多年后，很少与他联系，但他与王朔合作拍的《非诚勿扰》公演后，我还是写文，由衷地唱了一首赞歌。

附：侃爷王朔

北京这地界挺怪，不管什么人都可以称爷，这爷在北京是官称、戏称、谑称，也是爱称。这爷字和"侃"字结合起来，可就很有点文化味道。"侃爷"，时下因《编辑部的故事》而火爆，又因《爱你没商量》而轰动，令人刮目相看。《汉书·艺文志》中说，"街谈巷语"乃是小说之源，大凡写进中国文学史的名篇巨著，皆是各路侃爷，由阡陌巷间的逸闻趣事侃将出来的，那诗仙诗圣也常把盏对侃，才有千古绝唱传世。

王朔平时戏称他写小说是"玩"。实际上，这"玩"指写作时的一种状态，一种排除一切功利的杂念，调动起自己全部智力潜能的创作状态。王朔说："这里的'玩'字，全无游戏的味道，不是玩文字游戏，更不是游戏人生。"至于说"侃"，无非是指有一个自由松弛的创作环境。"海马"的哥们儿坐在一起，看起来是神说海聊，抖机灵，耍嘴皮子，实际上正是在这种轻松愉悦自由的环境中，哥儿几个才能畅所欲言，集思广益，互相碰撞、启发，互相掏出硬邦邦的"干货"。用一个"侃"字来概括，实在太贴切了。

"侃"与"玩"的表达，是王朔式的。比方说，对谦虚的表达方式，王朔就与众不同。他觉得自己有愧于"作家"二字，就把创作说成"玩部小说"或"焊篇东西"，好不使自己过分地煞有介事。

那年，我们在海南岛举行笔会，已经在文坛上崭露头角的王朔，依然留着小平头，一脸的纯真和斯文，在满脸沧桑的作家群中很扎眼。一次，在风光旖旎的海南岛三亚海滨，召开创作讨论会，修竹椰树在窗外摇曳，作家一个个正襟危坐，高谈阔论，旁征博引，格言迭出，佳句连珠。冷不丁，纯情少年发言了："作家总爱标榜，好像笔在手里，真理也就攥在手里，特没劲。我侃小说，偏不照常规办，专门反着侃，逮什么侃什么，绝对没那么多真理。"于无声处听惊雷，很让负有使命感的作家们目瞪口呆了好一阵子。

几年来，他侃得极潇洒，侃出了三部长篇小说、二十余部中篇小说和多部短篇小说，还侃成了近百部（集）电影和电视连续剧，仅1993年就侃出一百多万字。

淡泊臧否　勇于挑战

王朔是个耐得住寂寞，经得起骂与捧、褒与贬、臧与否的作家。他和他的作品从不崇拜也从不鄙视任何人，他的心态修炼得特宁静平和。他如今火爆得邪性，但你会发现他很少出头露面，把自己当成骚客名士满世界招摇。这倒使他成了文坛的神秘人物，高深莫测。《编辑部的故事》逗乐了神州百姓，可在首映式上，他躲在一边，让汽水瓶遮住他那张白皙的脸，待新闻记者四处寻找他的当儿，他早已逃之夭夭，到家里"码字"去了。各地读者、观众都想一睹这位文坛传奇人物的风采，可他却变着法儿推辞或婉言拒绝，令那些拼了性命追求在电视上曝光的人们大惑不解。一次，他答应和我们到河南参加文学活动，可他临时变卦，哼哼唧唧说是老婆到日本演出，他实在动不了身，结果把我们搞得很狼狈。人家听说王朔要来，一批文学爱好者一大早就拥向会场，弄得大批警察莫名其妙地来维持秩序，以为来了大人物。当人们听说王朔因故未能赶来时，那遗憾化为愤怒的场面，至今还让人后怕。

有一次，蒋子龙托我请王朔到天津作协开办的书店去签名售书，王朔忙求我"救驾"，说死活也不敢在津门蒋爷面前端架子，实在是因为"人的形象不如作品有力"，就请免了吧。

偶尔，他也抽冷子和他的读者观众见见面。一次，在地质礼堂，王朔孤零零地坐在台上，让一口气儿看完他的五部电影的观众"看"他。经抽签而有幸"看"王朔的，其间有在雨中排了一宿队的，有退掉了火车票碰碰运气的，有的是高价套购了电影票而得此殊荣的。

"噢，这就是王朔呀，"一位外地旅客带着几分崇敬，"他可是发了大财又出了大名喽！"

"他怎么这样儿啊，我觉得他应该是挺坏的，至少应该有络腮胡子！"一个女大学生挺遗憾地说。

台上的王朔一脸傻笑，眼神透着狡黠。

"你玩文学时是不是特得意？"

"写的时候特累，写完了特烦。"

"你是否以一种观念、一种情绪来指导你写作？"

"我是个自相矛盾的人，没有一种不变的观念，所以我靠本能写作。今天下雨，心不顺，心烦，下笔时就好像对人生充满仇恨。要是哪天捡了个大便宜，下笔时，就会十分大度。"

"你的作品有多久的生命力？"

"不知道，我和我的读者得一起死。"

他甘于寂寞和冷落，能够容忍别人对他的误解乃至对他作品的"围剿"，却从不屈服于挑战。前两年，外国电视剧几乎占据了我们的荧屏。王朔不服："我就纳闷儿了，怎么总让洋人在咱眼眉前晃悠，咱中国就没人啦？"于是，1988年大雪封住京城的岁尾，王朔和几位侃爷搓着冻红的手，在北京电视艺术中心年轻的副厂长郑晓龙的率领下，钻进蓟门饭店的一个套间，二锅头就着花生米，侃了个天昏地暗，便有了《渴望》的诞生。又一年，看了春节晚会的节目特没劲，王朔等人又钻进郑晓龙的汽车，开到秘密地点"猫"起来，又是二锅头就着花生米，侃了几个通宵达旦，遂有《编辑部的故事》问世。王朔也看不惯港台的言情室内剧在大陆抖威风，就拉来在海南岛经他撮合成为夫妻的王海鸽和乔瑜，闷头练活儿，他一天写万把字，苦不堪言。很快，他们合作的我国第一部四十集室内言情剧《爱你没商量》在中央电视台开播。这部凝重而又充满哲理的作品，把王朔的戏剧才华更充分地呈现出来，幸运的观众再一饱眼福，又愉快地眩晕一次，而批评者则大骂王朔"江郎才尽"。

"海马"宣言和幽默运动

写侃爷王朔，自然不能不提由他和马未都最先组织的"海马影视制作中心"。松散的海马集团军，几乎纠集了当今文坛最活跃最有成就的青年作家，如朱晓平、苏雷、莫言、魏人、马未都等。他们思想活跃，雄心勃勃，力求通过他们的创作，改变影视的平庸和粗制滥造，大有力挽狂澜、横扫影视殿堂之势。且看"海马"宣言："海马全身可以入药，有壮阳、健身、催产、止痛、强心之功效……"戏谑而不失庄重，表达了他们对艺术的全方位追求。几年来，"海马"不负众望，产生轰动效应的《渴望》《编辑部的故事》《海马歌舞厅》等佳作，无不是他们策划和编制的。但文艺创作毕竟不是作坊式的，因此，后来"海马"解体也就命中注定。

侃爷王朔爱玩，玩得特疯。光我就和他爬过黄山奇峰，徜徉于滇池湖畔，戏水在三亚海滩……后来，他手头的活儿太多，顾不上玩了。"海马"的哥们儿经常把他劫持到马未都经营的"卡拉OK"去消遣一下，免得写呆，写傻，写出毛病。他侃起来云山雾罩，曾令各路侃爷黯然失色，可拿起"麦克"就傻眼了，逮这时候报仇挤对他，是大伙的一乐儿。每到这时，他身子往后坐，拼命挣扎，一脸绯红，作揖求饶，苦难深重地哀嚷道："各位爷，放条生路，让我回家'码字'去吧。"那份德行就大了。

神侃是海马集团军的必修课，平日里抖机灵的，呆头傻脑的，一进入侃境，立刻都变成了神仙。侃是一种幽默运动，一种智慧游戏，可以娱乐社会，干预生活，缓解敌意，修炼灵魂，悟彻人事，是一种横溢的才华，一种积极的生活形态。况且，侃着侃着，便有一部作品的雏形在各位侃爷的脑袋里形成，无怪乎上海人也高呼"上海人侃起来"……可以说，没有了以京式幽默为底蕴的神侃，就没有了王朔的作品，也就没有了王朔。

一个不端着、不矫情、敢于自嘲、时不时"幽"自己一"默"的人，才称得起"侃爷"二字。大凡侃爷都有好人缘儿，他们之间心也是相通的。侯耀华之所以欣然同意饰余德利一角，是因为冯小刚给他打电话，请他演余德利时说，"我是王朔的朋友"，于是，凭着相互间心灵上的一种感应，他极痛快地答应了。这之前，他不认识王朔，他是通过王朔的一系列作品与王朔相识的。这位也是侃爷的"猴哥"说："王朔的作品像个暖水瓶，以外在的冷峭盛着一壶滚烫的水，您可以沏茶，也能泡咖啡，甚至冲一包方便面，抑或用来烫酒。""他是以'温补'的方式调剂着人们的胃口，当然时不时也会扎上一针……"侯耀华真正读懂了王朔。

好梦难成真，只好去"写字儿"

朔爷如今成了独领风骚的作家，并不像有些人所说完全出于偶然，其实他的写作天赋，上中学时就表现出来了。

朔爷的同窗学友至今还清楚地记得这样的场面。老师在上作文课时，在黑板上写下题目，然后用几句话解题，便说："抓紧时间，写吧。"学生们思索片刻，纷纷埋下头，挥笔书写。王朔却不随俗，但见他挺胸昂头，旁若无人地充傻犯愣，都过了一节课了，他硬是不动笔。老师见他心不在焉，便带几分愠色走到他跟前催问道："人家都写一半了，你怎么还呆愣着？"王朔就等着这个出风头的机会，得意扬扬道："他们在纸上写，我却在心里写呢！"他口出狂言，老师一愣，同学也一愣：这小子好狂！老师怕影响学生作文，决定暂且不理这厮。一节课又快过去了，突见王朔铺纸提笔，神情专注，唰唰唰，笔走龙蛇，下课铃响前，作文已捧到一脸大惑不解的老师眼前。老师不屑地先扫一眼王朔，然后又看作文，那双眼似被什么钩住一般，目光再不离开，不久，眼睛闪出兴奋之光，读罢，大声赞道："好，挺好！"

十六岁的王朔逃避了因"文化大革命"而喧嚣混乱的城市，糊里糊涂到北海舰队服役，整日里百无聊赖地看着波涛汹涌的大海和碧蓝的天空，觉得特没劲。当时，他做梦也不曾想到，并没有雄心大志的他，会有踌躇满志坐在成功的岸边回望这斑斓人生的时刻。不久，他的一位战友因发表了一篇小说而声名鹊起，他颇不服气。尽管他一直认为最没出息的才去当作家，但他还是偷偷躲起来，吃力地写起小说。他曾嘲弄过战友，说："你背着伞从飞机上跳下来，落到地面砸着的人，八成是写小说的。"说归说，他毕竟抵挡不住当作家的诱惑。

朔爷做过许多梦，有的梦还挺瑰丽，但命运并不总对他施以恩惠，他常常是好梦难圆。

他从小就爱看电影，对那些在战火中出生入死的英雄美慕得要死。他想，当个演员不错，又出风头又过英雄瘾。一次，从不照镜子的他，居然在镜子里发现自己还很漂亮，从此便自鸣得意，时至今日，他还时不时诌说"公瑾"当年："我年轻时一表人才，特奶油！"

于是，托亲求友，他总算谋得一次试镜机会，喜得他日不安宁，夜不成寐。终于熬到了进电影厂试镜那天，他很早就喜洋洋地挺胸叠肚，来到摄影棚。谁知灯光一打，镜头一对，英俊的小伙儿竟如霜打的茄子，风采全无。他悻悻退出摄影棚时，哥们儿围上来问他："有戏没有？"他自嘲地一笑："机子对准我，特发怵，不定说出了什么，给咱中国人丢脸。"他对电影制片厂留下深情的一瞥，不情愿地离开，最终没能当成影星。后来，在姜文执导的《阳光灿烂的日子》里，他扮演了一个小角色，的确算不上精彩。或许，最近他异想天开，亲自导演自个儿的长篇改编的《我是你爸爸》，火一把，也说不定。

当演员之梦刚破碎，接着上大学的愿望也化成泡影。他玩命地复习了一年，但"文化大革命"使他荒废学业达十年之久，他怎能创造奇迹？七门功课总共才得了两百分，也就不错了。

朔爷不甘心命运的摆布，他要抗争。大学考不上，那就好好地赚大钱吧，反正天无绝人之路！他东挪西借，筹到一笔款子。当他登上南去的列车，掂着塞在腰带里的"银子"，幻想着大票子淌水般流进腰包，惬意地笑了。几个来回，折腾得孙子一般，人都瘦了一圈，收获无多。这位中国最早的倒爷之一，只好退出竞争，自认晦气。

有一次，他得了点儿小钱，咬着牙打个"的"，想过过有钱人的瘾，却发现开出租车特赚钱。"得，咱爷们儿也练练这营生。"决心下定，他又凑足了很大的一笔钱，便托人去买一辆快报废的小轿车。不久，交了钱，看了车，朔爷又盘算起来："晚上开车宰款老外，准能发了……"谁知，这个梦又破灭了，那答应给他弄车的人，犯了案，被逮起来了。

后来，王朔又和人合伙开饭馆，原来想赚几个钱。没想到，别人一个赛一个地能侃，出门在外，总是掏出经理的名片，笑容可掬地摆谱儿，只有王朔坚持说自己是个厨子，并且还真是下厨掌勺，煎、炒、烹、炸、炖，样样都能对付。小说家苏雷曾对我说过，一次，王朔拉苏雷等几个哥们儿去他开的小饭馆蹭饭，寒暄之后，王朔下到厨房，亲自掌勺，不大会儿，呼啦啦一桌北方菜就上齐了，看着大伙甩开腮帮子猛吃海咽，脸上流汗，嘴上冒油，王朔很得意地笑了。

过了几年，最令他那几个合伙者不解的是，这个掌勺的小厨子怎么突然成了炙手可热的作家了呢？

真的，当倒爷、开饭馆穷得叮当响，而"写字儿"却让他发了大财，这真是邪门儿了！

改变了朔爷生活的人们

带着海水的咸味，他把偷偷写成的小说稿寄了出去，然后就坐卧不安地等待。

他很走运，三个月后，他鼓捣出的短篇小说竟在《解放军文艺》上发表了。他捧着那本刊物，挺胸叠肚，着实地神气了好几天。于是又乘兴弄出了七八篇，一股脑儿地投向了几个编辑部，不久，他接到去北京改稿的通知。他自以为幸运，其实命运对他并不宽容。改稿期间，他的狂热渐渐降温，靠自己的那点儿小聪明玩不转了，热情的编辑越热情，他越认为自己是糊不了墙的烂泥。最后，他找了个"中越前线吃紧"的堂皇理由，仓皇逃窜，令把他视为可造之材的编辑不胜惋惜。若干年后，他复员返京，突然接到这位编辑的电话："我一直在找你……"不相信世上有真情的人，被感动得几乎落下泪来。冷却的创作热情又被激发起来，但他快捷地投出去的大量稿件，几乎是以同样的速度被退回来，他陷入了惶惑和痛苦之中。他开始如饥似渴地阅读中外名著，用心和那些大师交谈。他写了撕，撕了写，笔被磨秃，废稿装满了麻袋。终于有一天，在他妻子的女友的怂恿下，他走进了《当代》杂志的编辑部。他幸运地遇到了一位颇有经验的老编辑。老编辑一口气读完他的作品，如同抱了一个金娃娃似的兴奋得两眼冒光，彻夜难眠。在他耐心的指点下，他三易其稿，先后写了十多万字，最后大删大砍，以四万字的篇幅，冠以"空中小姐"之名刊登出来，受到读者好评。在评"当代文学奖"时，他竟然也榜上有名。于是，这个陌生的名字，引起了文坛的注意，从此一发而不可收，令文坛瞩目。

个体户和舞星的罗曼史

侃爷王朔的恋爱和婚姻，比他成为作家更具有传奇色彩。

一个闷热的夏夜，辞去北京医药公司公职，和别人合开一间小饭馆的王朔闷得死去活来，就陪几个哥们儿到北京舞蹈学院找女孩子"起腻"。天赐良缘，认识了即将毕业的沈旭佳。当时，小沈是学院的尖子，曾获全国舞蹈比赛奖。原本，王朔对这种逢场作戏式的邂逅，并不存在什么幻想。临分手时，他留下电话，对国色天香的小沈打哈哈说："要是实在没劲了，就给我打电话。"结果，两个"没劲"的人，真的相互打了电话。于是，便有了到玉渊潭游泳的约会。两人躺在婆娑的垂柳下，都急着想证明自己的高雅，便绞尽脑汁，背诵外国文学大师的名字，待日落远山，薄暮低垂，两个人累得半死。几次约会，肚子里不多的存货，全都抖搂干净了，就各自现了原形，于是不约而同地改变话题，轻松自如、游刃有余地侃起俗人俗事，接着如数家珍般竞相道出各自的隐私和"劣迹"。当双方都发觉说得太多而后悔不迭的时候，已再无法使自己扮成一个高雅的人了。就这样，一对素昧平生的青年男女，以坦诚和率直的天性成了知音。

一次，东方歌舞团在天桥剧场演出舞剧《屈原》，分到该团的小沈担任重要角色。小沈那天生的丽质、婀娜的舞姿，使台下"莅临观摩"的王朔突发异想："娶这样一个老婆挺不错。"他俩接触多了，都不再去找异性朋友，只有他俩出双入对地相约在花前月下。有一次，王朔不辞而别，两个月音信全无。回京后，他发现偎在他怀里的小沈，嘴角起了一串大燎泡。此刻，他们都证实了对方就是自己期待和呼唤的那个意中人。

不料有一天，有人以组织名义，向小沈所在单位揭发王朔的种种"劣迹"，把好心的领导吓坏了，忙找小沈谈话。谁知，小沈听后，非但不惊诧，还抿着嘴笑了，反倒使领导诧异起来。她平静地向领导表示感谢之后，说，这些"劣迹"

王朔早对她讲了，相形之下，那些搬弄是非者的劣迹才值得注意哩。王朔得知此事，骂了一句"丫挺的"，以哲人的口吻说："对方是干什么的，对相爱的人并不重要。和一个体面的、有地位的人把关系搞暧昧很容易，而真正能引起双方历久不衰兴趣的绝无仅有。"沈旭佳也来了灵感，过去未曾留意的细小情节，蓦地像庄周化蝶般盘旋翻舞，她深情地望着王朔说："人生难觅的是真情。"

他们都陶醉、眩晕在对方的魅力之中，而经济的拮据使他们窘迫、尴尬。王朔失业，收入全无，小沈工资无多。一次，数九隆冬，小沈演出时，她唯有的奢华的裘皮大衣和手表在后台被窃，只好瑟缩着跑到旧货衣摊，花几块钱买了一件破旧的短棉大衣，裹着回家。从此，人们发现小沈那窈窕的身段被旧大衣弄得挺臃肿，而胖乎乎的王朔因穿着小沈练功用的旧绒衣而变得苗条起来。这不影响他俩满世界穷开心。无缘再进快餐店"奢侈"一下，买两个热烧饼充饥，同样有滋有味，没有手表就看太阳估算，也饶有情趣。最惨的时候，伏案写作的王朔，一天只能吃一顿饭。俗话说，"诗穷而后工"，王朔潜心读书写作，他感到生命的四周有一种巨大的磁场在骚扰着他，使他时而沉重，时而轻飘，那是命运的呼唤吗？他和小沈合作的中篇《浮出海面》在《当代》发表后，他们的处境才日渐好转。到 1986 年，红叶染红金秋的时节，这对苦恋着的有情人终成眷属。不久，爱情结了果实，一个漂亮的小女孩儿为这对年轻的夫妇增添了无限的乐趣。

一脑子新潮，却信看相问卦之术

迷信和现代文明是对立的，但一脑子新潮的朔爷，有时候还特信看相问卦之术。一次，闲聊时他对我说："我特信'易经''八卦'什么的，特灵。"他曾利用外出开会之机，在上海、武汉等地请朋友找"高人"看相。不知是凑巧，还是真的灵验，几位"高人"竟英雄所见略同地说他命里有金库，得一贵人，虽唾手可得，却又捞不到。见我怀疑，他正经地说："我三十六岁是成绩的高峰期，我可得过过好日子，穷了那么多年，也该人模狗样地享乐享乐人生，别只担空名了。"

他还一脸认真地说，十年一个轮回，到时候文坛混不下去了，绝不赖在文坛，靠写自传和卖豆腐块小文章谋生，也许会去上大学什么的。他说这话时，神情严肃，绝无调侃之态。

大雨冲了龙王庙

大约是两年前，已经下海折腾的王朔突然来找我。同在一城，近在咫尺，却难得一见。他还是老样子，如女作家范小青所说，只觉得又长胖了些，又长高了些。我也纳闷儿，三十多岁的他怎么总还是一脸孩子气？叶兆言或许说得对，王朔的童心太重，因此给人感觉老是在成长。

和王朔聊天，听他插科打诨，口无遮拦，妙语连珠，实在是一种享受。每次和他同游，一路听他正经和不正经地神侃闲聊，我常常彻夜无眠，肚子笑得生疼。但此次看他端坐沙发上，一扫往日惯有的精神，我倒觉得有点别扭。王朔说他在荧屏银海沉浮一阵子后，非但没有金盆洗手，不再"码字"，反而魂牵梦萦，总也忘不了伏案创作。他正在构思一部三部曲式的长篇小说，并表示在创作手法上要鼎足革新，让世人晓得他也能玩深沉。我不敢苟同，劝他说，一旦改变了你的叙事方式，"王朔"可就没了，写顽主、兴调侃、玩言情，既入山门，又离经叛道，才使文坛无法回避地进入了"王朔时代"。

他临走时，拿走几大摞稿纸，沉甸甸地装满了他的大挎包。他特喜欢用人民文学出版社厚厚的八开稿纸"码字"，说面对它，就能找到感觉。两年光景倏然而逝，他曾打电话给我，不无惆怅地说："不知怎的，我一点写小说的感觉也找不到了……"放下电话，我也陷入一种莫名的惆怅。就在我苦苦等待他的长篇时，北影的夏刚由王朔介绍找到我，拿走我编发的王朔的《无人喝彩》。过不久，另一电影厂又拿走我编发的他的另一个中篇《永失我爱》。一天傍晚，姜文照王朔提供的地址，按图索骥，找到我家那座有着修竹和葡萄的小院。在谈到王朔和他的作品时，姜文以其深刻而睿智的眼光评价道：王朔的小说思想、感情、内涵，有以荒诞风格为特征的现代审美因素。后来他把王朔的《动物凶猛》搬上银幕。姜文是有眼光的。

《动物凶猛》，王朔原是给我的，但出于那时文坛正莫名其妙地批王朔和他的"痞子文学"等种种众所周知的原因，我们只留下他写纯情的两篇，为此，我至今仍深感遗憾。还令我遗憾的是：我们在风光旖旎的香山评第三届"当代文学奖"时，我作为评委，却孤掌难鸣，王朔的《无人喝彩》《永失我爱》居然名落孙山。为此，不谙酒性的我居然喝得酩酊大醉，令在座的同行瞠目结舌。

这几年，王朔虽不写小说，却不妨碍他时不时在报刊上露面谈文学，口气依然很大。比如，"我要写得跟《红楼梦》一样，我多丢份儿哪。两百年后的人再跟一个乾隆年代的文化人写得差不多，我以为那叫寒碜。曹爷是牛气，是了不得，但时代毕竟得往前走啊……"王朔恶作剧式的调侃让不少人嗤之以鼻，但我经常寻找理由原谅他：《红楼梦》这一文学高峰，总应有人超越，不然岂不违反辩证法则？与其拜倒，莫若勇于挑战，从这个意义上说，我倒特钦佩王朔。

最近，在通俗文化与精英文化的抵抗与投降之争中，一大批作家以"只做不说"的态度对之。而一向无所顾忌的王朔又按捺不住，以惯有的狂言和自信，以惊世骇俗的语气，纵横捭阖论起文坛此役，历数臧否文坛风云人物，使自己再一次成为文坛令人刮目相看的热点人物。

细读王朔和《北京青年报》记者的谈话，发现王朔改变了经常拿文人及其价值观开涮的极富个性的挑战，而是板起面孔义愤填膺地声讨同类。读起来，挺别扭，这感觉和听人大声疾呼文坛世俗化，要挺身而出捍卫"精神家园"一样。聪明绝顶的王朔是不应相信文坛真的出现世俗化现象，自然也无须谁来捍卫"精神家园"的。放弃轻松潇洒的恶作剧式的调侃，我不知道王朔是走向成熟，还是相反，抑或仅仅是像有些人不甘于寂寞，让人们不忘记自己而做的一种姿态。

老实说，在我看来，在对文化品性的历史断层与现实畸变的认识上，王朔和张承志、张炜们并不只有抵牾而无相通和共识，王朔不正经的痞相人所共识，而他的真诚却鲜为人知。他的作品里，几乎都有叩问自我灵魂的意义，在调侃、嬉皮笑脸和恶言秽行的背后，有不泯的真情和诗情，在反传统的外壳里，藏有深深的酸楚和悲痛。从这个意义上讲，王朔对张承志、张炜的"开罪"，真是大水冲了龙王庙，自家人和自家人操起干戈来了。文坛原本就不平静，文人又都累得可以，聪明的王朔咋就揣着明白说糊涂呢？

附：再侃王朔

当今，混迹文坛的新锐，都各有各的道行和能耐，哪位是个善主儿？各色者，眼皮冲下；自负者，面孔朝天，不时给有序的文坛找找乐，添添彩。这中间执牛耳者，侃爷王朔也。

他"码字"，一下子出版了三百万字的书，铺天盖地上了书店的书架，下了个体户的书摊，让爬了一辈子格子而出不了几本书的作家惊愕得张嘴瞪眼。他玩电影，小试身手，就有九部影片先后问世，赚了个"王朔年"的美名，令"不敢触电"，至今尚有余悸的人，百思不得其解。他侃电视连续剧，呼啦啦就占领了荧屏，让老百姓哭得死去活来，不解气，又折腾得他们笑岔了气儿……

王朔原本不爱标榜自己，他往往是面无表情、不动声色地任凭对他深恶痛绝的评论家的批评和崇拜者的狂热颂扬。但有一次，王朔面对他的听众，毫无调侃、一本正经地说："我是个天才！"然后，他扫视一下骚动起来的听客，脸上浮起天真纯洁而又有点狡黠的微笑……

其实，朔爷"侃"得很苦

一次，天津几个文学圈子里的年轻人，想会会文坛怪杰王朔，准备了丰盛的酒水。他们仰慕王朔已久，却一直无缘谋面，便拐弯抹角地求到曾写过《侃爷王朔》的我这里。

电话打过去，接电话的是王朔的爱妻沈旭佳，这位东方歌舞团的编导听出来是熟人，这才把王朔叫来。王朔并非摆谱儿、端架子。有一搭无一搭，没事儿找事儿，套近乎的，拉关系的，电话实在太多，有了老婆这一屏障，省去许多麻烦。

王朔显得很疲惫。他说他刚从大连参加完笔会返京，还没来得及和娇妻、爱女亲热亲热呢："免了，免了，您就替我挡驾吧。"他抱有歉意地诉苦道，他最近光在外面赶庙会似的赴宴应酬，不仅没有胃口，也没情绪。这半年多来，他在外面的活动的确多了点儿，耍猴似的抛头露面，风头是出足了，可宝贵的时间也白白浪费了。"汪爷，近半年我什么也没写出来，伏在案头，连感觉都找不到了。那痛苦，真比阳痿还难受。"

王朔是个出了名的快手，所谓"文思如涌，笔走龙蛇"，是毫不夸张的。他一天能写万把字。有一次我去找他，他正埋头赶写四十集言情室内剧《爱你没商量》，顺手时，能一天写一集。他自嘲地把磨破的手指给我看，有些凄楚地说："吃这碗饭真不易。"有时，他躲到无人知晓的地界儿去码字，睡不安，食无味，整个一个苦行僧。

有些报刊上发表文章说，王朔握笔在手，乐乐活活，胡侃神啃，写得是如何潇洒云云，这实在是一种误会。不错，王朔兴之所至，有时也说："我写小说，就是两路活儿，一路是侃，一路是言情。"聪明的读者最好别上王朔关于"侃"和"玩"的当，也别跟他较真儿。

的确，他也曾把写小说戏称成"玩"，但他说的"玩"，是指在写作中的一种状态，一种排除任何功利杂念，调动起全部智力潜能的创作状态。文坛上怪得很，有的作家在有压力的情况下，才能出活儿，而有的人则只能轻松愉快地写东西，王朔属于后者。

每次谈到这个问题，王朔那张纯情少年的脸上，便浮起一丝欢笑，他说他这个人表达谦虚的方式是与众不同的，觉得自己有愧于作家这个头衔，就称是"玩部小说"，让别人听来，不是煞有介事，有抬高自己的嫌疑。他得意地一笑说："就像我觉得说写作特傻，而常常喜欢把写东西说成写字一样，一种表达习惯而已。"

至于说"侃"，就是三五好友、四六哥们儿坐在一起，二锅头就着花生米，或扎啤配上拍黄瓜，小口品，大口喝，海阔天空，西瓜芝麻，清醒话、傻话、疯话、真话、假话，畅所欲言，集思广益。瞪眼睛，捋胳膊，认死理儿，钻牛角尖相互争执，相互碰撞，相互启发。一个个都把水分挤干，掏出硬邦邦的干货。一个"侃"字，概括了这一生动的创作过程，何等贴切。王朔操作小说的语言，除了对小说和影视语言是个革命性的冲击外，还丰富了以京味为底蕴的口头语言，而这一切，恰恰是源于一个"侃"字。"嘿，难道得说，在热烈友好、亲切坦率、宽松融洽的气氛下，卓有成效地讨论创作，傻不傻呀！"自由状态下码字，就那么轻松？非也，王朔常常摸着屁股上磨出的茧子，调侃："真正的功夫，都集中到这上边儿了。"

最损也是个天才

逛书店，遛书摊，满世界都是一米见方的宣传王朔的材料，大照片上王朔那张白净秀气的脸，并没有作家惯有的深沉的痛苦，也没有得意和自负，倒十足地像一个与文坛无涉，发了一笔小财的小老板，平静和气。但这张脸，如今家喻户晓了。于是，名人的种种好处和烦恼也就找上门来。人们说："这是名人效应嘛！"上街，一群崇拜者围将上来。进饭店，老板乐了，白吃白喝，留下箴言墨宝就得。最令王朔为难怵头的，就是各种名目、各种形式的与读者观众的见面会。实在推辞不了，只得赴汤蹈火。

他孤零零地被请到台上，让那么多双含义不同的眼睛"看"，他觉得浑身不自在。

一次，细雨霏霏，他来到位于西四的地质礼堂，如同元首一样被簇拥着上了主席台。坐定之后，王朔有点吃惊，台下有那么多亮晶晶的眸子在审视着自己，他觉得挺可笑，很像小时候，捅了娄子，被人家围住审视一样。但他毕竟是个闯荡过世界，经受过风雨磨难的人，他那张白胖胖的秀气的脸毫无表情。

"呵，还挺深沉，哥们儿行啊！"一个总憋着见识见识王朔的年轻人说罢，就旁若无人地大吼，"王朔，哥们儿喜欢你！"

两个漂亮的姑娘看了半天她们心中的白马王子，很遗憾地说："他怎么是这样啊，整个一个小白脸儿啊，太斯文了，我觉得他应该坏一点，起码有一脸络腮胡子。"

从读王朔小说而熟悉王朔的人，觉得王朔这坏小子，一定是个放荡不羁，一肚子坏水的角儿，此可谓望文生义吧。京城流传着一个小笑话，挺有意思。王朔和几个作家去小饭馆吃饭，一进门，正碰到一群年轻人围着一个一脸横肉、虎背熊腰的人，听他眉飞色舞地神侃。年轻人说："王朔，我们这帮哥们儿特喜欢你的玩意儿，玩得特地道。"那壮汉呷了一口二锅头，颇帅气地道："随便玩玩，这年头，谁他妈服谁呀！"得，真王朔遇到假王朔了。王朔想挤对挤对这假李逵："您就是王朔，久仰，久仰！"壮汉又喝了一杯酒，不屑地伸出手一摆："听你这话，酸不酸哪，特俗气。"王朔又道："最近有什么大作？"那壮汉来了精神："随便玩玩，这回准备玩一篇一个坏小子和小妞吊膀子的，给哥们儿解解闷儿、逗逗乐儿。"同王朔一起进饭馆的作家忍无可忍，喝道："冒名顶替，整个一个骗子，真王朔在此！"谁料那壮汉仰头哈哈大笑："这年头装什么不好，大款、华侨、总经理、老板，干吗非要冒充作家，这位兄弟真没劲儿。"那一群年轻人也跟着起哄，轻蔑地拍拍王朔的肩膀："还想冒充王朔呢，就您这张小白脸？整个一个中学生，哈哈……"秀才遇上了兵，有理说不清，真王朔愣是让假王朔给轰出来了……

被人"看"了很久一段时间后，该开始座谈会了，人们蜂拥向前，近距离地看个底儿掉，王朔突发奇想，竟想到了峨眉山上的猴子。有人发问了——显然是个文学爱好者："王朔，您喜欢自己的哪些作品？"

王朔忙把飘到峨眉山的思绪拉回来："都不喜欢。写的时候，特累，写完了特烦。"

一位戴着眼镜的中年人，冷冷地问："你写作品时，是否以一种观念、一种情绪来指导创作呢？"问题本身就是一种批评。

"你错了。"王朔瞟了颇有点得意的中年人一眼，认为这个问题还有点意思，"从骨子里，我是个自相矛盾的人，没有一个不变的观念，所以是靠本能写作，情绪也波动不定。今天下雨，气不顺，心烦，得，下笔时就好像对人生充满仇恨，要是哪天出门捡了个大便宜，那下笔时就十分大度。"听者有的微笑了，气氛稍微活跃了。

一个姑娘杏眼里闪烁出太多的美慕："你多幸运，这么年轻就成名了……"

"错了，"王朔打断她的话，"我已经写了十年，也该成名了。"

"说真格的，你怎么成了作家的？"一个佩戴大学校徽的有些消瘦的小伙子问。

"一不留神。考大学、做司机、开饭馆、试演员、当倒爷，什么都干不成，实在走投无路，只有当作家这条路了。"王朔总算找到感觉了，舌头上了润滑油，侃起来利落多了。

"将来没有人看你的玩意儿了，怎么办？"

王朔定睛看时，笑了，心说，玩耍贫嘴，您得好好学学："我现在如花似玉，是名妓，到人老珠黄，接不了客，没准儿得沿街乞讨，到时您得赏我两个小钱。所以，我得在你们烦我前，留条后路，我得赚点儿钱。不过请你们相信，我总不至于落到靠写报屁股文章，靠参加座谈会混饭吃的地步。"再看一眼那小子，他正咧着大嘴，极钦佩地点头呢。

"你认为自己是天才的作家，对吗？"这姑娘挺斯文，问话时满脸通红。

"最损也是一个天才。"王朔原想借题发挥，他认为确实有很多伟人否认过天才的存在，但也有起码同样多的伟人承认天才的存在。他确信成功这个等式的计算，应该是"勤奋加天才"，而不是"勤奋出天才"。王朔不忍心和这位纯洁的小姑娘调侃，很真诚地说："我从小就做想当个二流作家的梦，已经圆了。一流作家咱中国也只有一个写《红楼梦》的！"

想收拾他却无从下嘴

没机缘得到首长和先贤的提携，也没摊上大评论家的抬举，更没因得到义正词严的批判而使读者产生逆反心理，借个光让王朔走红，王朔是全靠自己不断地向外抛作品而逐渐翘楚文坛又轰动影坛的。

1988年，王朔悄无声息地先后把自己的四部中篇小说改编成电影——米家山导演的《顽主》，黄健中执导的《轮回》，夏刚执导的《一半是海水，一半是火焰》，叶大鹰导演的《大喘气》——呼啦一下子，劈头盖脸地打着旋儿，砸向观众，还真把人砸得挺高兴："王朔这小子是从哪儿冒出来的神仙？"于是便有了1988年是王朔电影年的说法。货就摆在那里，谁能有脾气？虽没脾气，却有热闹。拍手叫好的，指名骂娘的，褒贬不一，臧否对立，吵得一塌糊涂。褒者云：电影塑造了一批在改革大潮中涌现的凡夫俗子，他们机智幽默、坦率、真诚、自尊，按照自己喜欢的方式生活。他们对现实有看破红尘的失望，也有对未来朦胧的美好期待，身上有毛病也有光彩，是一群真实可信的小人物。批评者认为活动在银幕上的，是一群准流氓罪犯，他们穿梭于女人裤裆和牌桌之间，吃喝嫖赌，无所不为，整个是一批新贵和痞子。文艺界有一个颇有声望的人，看了几眼电影，拍案而起："这还了得，照这样演下去，会把好端端的红色江山演变了颜色！"但要具体批评，又无从下嘴，只好悻悻拂袖而去。

有一次，我应邀到位于西四的"海马餐厅"去蹭饭，曾和王朔谈过人们对他的电影的种种反应。他平静地一笑："我愿意听批评，也喜欢有人批评，有时，还故意卖个破绽，好让玩评论的有地方下嘴。可没几个骂到点子上。"

王朔磨搓着手中的酒杯，看了我一眼，很诚恳地说："评论，要让作家有所启发，不能光诉诸简单的朴素的情感——热爱哩、憎恨哩，特浅！"

前两年，打击王朔的声浪日见高涨，我有些替他担心，打电话安慰他。王朔觉得我此举忒有杞人忧天的味道，他打着哈哈说："我正等着他们下家伙呢，好让我见识见识他们能拿出什么兵器，又怎样下嘴。"

当然，批评一个作家或表扬一位诗人，这原本是极正常的现象，文坛无老虎，但只要有屁股，总会有人摸。问题是批评者的动机。以阶级斗争为纲，无限上纲上线，一棍子欲将人打死的不乏其人，可喜的是，实事求是地评论王朔的，毕竟是绝大多数。有一位资格很老的文学前辈，面对几个凶神恶煞的、惯于使用文学武器的刀笔吏，痛斥道："如果连王朔这样的作家也不能容，文艺要繁荣很难！很难！！很难！！！"三个"很难"，道出了这位爱护人才的老人对文坛的愤怒和声讨。

王朔眼巴巴地等待着那一小撮人下家伙，却不见一位武艺高强的刺客，也就心灰意懒地松懈了看热闹的兴趣。其实，一个文化个体户，从无失业之虑的朔爷，怕谁？改革开放之后，有邓小平的政策和政府撑腰，"从严控制，内部掌握"那一套行不通了。

好王朔，年纪不大，却老练得可以，不理睬批判者，也清醒地冷处理夸赞者，只是自由自在，一个劲儿地写东西，如同和老婆亲热，和爱女玩耍一样。他心里明镜儿似的，钟情于他的读者、观众和导演，对他的倍加爱护。有了市场，他的东西何愁卖不出去。那个眼睛不大，却闪着攫取之光的张艺谋，在拍了几部令国内外震惊的影片之后，很有见地地把目光投向王朔，不惜用重金买下王朔的长篇《我是你爸爸》的拍摄权，想再抱个金娃娃。中国最有实力的演员姜文，在我家品茶聊天时，也表示了对王朔作品的兴趣。英雄慧眼，所见略同也。

王朔把影坛搅疯了之后，又向另一个崭新的艺术世界——电视出兵入侵。"鬼子"进村，"烧杀抢掠"，把老百姓折腾得死去活来。临了，观众咧嘴乐了："王朔这小子还挺棒，挺招人待见。"

他和几个哥们儿策划的《渴望》，一夜之间轰动京城以至全国，赚了老百姓那么多鼻涕眼泪。那个叫李晓明的编剧，原本也不起眼。记得几年前，他和北京电视艺术中心的副主任郑晓龙，与我结伴去南京开会。当时，我是万万没有想到，这两个愣头青，今天会干得这般风生水起。去年第四届全国青年作家创作会议在北京二十一世纪宾馆举行。李晓明露着挺讨人喜欢的虎牙，冲我笑道："汪爷，没想到吧？"他指的是自己居然当了华北地区代表的召集组长。其时，他还是个党外人士哩。

《渴望》作为第一部室内连续剧，称得上是中国电视剧上的里程碑。郑晓龙和李晓明两人没有躺在荣誉上得意忘形，而是又策划于密室："让人家哭过了，得再来个喜剧，叫人家乐乐呀！"

生活中，悲剧原本就比喜剧多，喜剧难搞，笑料难觅。郑晓龙、李晓明急得直挠头皮。还是郑晓龙心眼灵，骂道："咱俩真是傻，找高人哪！"

1989年冬，几辆小汽车驶进了友谊宾馆，只见王朔、苏雷、朱晓平等相继跳下车来，缩着脖子，搓着手，跟着郑晓龙钻进暖融融的房间。他们几人被安排进舒适的卧室后，又被让进一间豪华的会议室。郑晓龙颇严肃地说："艺术中心出了血本，把几位爷请到这么牛的地方，好吃好喝侍候着，就是让大伙拿出真玩意儿，来部喜剧……"

王朔等人打着哈哈，叫着："上茅台，不然甭想出活儿。"

李晓明骂道："嘿，各位爷，要是拿不出好活儿，食宿自理。"

于是，《编辑部的故事》就在这里奠基了。

自个儿骂自个儿总可以吧

都说中国人缺少幽默感，其实这是个偏见。君不见，鲁迅的杂文嬉笑怒骂，篇篇皆冷幽默。钱锺书的《围城》，更是一幅智慧幽默的长卷。人生需要幽默，缺乏幽默的生活，将变成一潭毫无生气的死水。变化的时代，本身就是个睿智幽默的时代。

王朔等侃爷就具有幽默天赋。平日里，哥儿几个一见面，就逗乐了。要贫嘴，寻开心，乍听起来戏谑得过火，有点俗气、贫气。细琢磨，这戏谑的背后，却蕴藏着最朴素又最深刻的哲理。

王朔等侃爷认为，《编辑部的故事》在风格样式上要与《渴望》不同。它要切实反映现实生活，具有纪实性，成为反映大千世界的一扇窗口，而且每一集要有个相对独立的故事，一个积极的主题。

王朔自然要挑大梁，好在他有一部写编辑部的中篇小说。不几天，这群平日里到处起腻逗贫的侃爷，就拿出了故事梗概，不到一个月，十一集剧本就鼓捣出来了。魏人颇自信地说："这戏肯定逗人乐，甭硬胳肢人家，就能叫人家敞怀大笑。"

玩命拼了数日的王朔和苏雷们，轻松轻松，聚在一起，花生米就着二锅头，吹嘘自己的艳遇，相互挤对，好不惬意。谁知，郑晓龙闯进来，皱着浓眉，一脸阴沉地兜头就是一盆冷水："诸位大爷，只有两集还凑合，其他九集全得枪毙！"哥儿几个等待犒劳的微笑凝固在脸上，昏菜了。

从此，王朔们更是全身心投入，不敢有丝毫的懈怠，陆续又完成了四十多集，经过反复筛选，剩下十五集。他们一边精心修改投入拍摄，一边报广播电视局审批。

谈到审批，这其间的曲折，足够写一台大戏。魏人写的《小保姆》，原是有感而发，那反仆为主的故事，不仅令人感慨万千，同时也引发人们对社会上出现的种种新问题的思索，可愣是没通过！来自某权威的一封信指出：我们刚刚说要净化屏幕，你们就又拍出这样格调低下、丑化现实的片子。整个《编辑部的故事》的命运岌岌可危了。

王朔和郑晓龙、魏人等当然不服气。我们这些关心此剧的圈外人，得此消息，也丈二和尚摸不着头脑。王朔、魏人等为了逗别人开心一乐，不惜自嘲，这伙编剧大都当过或现在仍是编辑（王朔曾借到某杂志当过编辑），自己拿自己"开涮"，自个儿骂自个儿总可以吧！当然，自嘲也是自信的表现，鲁迅不是就"自嘲"过吗?

王朔说:"我们是改革开放之后才过上舒坦的好日子的,我们干吗要丑化现实?"

他们把这场官司"打"到北京市委。最后,市委副书记王光认真地看了《编辑部的故事》之后,一挥手,通过!王朔在《编辑部的故事》播映并取得极大的轰动之后,却极冷静地对我说:"我觉得这部戏不是很好,它只是一部通俗剧,追求一种广告效应,不是严谨的东西。"

这,就是王朔。

王朔在文坛和影视领域崛起,身价倍增。前年10月,组建不久,没有多少辉煌战绩的电视界"游击队"——北京文化艺术音像出版社,憋足了劲儿,拼上了血本,要独资拍一部电视连续剧,聪明的决策人首先想到大红大紫的王朔。

王朔果然身手不凡,以一部《爱你没商量》再次博得观众的喝彩。

《爱你没商量》一反王朔的调侃风格,而以独特的视角、丰富的内涵,充满哲理地讲述了一个美丽又哀伤的爱情故事。

说起《爱你没商量》的诞生,也一波三折。北京文化艺术音像出版社找到王朔,双方一合计,得,攒一个演员悲欢离合的本子。但写电影演员的,太多太滥,那就写话剧演员的吧。王朔干过不少行当,阅历丰富,可对话剧"门儿不清"。王朔的脑子一动,就想到了总政话剧团的女编剧王海鸰,她深谙话剧行道和演员生活,又写过不少反映女性生活的小说和剧本,是个难得的合作者。

王朔和海鸰的相识,可追溯到七年前我组织的《当代》杂志海南岛笔会。海鸰有着孩子般的纯洁和快乐,不大的眼睛,晶亮地闪着真诚的光彩。那时,同往海南的四川才子乔瑜,对海鸰颇有好感,王朔等善解人意,便热心牵红线,果然成就了文坛上这对很有才华的年轻人的姻缘。

王朔和海鸰一拍即合,于是坐下开侃。写演员,男的不如女的有戏,那就先捏鼓一个女演员周华。写她从小就努力摆脱父母离异的阴影,自强不息,终于获得了事业和爱情的丰收?太俗!王朔惯于反着编故事,那就调个个儿,先写周华大红大紫,登上事业的顶峰,短暂的辉煌之后,就一路跌下去,由顺境到逆境，着眼于表现人物在这一过程中的焦虑、苦闷和种种希冀……

就这么编下去，拉了提纲，分头执笔，王朔的拿手功夫是写人物的对白精妙幽默，尤其擅长把自己对生活的理解，以调侃的语言抖搂出来，令观众赏心悦目，特招人待见；那海鸽却工于对人物特别是对女演员心灵世界的展示，他们都在各自熟悉的领域自由驰骋。

王朔和海鸽都是有艺术个性的作家，因各自的价值观和美学观不同，对剧中人物的处理常常出现分歧，两个极自信的人又各不苟同，只好通过笔下的人物传述各自的思想。偏偏歪打正着，这恰恰构成了一种既矛盾又统一的和谐境界。

在回忆这些往事时，王朔深有感触地说："以前与哥们儿合作，好多话碍着面子不好说，大家相互吹捧一下，结果并不理想。"而这次，虽然常常争得面红耳赤，甚至吵得像仇人似的，几天不说话地"死磕"，可戏却编得好看了。

两人一路写下去，费尽了心血，编到三十集时，得意地拿给制片人张和平看，结果从二十三集到三十集全部被推翻，两人呆呆地面对付诸流水的十二万字稿子，悲从中来，王朔对制片人要求之严，以"苛刻、残酷"形容，但正是这种严格，才逼着他俩往外挤干货！呕心沥血写到三十集，王朔、海鸽感到江郎才尽，再也编不下去了。说来凑巧，乔瑜忽从天降似的到了北京。这位操着浓重四川乡音的浪荡才子，才华横溢，热情幽默的天性很讨人喜欢。他的加盟，给编剧们注入了生气和活力。乔瑜的笑话讲得好，戏编得也好，每得一神来之笔，便笑圆了胖胖的脸，张开双臂拥抱王朔，得意地大叫着："咱太聪明了。太棒了，咱怎么就不能吹一回？"靠着精诚合作，《爱你没商量》终于与观众见面。

《爱你没商量》播放之后，王朔很激动，认为这是唯一使他激动起来的创作。但观众和评论界褒贬不一。本文无意评论它的优劣，那是只有广大观众才有权判定的，本文只想说，无论如何，在王朔的创作生涯里，《爱你没商量》是一部再次使他成为新闻热点的作品。

附：走向语言的自由

兆骞：

　　你写的《侃爷王朔》在《北京晚报》发表后，颇有影响，可喜可贺。我在阅读过程中，也时时击节称快，时时生发感慨。以前你的面壁苦吟之作、披肝沥胆之作，虽融注了你的心血和智慧，但都没能够像这篇洋洋洒洒、坦坦荡荡、亦庄亦谐、从容飘逸的纪实文学这样感人。作为创作现象，这是应该引起你我以及文朋诗友深思的。

　　其实对于任何一位作家来讲，把人物写得有血有肉、栩栩如生都并非难事，这是笔墨基本功，倘若连人物素描都写不好，焉敢奢谈创作出新？然而，写准、写活王朔却难，难在对他的心理素质有深层理解和准确把握，难在对他的情感方式与行为方式作为文化现象进行透视，更难的则是在相对意义上与之形成心理同构。这些年，我疏离小说研究，自然不会介入对"王朔现象"的理论探讨，我只想简略地向你表述我对语言的看法：文学语言是作家对生活语言的二度规范，同时又是作家的生命形式。王朔的语言是真实的、富有生命个性和美学个性的语言，只有这种"不端着，不矫情"，坦然地承认自己是个既有长处又有短处的人，是个并不那么神圣的"俗人"，才能走到成千上万的普通老百姓中间，不是以精神贵族的架势居高临下地教训人，更不是变着法儿捉弄人，而是真诚地交谈，很随意、很轻松地侃侃。大约咱们这代文人墨客都"雅"惯了，或多或少有些自命不凡、自我清高的气息。殊不知，大雅若俗，往往在雅文化中也包含着虚伪和做作，往往也以惰性心理重复着人们业已认同的道理，或是张扬陈旧的观念。这样，不知不觉地导致人生价值的倾斜与人格模式的僵滞。在俗文化中并非都是平庸与媚俗，往往以朴素的语言揭示了人们司空见惯而被漠视的朴素真理，或是揭示出富有时代感的，尚未被人们普遍认同的崭新的价值观、道德观、理俗观与审美观。何况王朔的语言，是以"侃"的方式去叙述和议论的，正像你说的，"侃是一种幽默运动，一种智慧游戏，可以娱乐社会，干预生活，缓解敌意，修炼灵魂，悟彻人事，是一种横溢的才华，一种积极的生命形态"，所以才能侃得文坛艺苑山呼海啸，沸沸扬扬；侃得洛阳纸贵，夜巷人空，成为观赏领域的一大奇观。但这仅仅是"侃"的客观效果，并非王朔有这样的初衷和构想，你能抓住这一点，并延展和观照他的性格及生存方式，使之富有新的文化内涵。当然，"侃"不是不要生活体验，而是对生活独特的文化观照并以独特方式得到表现。

会有人觉得王朔的语言有过多的调侃、揶揄和戏谑，缺乏一种庄重感。我以为，王朔就是王朔，他不是别人，别人也不是他；他不会走向别的作家，别的作家也不必走向他；各还命脉各精神，各有各的优势，各有各的风格，各有各的知音，唯有这样，我们的文学园地，方能百花齐放，姹紫嫣红。过去我们总是喜欢按照一种美学标尺去打磨"标准件"，对人和作品都去求全责备，其实谁都不是绝对完整的，与其求全，莫如沿着自己的美学个性去开拓新颖独特的美学天地。

我们这代作家不乏才气和功力，语言大多凝练而庄重，但一般来讲，又比较泥实和刻板，这源于我们的心灵缺乏一种轻松的自由状态，自囿于文化积淀的种种羁绊，而难以自然潇洒。诚然，我们的长处是对外部世界和自我都有强烈的责任感和使命感，因而严肃认真。但世间万物不都是真的，也不都是假的，不都是实的，也不都是虚的，不都是美的，也不都是丑的，不都是主观涂染的光明，也不都是自戕自灭的黑暗，正是在真与假、实与虚、美与丑相掺糅、相掩映、相变幻中，构成了云聚云舒、花开花落、五彩缤纷而又千变万化的物质世界与精神世界的。我们对客观世界和主观世界的认识永无穷尽，就像扬起风帆驶向无涯之海，倘若你能够把霞光丽日的璀璨、碧波涌荡的舒展和舟倾楫摧的悲壮，真实地、绘声绘色地进行语言传达，就很可贵了；假如你已习惯从一个凝固不变的角度用一种凝固不变的目光看生活，而且自视什么都明白，你必将受到生活的嘲弄，特别是目前，改革开放的大潮扑面而来，这既是历史趋势，又是历史必然，这既是时代的风貌，又是时代的精神命脉，它将会以汹涌澎湃的气势和细雨润物的精微，在影响着、改变着人们的文化意识、价值取向、道德观念和审美情趣，也会出现新的欢乐、新的痛苦、新的矛盾。因此，当代作家正面对着时代严格的选择与无情的淘汰，谁能意识到这一点，谁就可能产生理性自觉和情感自觉——以人的良知和热情扑向生活、感受生活。谁都知道文学是"人学"，我们对这一宏奥的命题的认识，也应该发展和深化，我非常欣赏恩格斯的一句名言："我们要把宗教夺去的内容——人的内容，不是什么神的内容——归还给人。所谓归还，就是唤起他的自觉。我们清除一切自命为超自然和超人的事物，从而消除虚伪，因为人和大自然的事物妄想成为超人和超自然的野心，就是一切虚伪和谎话的根源。"现在，我们应该读懂这段话了，应该拂去宗教的尘埃，显露人的真容。对于作家来讲，谁能够在自己心灵的地平线上升起人的太阳，就有可能在历史的早晨，走向语言的自由状态。

以上看法随意道来，不知你是否同意。即祝

文安！

同吾

6 月 18 日

笔阵独扫千人军

——邓贤与他的《大国之魂》《中国知青梦》

20世纪80年代，继王朔之后，又有一批年轻作家昂首阔步，自信地走上中国文坛。他们成长于新中国阳光灿烂的日子，既没有巴金、老舍等老一辈作家所背负的历史沉重，也没有王蒙、张贤亮等那一代作家的坎坷人生。他们曾有过血腥地向"四旧"开战，疯狂地对民族文化"扫荡"的"红卫兵""壮举"，又曾有过自愿"上山下乡"当"知青"的蹉跎，后来痛切地发现自己宝贵的青春被无端地愚弄的荒谬，于是开始冷静地反省自己、反思民族的命运悲剧。

是的，这一作家群体，是在一种"泛文化"的"宏大历史建构"中，被动地度过他们的青春的。他们学会并操持着虚伪的模式化宏伟话语，过早地接触阴暗残酷的政治斗争，他们的青春充斥着政治权力的幻想，充满对政治文化的热情，他们的人生也充满了虚无。

但是，他们对祖国大地和对人民的热爱，他们富有的自我批判精神，他们灵魂深处坚持理想和崇高的宗教式虔诚，在"文化大革命"后的反思中，极大地被激发出来。这批作家走文学创作之路时，形成了极其沉重也极富特色的底色。

在"伤痕""反思"的文化风潮中，涌现出的张承志、梁晓声、叶辛等知青作家创作的作品，既诉说了"文化大革命"中的不幸，又表现出知青返城后的迷惘，特别是对农村的怀念，对土地的眷恋，回响着一曲一代知青悲剧式的英雄主义命运的交响曲。

谈知青文学，大体可分三个阶段。第一阶段是主要表述知青生活的艰辛和身心留下的种种伤痕，如叶辛的长篇小说《蹉跎岁月》；第二阶段，重点是抒写浓浓的乡情，赞美知青的英雄壮举，表现"青春无悔"的情绪，如梁晓声的中篇《今夜有暴风雪》、长篇《雪城》，史铁生的短篇《遥远的清平湾》等；而邓贤的长篇纪实文学《中国知青梦》，突破了前两个阶段的"知青情结"，以一种历史的理性精神，去观照知青历史，并予以剖析与否定。

1

长篇纪实文学《中国知青梦》于 1992 年 10 月，发表在《当代》第五期，曾引起不小的轰动。

《中国知青梦》是以云南生产建设兵团为背景，笔墨集中于 1978 年至 1979 年知青大返城前前后后的故事，对那场"知青"运动做了全景式的呈现，以事实对"知青"运动给予历史的理性批判。这是一部有深度地传达出历史的血脉、心音、魂魄，又极富概括力的作品。

作为比邓贤大十五岁的我，虽早已过了当知青的年龄，但我们共同经历了那段沉重荒诞的特殊历史，因此，读到《中国知青梦》，同样与知青朋友一样，有着酸楚、震悚、反思以及不堪回首的复杂体验，泪水模糊了我的双眼。在阅读中，我深深地感受到《中国知青梦》的气度、理性、诗情、哲思的濡染和力量。

邓贤于 1953 年 6 月生于成都，1971 年初中尚未毕业，即到云南生产建设兵团（后改为国营农场）当知青，种甘蔗长达七年。作为知青，他几乎经历了《中国知青梦》容纳的极其丰富的所有重大事件：见证了知青大返城全部过程，目睹了病退潮、走私潮、自杀现象、弃婴问题、女知青遭污辱等特定环境的众生相。邓贤浓墨重彩地将这些人物和事件呈现在《中国知青梦》中，使之成为中国知识青年上山下乡运动的百科全书。它以事实真实、数字确凿、逻辑严密、说理雄辩而又入木三分的刻画，"坐实了'文化大革命'是一场社会浩劫的铁案"（冯立三语）。雨果说："具有历史意义的事变，时间隔得越久，它的轮廓便会更加清晰地浮在我们面前。"

邓贤的《中国知青梦》的问世，是距曾极为热闹的知青文学退潮很久之后了。文学对"文化大革命"的反思深度，自然也与从前浮躁、偏激、片面有所不同，而具有冷静、从容、博大、深邃的气概。但《中国知青梦》能震撼人心，是来自它毫不避讳的历史的真实、严峻的政治社会的真实、惊心动魄的生活真实，穿越表象而寻求的时代的"灵魂的历史"（勃兰克斯语）的真实。这就使《中国知青梦》具有了史诗品格和史学特性。

还值得注意的是，诚如邓贤自己所说，写《中国知青梦》"我只想努力还原一个真实的历史过程"。读《中国知青梦》，看似笔笔写知青史，写知青命运，但当你透过作品所触及的当时的政治、文化、经济、人性等深层意蕴看，邓贤其实在力图写出一部呈现"文化大革命"中人心历史的大书。

纪实文学是近年来出现的一种新的文体。它脱胎于报告文学，又有别于报告文学。它允许作家在作品基本真实的前提下，适当地运用某些文学手段，如合理的艺术想象、有度的人物刻画。《中国知青梦》作为非虚构文学，是以叙述为主，而具有新闻性，又具真实性，当然也进行了文学化，但未像小说那样，以虚构样式把思想熔铸到塑造的形象中去。我注意到，《中国知青梦》在借助理性分析，将清醒的理性精神无孔不入地渗透其中，形成无数纵横的血管，使作品的思想内涵得以深化。《中国知青梦》还以充满激情的笔触，记叙典型事件和典型人物，从而对知青运动各种复杂的生存现象和精神现象，做出多面性和多重性的呈现。

《中国知青梦》的典型事件，实际是诞生典型人物的典型环境。比如"5·13暴动案"中，管知青的老兵陆发云，他对城里人和文化人本能就怀有偏见和敌意，当他成为"公理的化身"时，个人权力欲膨胀，不可能不制造冤案。"知青领袖"凌卫民这一形象，虽不能与小说虚构鲜活的"这一个"人物相比，但他的概括性并不输给虚构人物。平民出身的小人物凌卫民，争强好胜，表现欲强烈，勇敢又有魄力，他曾叱咤风云，历经磨难，率请愿团达到"面陈党中央"的初步目的，在被困昆明火车站之际，他以非凡智谋，创造了刹那辉煌。他应运而生，乘势而起，扮演了这一历史的角色，但他远非英雄好汉，作者没有掩饰他被农民文化所化而对权力的崇拜与畏惧，也未回避他的优柔寡断、动摇和脆弱。他的可悲在于，知青运动时过境迁之后，他还想继续他扮演的角色，最后不得不被历史淹没。

《中国知青梦》究竟多大程度上排除了作者主观评价，达到他自己所说"还原"历史，不敢贸然作断，但它的真实性和典型性达到了相当的高度，是有目共睹、众口一词的。它引起不小的轰动效应，也是合乎逻辑的。

关于中国知青的小说，早年因卢新华的《伤痕》、叶辛的《蹉跎岁月》、梁晓声的《今夜有暴风雪》而轰动一时。到 1990 年，长篇小说《中国知青部落》又让文坛沸沸扬扬。该小说也是写云南"知青"的。1984 年，云南《大西南文学》杂志和云南省农垦总局共同组织了一次"知青笔会"，于是有了全景式反映云南知青生活的《中国知青部落》这部书。但如曾任《云南农垦》编辑，"知青笔会"组织者之一郜宁校所云，"作者的思想境界、生活积累、文学功底都不足以驾驭这本不熟悉也根本不想熟悉的题材"。此论很恰切。可以说，知青小说已走向没落。但谁也没想到，沉寂了许久的知青文学，却因《当代》发表的《中国知青梦》再次引起社会特别是知青的巨大反响。

鉴于《中国知青梦》的影响，《当代》收到大量读者来信。我们决定在京召开一次《中国知青梦》研讨会。那天京城评论界的大家悉数到会，研讨会上喝彩之声不绝于耳。更为令我们感动的是，研讨会第二天，是星期天，闻讯从全国各地赶来的知青，突然云集我们人民文学出版社，要拜见邓贤。邓贤与知青共话知青辉煌而悲壮的风雨历程，时而悲怆得泪飞如雨，时而兴奋得大呼小叫。我家离出版社很近，昨夜得知知青到社聚会消息，一大早就赶到出版社，为他们开大门，引进会议室，让工友准备茶水，然后与知青共悲喜。

尽管邓贤曾说，他写《中国知青梦》，"完全无意在这里对知青运动的功过是非和我的同龄人对待历史的种种态度评头论足"。的确，他的《中国知青梦》没有主观情感倾向和道德善恶的臧否。但是，当邓贤与这些陌生的同龄的知青相聚一起，相互倾心交谈之时，那已逝去的，仍让他们刻骨铭心的浪漫主义的激情与绵延不绝的苦难，还是让邓贤摆脱不掉剪不断、理还乱的"知青情结"！谁能摆脱留下自己灵魂一部分的那块土地呢？

写《中国知青梦》，邓贤仅用了八个月。为此，他不能原谅自己。哪怕再修改一次呢，作品会少些遗憾。对于作家来说，每一次创作冲动，每一部作品完成问世，都标志着生命的燃烧并将成为不可重复的人生历程。

2

其实，早在 1990 年 10 月，邓贤的长篇纪实文学《大国之魂》就登上当年第五期《当代》，并由人民文学出版社出版了单行本，在国内外引起不小的反响。邓贤初登文坛，即一炮而红，令邓贤和我们都大喜过望。就是在那时，我与长着一张娃娃脸、戴着一副眼镜的邓贤结为朋友。

1978 年，邓贤从云南生产建设兵团返城后，考入云南大学中文系，毕业后留校任教，1988 年调四川教育学院中文系任教。邓贤的创作之路，从 1982 年写通俗作品《昆明虎案》开始，并不顺利。但邓贤很幸运，1988 年，他与《当代》到云南组稿的我的同事洪清波不期巧遇。正是这次偶遇，成全了邓贤的文学之梦，改变了他的命运。我的同事得知作为中国远征军的后代，邓贤从 1972 年起就徒步走访松山、腾冲、畹町、密支那等地，重走父亲征战的旧战场，凭吊当年抛头颅、洒热血与日寇鏖战的远征军的英灵，而将 1941 年至 1944 年中国远征军入缅作战历史，以百万字小说反映出来，以祭奠包括自己父亲在内的远征军，是他的夙愿。深谙文学之道的洪清波，从邓贤的表述中，已发现了它的价值。当场便向邓贤组稿。后洪清波与另一编辑认真分析邓贤的主观条件与掌握素材的客观条件，取乎其长，避乎其短，建议作者浓缩成三十万字，写成一部纪实文学作品，而非小说。这一建议极具眼光。后来邓贤出版过长篇小说《天堂之门》，特邀我参加其在北京举行的作品研讨会。会上我说过这样的话："进入小说领域，那个极具天赋和个性的邓贤变得极为平庸。"

两年后的 1990 年春，我们读到了邓贤这部名曰"大国之魂"的长篇纪实文学的初稿，形成基本意见之后，我们派编辑去成都，与邓贤面谈修改意见。邓贤接受了这些意见，四易其稿，改得很苦，整整苦写了一年又四个月。书稿再度送到《当代》，编辑部仍有不同意见，主要表现在：担心题材重复，因解放军出版社已有《缅甸，中日大角逐》等同类作品问世；担心会有人认为《大国之魂》在美化美国；最要命的是有人提出《大国之魂》过高地抬举蒋介石，而矮化了我党、八路军在抗日战争中的伟大贡献。当然，作品也有枝蔓过多的不足。

经过讨论，意见趋于一致，认为题材重复这是个伪命题，文学题材不存在撞车问题。透视中、日、英、美的民族之魂，视角颇为独特，立意也高远、深邃。《大国之魂》忠于二战战史，资料真实又翔实，美国对二战的重大贡献，是世界公认的。邓贤能在作品中正视历史，正表现他的勇气和胆识。滇缅战役，是中国抗日战争的局部、由国军担当主角，这是事实，而且，我党那时公开承认蒋介石是全民抗战的最高统帅，提出美化蒋介石、矮化共产党和八路军的观点，本身是很荒诞的。

最后，由编辑对《大国之魂》修改稿又进行了必要的艺术加工，删去作者贴进作品中的家世（其父是远征军的运输兵，其母系蒋介石之二公子蒋纬国的妻侄女）等部分。1990年底，《当代》第六期上发表了三十一万字的《大国之魂》。前面讲过，按《当代》分工，我负责二、四、六期《当代》的具体统筹，写编者按语等工作，对《大国之魂》自然多了几分感情和责任。

一天，邓贤到我家那座四合院来看我，从衣兜里掏出几枚铜锈斑驳、一揸长的子弹壳，送给我。这是在他到怒江旧战场考察前，我写信给他，向他索要的。见我很惊喜，他说，这是在远征军旧战场捡到的，是美国飞机扫射日本人时，从空中坠落埋在尸骨之间的。

在我书房里，谈到徒步走访旧战场时，他说："采访的目的，并不仅仅为了写《大国之魂》。重走远征军旧战场，实在是一种让人刻骨铭心的人生体验，它丰富了我的人生并使我思考了许多问题，懂得了许多东西。"我直言不讳地表达了我对《大国之魂》的赞美。

他的脸突然生动起来，学着王朔、朱晓平（《桑树坪纪事》作者）的口气："汪爷，我跟您说，今生今世，我就是为这部书而活，普天之下，再没有比写这本书更重要的事了。"

停顿一下，他又接着说："当然，我还要为写更多作品而活着。"

《大国之魂》发表之后，读者给予很高的评价，评论家认为《大国之魂》

是当时三部同类题材作品中最为出类拔萃的一部。转年 10 月,《大国之魂》单行本由人民文学出版社出版,先后荣获新闻出版总署颁发的首届直属出版社优秀编辑一等奖,接着又获团中央、文化部、广电部、新闻出版总署等主办的首届中国青年优秀图书奖,人民文学出版社也授予其“人民文学奖”(1986—1994 年)。

《大国之魂》《中国知青梦》两部长篇大作品皆获“人民文学奖”。有此等殊荣的,那时只有王蒙和邓贤。这给初登文坛的邓贤带来了太多的赞美和荣耀。

3

20 世纪 90 年代初,安徽籍诗人严陈,委托我组织一次文学笔会。于是有了那次“《当代》淮北笔会”。受邀的作家有蒋子龙、柯云路、张曼菱等。我给邓贤打招呼,他表示愿意参加。那次笔会一行二十余人,先深入淮北煤矿,再到马鞍山访问,然后拜谒九华山,最后游览黄山,内容丰富,形式也活泼。

时值阳春三月,我们一路乘大轿车从北向南,在铺天盖地的黄灿灿的油菜花的原野上行驶。邓贤是最活跃的作家,他一路上操着浓重的四川官话,极生动传神地摆他的龙门阵,时而又与北大才女作家张曼菱夸张却有韵味地对唱情歌。我在他戴着白框眼镜如同负笈读书的学生般的脸上,竟寻不到他在云南当了七年知青的一点痕迹。我甚至很难想象他那张生动、顽皮的面孔和幽默调侃的嘴,如何面对比他小不了多少的莘莘学子。

那次笔会,所到之处,闻说蒋子龙、柯云路、邓贤等作家莅临,总有大批读者蜂拥而至,我注意到,年轻人总爱簇拥邓贤。一个漂亮的年轻姑娘,手持一本《大国之魂》问我哪位是作家邓贤,我指给她,待来到邓贤面前,她怔了一下问:“你就是邓贤?”

邓贤也怔了一下:“是啊,我是邓贤。”

姑娘笑了:“这么年轻,真让人感到意外。”

邓贤也笑："让我感到意外的是，年轻漂亮的幺妹儿，竟也喜欢《大国之魂》。"

那次笔会之后，钟情于历史、战争题材的邓贤，于1994年深秋，又将一部写抗日战争淞沪之战的长篇纪实文学《日落东方》送到《当代》。该作品再现了那段波澜壮阔、惨烈悲壮的保卫大上海的淞沪大战。战争带来的痛苦是人类永恒的记忆。战争把一切都推向极致，无论是人性还是兽性，是美是丑，是善是恶，只有在生死攸关的时刻，人们才真正认识自己和敌人，并从战争中窥视这个民族的精神。战争中人类所有崇高的精神是不朽的，它将一直滋润着这个民族，保存着英雄浩气，抗拒庸常生活对民族的磨损和腐蚀。因此，不仅史学家，文学家也有责任记录在保卫国家的战争中表现的民族魂魄和血性。

我很赞赏邓贤写战争的识力、勇气和才情。邓贤说："这是我献给世界反法西斯战争胜利五十周年的一份菲薄的礼物。"

灯下细细品味《日落东方》，你不得不为邓贤汪洋恣肆地铺叙战争的场面、氛围，尤其是写出其间人的面孔和灵魂而击节赞叹，而望之生畏。但又觉得论议似乎太多，有些地方太过情绪化，甚或有些偏颇，失之公允。但万万没想到，邓贤的《日落东方》（发表时，改名"淞沪大决战"）甫一问世，《当代》杂志就遭到有关部门严厉的批评。

邓贤没有受到任何影响。邓贤到北京领"人民文学奖"时，我拉上王蒙与他在九爷府吃火锅。王蒙的《活动变人形》及我责编的他的《失态的季节》，双获"人民文学奖"。

在吃火锅前，一大早，我陪邓贤到世界公园参观。在凛冽的寒风中，邓贤依然一路欢歌。不知怎么谈到昆明海鸥与游人翩飞而嬉戏的动人场面，邓贤笑道："弄只海鸥给汪爷玩玩怎样？"

中午赶到九爷府，已十一点半，我又一路小跑，到不远处的王蒙家，拉来王蒙及师母赶去吃火锅。王蒙不得不推辞一处隆重的宴会，陪作家们吃火锅。

在热闹的火锅席上，邓贤与王蒙不在一桌，却不影响他们彼此的交流。邓贤以四川人特有的幽默，不断与王蒙隔桌喊话斗趣，令作家们忍俊不禁。

4

有几年没有什么动静的邓贤，突然于新世纪到来的 2000 年 6 月，又拿出一部长篇纪实文学《流浪金三角》，再次让文坛热闹了一番。

《流浪金三角》将金三角五十年的春秋做了全景式的实录，探寻金三角何以成为世界上最大的毒品生产地的源流，记录了在特殊的历史背景和生存环境中人的惊心动魄又令人心酸落泪的命运。

邓贤是 1998 年夏秋之交，悄无声息又毫不犹豫地自费进入金三角，开始漫长的危机四伏的采访。他勇往直前，藐视任何可能发生的意外，浑身燃烧着激情、向往和冲动，深入金三角腹地方圆几百公里，采访了二战和解放战争中的国民党老兵、老知青、毒贩、马帮、山民多达数百人。

众所周知，金三角是个笼罩着神秘面纱而凶险莫测的禁区，是陆地上的"百慕大"。金三角与中国、缅甸、泰国、老挝接壤。其面积与我们云南省差不多，山峦重叠，覆盖着茂密而古老的亚热带原始森林，全球一半毒品都是从这里制造出来，然后流向世界各地。解放战争中被打得一败涂地的国民党残军曾盘踞这里，缅共也曾在这里竖起过大旗打游击，大毒枭坤沙曾在此地安营扎寨，这里也是土著部落、贩毒马帮的乐园。"文化大革命"时，不少红卫兵、知青也闯到这里闹革命。

邓贤在云南当知青的时候，一度进入缅甸北部山区流浪，与金三角擦肩而过。而让邓贤下决心走进金三角，是 1998 年邓贤参加由湖北省某杂志社组织的一次经由香港、台北前往曼谷的笔会。游览泰国芭提雅时，导游卢先生无意间告诉他，金三角已经部分开放，总部在美斯乐的人数众多的国民党九十三师已交枪，大毒枭也向泰政府投降，他本人已亲往金三角参观过云云。邓贤听罢，立刻血脉偾张，心跳如鼓，便做出一个连自己都惊愕的决定：闯进金三角！他向笔会组织者提出："我要下车，回曼谷，到金三角去！"此举遭到断然拒绝。

但一路令他心往神驰的还是神秘的金三角。

回到成都，邓贤开始精心准备，一位本市经济电视台的朋友，听说他要独闯金三角，二话没说，就赞助他一笔采访经费，替他解决了自费到金三角的沉重负担。

邓贤曾经说："我从来不是一个视死如归的人，甚至算不上一个勇敢的人。"

但对于一个作家，一个以关注人类苦难为使命的作家邓贤来说，还有什么比去发现金三角秘密更幸运的事情呢？金三角像一座金光闪闪的魔鬼宫殿，在远处诱惑他，就像传说中的财富诱惑贪婪的寻宝人，沐浴的仙女诱惑情欲难耐的青年男人。既然上帝选择了他，他只有勇往直前，赴汤蹈火，如夸父逐日，似精卫填海，闯进金三角！

在金三角，人们看到邓贤这样的行头、披挂和装备：身穿米色采访服，右肩挎一架微型摄像机，左边是当时最先进的自动照相机，胸前挂着采访包，兜里暗藏采访录音机。他出入波谲云诡、危机四伏、刀锋相向、龙蛇争霸的罂粟王国。

邓贤不负众望，将金三角漂泊的前国民党残军、大陆知青、切·格瓦拉的追随者的如歌如泣的命运，用鲜血和生命创造毒品王国的罪恶，埋于荒草萋萋的死者一律朝向故乡北方的坟冢，让人心悸地呈现给我们。邓贤告别金三角时，伏身而跪，向死者、向魂牵梦萦的同胞之魂，重重磕了三个头……

阅读《流浪金三角》，我曾惊心动魄，大为感动，泪水滂沱。

为了宣传这部作品，我把邓贤带到中央电视台，让朋友给邓贤和《流浪金三角》做了专题节目。那时，我兼任中央电视台该栏目的文学顾问。不久，一张娃娃脸，以幽默雄辩的风采，出现在中央电视台的节目中……

浪花有意千里雪

——王跃文的《国画》被误读及《大清相国》受推崇

新时期文学发展到 20 世纪 80 年代末，与改革小说崛起几乎同步，文坛上出现了一股反映官场生活的小说潮流，如柯云路的《新星》、周梅森的《人间正道》、张平的《抉择》、晋元平的《权力场》、陆天明的《省委书记》，在文坛和社会影响最大的是王跃文的《国画》。

　　官场自古有之，反映官场生活的文学也一直存在。太远的不说，20 世纪初，李伯元的《官场现形记》是为滥觞。《官场现形记》以 1894 年至 1900 年之间的中国时局为背景，以官场为表现对象，揭露了当时社会的腐朽黑暗和各级官员贪腐龌龊的丑行。不久，仿效其结构、手法的，以社会为批判对象，借小说以发泄对政局、时弊的不满和对腐败官场的愤慨，对社会弊病、人性积习和道德沦丧加以揭露、讽刺，甚至漫骂的"官场"小说，如《二十年目睹之怪现状》《老残游记》《宦海》等，竟有十多部相继问世，并广为流行。

　　1949 年后，共和国早春的年代，王蒙对基层机关中滋长的官僚主义表示疑惑和不满的《组织部新来的年轻人》、李国文对更基层小官员心态揭示的《改选》，都可视为以官场为背景，着力于社会生态和心态揭示的小说。

　　官场出身的湖南作家王跃文，其作品从《国画》到《今夕何夕》《夜郎西》《秋风庭院》，再到《梅次故事》《官场春秋》《朝夕之间》《大清相国》《苍黄》等，几乎都是以官场为题材，翘楚文坛，在社会上引起较大的影响。因此，他被人称为"中国官场小说第一人"。有位评论家甚至说："王跃文之于官场小说，就相当于金庸之于武侠小说、琼瑶之于言情小说、二月河之于帝王小说。"

　　称王跃文的小说是"官场小说"，王跃文说这是"对我这个作家和我的作品的误读"！他说，如果粗暴地将小说类型化概念成立，那如海明威的《老人与海》就是渔业小说，雨果的《悲惨世界》就是犯罪小说，《红楼梦》则是青春小说，《西游记》则是穿越小说。

作为王跃文的读者和朋友，又是亲手把《国画》推到《当代》杂志发表的编者之一，我极赞同王跃文关于自己作品被误读的观点。王跃文作为作家及其作品，都是深刻而博大的，是满怀着深沉的忧患意识，显示着凌厉的批判锋芒，在时代和文学的召唤下，书写社会人生的。王跃文的作品多以官场为题材，那是因为他身在官场，熟悉这种生活，他的作品不是简单地反映官场黑暗，而是观照人性、人性的异化与挣扎，关注小人物的命运，揭示他们在生存压力下的生命尊严与精神坚守。官场小说，岂能涵盖得了其小说的丰富性和深刻性？

1

未与王跃文结识以前，就关注过他的小说，印象较为深刻的是中篇小说《秋风庭院》和《夜郎西》(《当代》发表)。一次，到王蒙位于北大街南口的小院闲聊，我曾向他推荐这两篇小说，王蒙说他读过了，认为《秋风庭院》是一篇很有黄昏气氛，却止于黄昏之叹似意犹未尽的小说，他很赞赏王跃文的才气。

大约是1998年，《当代》的编辑周昌义组到了王跃文的长篇小说《国画》，他审读后写了意见，交我再审。我比王跃文、周昌义大十多岁，但可以视为一个"历史共同体"，我们有共同的历史记忆，以及大体相似的对于历史和现实的认知方式和感情方式，又都受过相似的文学训练，很容易沟通和认同。

我和昌义在我们的审稿意见中，是这样评价《国画》的：

> 小说以主人公朱怀镜的宦海沉浮为线索，通过荆都市一幅幅台前幕后世相的传神描写，生动地刻画了一批存在权力中心或边缘地带的人物形象，对他们的独特神貌和遵循的游戏规则，都做了镜子般的映照，对丑恶及腐败的滋生原因，也做了人性和机制等方面的探索与揭示。
>
> 小说涉及人物官场与欢场的经历，权力与情欲的追逐等方面，刻画深微，叙述周严，既有场面感，又有透视感，遂成为一部难得的警世之作，还因着重写出了文化与良知的存在，所以难掩小说深切的忧患意识。

我们与王跃文的配合很默契，《国画》经过两次修润，于1999年初刊于《当代》，同年，单行本也发行。《国画》将受欢迎，我们心里有数，但三个月重印五次，是始料未及的。后来有关方面以小说写官场没有一个正面形象为由，不允许再版。不久，该偏见不攻自破，《国画》继续出版且盗版书在疯狂销售，竟逾百万之巨，一时洛阳纸贵。这足以证明读者对《国画》欢迎的热烈程度。

后来，王跃文接受凤凰网专访时说："我写《国画》的时候，没想到这本书会特别特别地好销。"又对《南方周末》说："当年，《国画》出版之后迅速走红，我始料未及。"

更让王跃文始料未及的是，自《国画》始，不仅广大读者，甚至文学评论家，都用一种最简便、最直观的说法，称王跃文的小说开"官场小说"之先河，是一部"当代《官场现形记》"，而王跃文自然也就成了"中国官场小说第一人"。

对《国画》的评价，也冰火两重天，不少评论家认为《国画》以现实主义手法，通过"典型环境中的典型性格"，对官场的人情世故做了精心刻画，把官场中的"人脉""规则"和"上边儿"等潜规则也展示得细致入微，把官场百态描绘得淋漓尽致，艺术地再现了现代社会的官场文化。这类评论，把《国画》定位于官场小说。另一些论者，则曰《国画》受热捧，无非它描写了官场相互倾轧的权力斗争，而满足了普通读者对官场的一种窥探欲，可以从中学习从政经验的"官径"。总之，《国画》的文化意义超过了文学意义。有的人甚至说王跃文的《国画》是官场教科书，指责他污化现实，是教人学坏的黑暗教主。

对一部作品有不同的评价，作为学术见解发表出来，原是极正常而又有益的，从小处说，是一种学术观点的碰撞，从大处说，如19世纪法国文论家朗松所说，这是"为文学史提供了宝贵的证词"。但对激起读者对社会精神正义的思考，满怀着深沉的忧患意识，显示着凌厉批判锋芒的《国画》，进行暴戾的带有偏见的否定、曲解及类型化界定，我不敢过多置喙，但这起码是不公正的。正是评论界的这种冷漠，让读者一头雾水，陷入迷茫。

对此，我想起萧伯纳的一句名言："一切伟大的真理，最初都是被当作亵渎。"一部好作品，又何尝不是如此呢？

在《国画》之前，以官场为背景的小说，有《当代》发表过柯云路的《新星》、周梅森的《人间正道》、阎真的《沧浪之水》等长篇小说。它们都是写大变革中的中国政治文化现状，以及人在其中的沉浮命运的，广受好评。

1996年岁末，《当代》隆重地推出了周梅森的长篇《人间正道》。周梅森是我多年的好友，该小说是我和另外两位同事，到周梅森挂职的徐州拿到的。《人间正道》由我责编，其单行本的内容介绍也是我执笔的，其中说："这是一部全景式反映当代改革生活的长篇小说……小说成功塑造了众多有血有肉、栩栩如生的艺术形象，生动地再现了一大批无私无畏、敢于为改革事业押上身家性命的当代英雄（一批官员）的精神风貌，客观而又深刻地揭示了前进中的重重困难和尖锐矛盾……"我还为转载此小说的《长篇小说选刊》，专门写了一篇评论推荐《人间正道》。

"英雄典型"一直是中国文学的主角。贯穿小说叙述之中的英雄主义精神，渗透着"中国特色"的民族品格，成为当代小说的"主旋律"。但不能回避的是，社会观念的世俗化已空前盛行。世俗化，即神圣的意义丧失。商品经济原则彻底地侵蚀了一切，个人的生命力空前搏动，物化主题及其现实表现，成为最能激发作家写作灵感的所在。文学应该是人类思考社会、思考人生的一种方式，周梅森和王跃文在现实的召唤下，分别创作《人间正道》和《国画》，就是表达了他们对社会、生活的文学思考。不同的是，周梅森的《人间正道》，表现的是大变革中共产党人克己奉公、无私无畏、情操高尚的民族精神的岩浆；而王跃文的《国画》则是刻画在复杂的变革中，那批存在于政治生态中的人物的人生百态，表现他们在权力的重压下人性异化的图景。不管是写英雄的浩歌，还是小人物的悲歌，是精神坚守还是生命尊严，是灵魂挣扎还是人性异化，都落笔到个人和人性中。《人间正道》《国画》都是将社会与心理两种现实合二为一，浸润着温暖和诗意的人生小说。

但《国画》与《人间正道》的命运，不尽相同，《国画》在评论界反应冷淡，读者则争相热捧，反响巨大；《人间正道》受到评论界好评，拍成电视剧，获"五个一工程"奖，而读者反响平平。真是智者乐水，仁者乐山，其间的玄机非三言两语能道断。

2012年夏，王跃文携湖南文艺出版社新版的"王跃文作品"（包括长篇小说《国画》《梅次故事》《朝夕之间》《大清相国》《苍黄》等，小说集《漫水》《无雪之冬》，随笔集《幽默代价》等）亮相上海书展，并签名售书，反响极为热烈，一时轰动上海滩。王跃文的作品，十多年畅销不衰，可谓是当代文坛奇迹，很值得研究。

王跃文在一次接受采访时说，我听不下一百位大学生、不下十几位大学教师说过，大学生快毕业的时候，有些老师会着重推荐学生看看我的小说。我相信，老师的愿望是务实而善良的，他们想让学生通过我的小说了解一下社会，免得走上社会一头雾水，反而陷入恐惧和迷茫。这里体现的是我小说在真实反映生活方面的认识价值。

是的，他的作品对一些体制弊端委婉却深刻地做了描绘。一个成熟的法制社会，社会利益是由法制调配的，而非完全的法制社会，则往往是权力支配利益。文学即为人学，小说通过对一批生存于政治生态中的人物命运的刻画，揭示了这一严肃的社会问题。小说深沉的忧患意识、凌厉的批判锋芒，才是其小说长久不衰的秘密。

王跃文既有儒家关注现实的伦理人格，也保持着道家的虚静心态。他出奇地冷静，超越悲喜之笔，凭依做人的真诚与坦然、深厚的文化积累与艺术修养，以达观的人生态度、超然的目光，信笔为文，淡然而不漠然地书写喧嚣世俗间，生存于政治生态中的各色人物命运，让我们看到一道别样的人生风景。

2

王跃文以写小说闻达于世，是当代著名的作家。海明威曾一语道破成为作家的必要条件，他在回答一位文学青年所问"一个作家最好的早期训练是什么"时说："不愉快的童年。"

海明威这一说法，不敢妄评，但考察但丁、卢梭、安徒生、卡夫卡、鲁迅、张贤亮、莫言等，几乎人人都有"不愉快的童年"。王跃文的童年颇为不幸、悲惨，却是实实在在有案可稽的。

王跃文于 1962 年似乎带着原罪来到这个世界的湖南溆浦县一个小山村。他那个身为国家干部的父亲，在二十四岁时因言获罪。所谓"罪"，仅因写了一首打油诗，而错划为"右派"，被遣回乡下劳动改造。在那个年代，极左政治肆无忌惮地横行霸道，动辄"运动"，随意"斗争"，知识分子惨遭整肃，冤假错案遍于中华。他的父亲整整过了二十一年地狱般的生活。一人获罪，株连全家，王跃文从小就受着歧视和侮辱，母亲的家训是：紧闭口，慢开言。他必须从小就夹着尾巴度日。童年时的家庭灾难让王跃文早熟。

王跃文说："我是在受冷落、受歧视的环境中长大的。我从小对世界充满恐惧，从小就慌张而怯懦地打量着这个世界。我知道自己将在乡村终老，死后埋进村子对面一座叫太平坳的山里。"

在现实世界不如意的人，可以通过读书来构建独立的精神世界，然而在那个年代，除了课本之外，几乎没什么可读。那时的王跃文，只能读到几本小人儿书。小时候想当老师的王跃文，其痛苦的童年经历和观察生活的敏感，却为他当作家准备了条件。

他最早的练笔之作《雾失故园》和《也算爱情》，都是写他对"文化大革命"记忆的。同龄人读后，大为吃惊，说，那时候我们还是一群不谙世事的娃娃，你却对那时的事情记得那么清楚！

王跃文曾给我们讲过，他童年时，刚刚熬过饿殍遍地的大饥馑岁月，裹挟着腥风血雨的"文化大革命"又席卷全国。有一天，年幼的他到离家几十里的大山里去砍柴，回来的路上饿得浑身发软，双腿沉得迈不动步，就坐在人烟稀少的路边哭起来。幸亏被一位从田里干活回家的大嫂发现，给了他一个红薯，他才勉强背柴回到家里。

大凡童年不幸的人，容易走上文学之路。从精神因素分析，文学是对童年痛苦的一种"补偿"，在生理上、心理上与文学有关的"兴奋中心"得到优先发展。文学是一种倾诉，倾诉自我，特别是童年的痛苦记忆。这成为不少作家的一种夙愿。

20世纪80年代初，王跃文的家境大为改善，蹉跎了岁月而白发苍苍的父亲也得到平反。1984年，王跃文大学毕业，同窗大都分配到中学教书，而他分配到溆浦县当了秘书。

当时，王跃文的父母与两位副县长有故旧关系，但王跃文到县里当秘书，并未走后门，用他的话说："这与我的作文成绩优秀有关。"大学教过他的教授证实了王跃文的说法不虚："王跃文在大学时作文漂亮，论文漂亮。"这位教授说，他的这位学生，在社会活动方面，并没有特异才能，他官运一路亨通，从县里到区，再到省里，没有想到，但他成为作家，早有预见。

王跃文走上仕途，邻里亲朋视为光宗耀祖的好事，对母亲来说，寄予她夫婿身上的厚望，在儿子身上圆结，自是心满意足。她又训诫儿子：从现在起，要显得少年老成，病从口入，祸从口出，你父亲的教训切莫忘记。

到了县里，什么都不懂的王跃文，谨遵母训，整天装成老于世故的样子。一天，县里领导也给了他热情的教诲："见人就握手，就问好，没错。"他铭记于心，果然，同事都夸他谦虚谨慎，堪成大器。但有一件事，让他懊悔很久。刚参加工作不久，单位以优惠价卖鱼，王跃文见有一条二十多斤的大鱼无人问津，就把它买下，高高兴兴提回家孝敬父母。没想到，第二天一上班，就听到一些闲话，说他不懂事，"为什么？因为那条鱼县长才能买"。说白了，凭王跃文当时的级别，只能等大家挑剩下的那些小鱼烂虾。王跃文头一回亲身体验什么叫官场等级！

王跃文从此"成天低着头，迈着细碎步子，笑嘻嘻的"，谦卑地在县政府大院示众，果然仕途通达，两三年成了副科长，四五年成了正科长，工作不到八年，便上调怀化市，又两年调到省政府。

改革开放为知识分子参政、执政提供了广阔的空间。王跃文承认，自己当年是怀着"学而优则仕"的梦想走入仕途，实现自己的政治抱负的。所受的传统教育使他成为比较朴实、正统的知识分子官员。他只想通过自己的努力，凭着知识分子的良知做个好官。

王跃文从当秘书起步，以文辅政、以笔树形、鞍前马后，拎包、端茶、开门、守电话，离权力中心最近，占有一览政坛风景的有利位置。但即便被提拔成官员，却永远是仰望和被俯视的群体。偏偏王跃文认死理儿，自己是个国家公务员，是个体面的社会公职，不是领导的附属品，不存在人身依赖和人格依附。日子久了，作为有自我、有操守、清高的知识分子，王跃文渐渐有了别扭的感觉，进而厌倦了这种日子。在大学时，那些热衷写作后来入了官场的同学，一个个都沉湎于仕途而相继搁笔的时候，相对单纯的王跃文，却一直保留了文学情结。政治上成熟的人，放弃文学；而不成熟的骨子里流淌着父亲生性耿直血脉的王跃文，认为利用小说的方式，可以说自己心里的真话。于是，他便写起了小说。

王跃文写小说，多是写自己身边熟悉的凡人琐事，表现现实生活中小人物上不能上、下又不能下的尴尬生存状态和他们不甘流俗却又无力冲破现实樊篱、改变命运的诸多无奈。

《国画》在中国最权威、最具影响力之一的杂志《当代》发表之后，王跃文获得极大荣誉的同时，所谓"官场小说""官场作家"的称谓也不胫而走，在社会上也大行其道。

王跃文和我，屡屡表示不敢苟同这种对王跃文和《国画》的误读，甚至当《国画》在人民文学出版社重印时，王跃文在"后记"中有这样明确的阐述：

> 我之所以仍把我要写的人物放在我熟悉的环境里行走，也许只是为了驾轻就熟。我是一个想象力极其有限的人，如果涉笔陌生的环境，可能很费神。

王跃文这一阐述，很具理论性，又有常识性，他认为这个世界上自有作家以来，他们都毫无例外地写人，如果非要题材不可，那么人便是永远的唯一的题材。

不幸的是，读者、评论家和王跃文工作单位中的一些人，却不乏想象力，他们读《国画》，浮想联翩，对号入座。人们太关注官场，并非正常现象。有人喜欢，就有人不喜欢，却是正常现象。

新旧世纪交替之际，王跃文所在机关机构改革、下岗分流。领导为分流找他谈话。早已成名的王跃文并不恋栈，有了一种可以过单纯的读书写作的生活的可能，正求之不得。他对领导说，下岗或分流落在别人身上很正常，落在我身上就不正常了吗？我觉得我不特殊，分流对我也正常。

后来，王跃文还为此专门写了一首打油诗：

　　小说十年从容，落得里外尴尬。

　　无意官场春秋，信笔涂鸦《国画》。

　　三十七年虚度，溆浦怀化长沙。

　　"入妙文章本平淡，等闲言语变瑰奇"，忘记是谁的诗了。王跃文的这首打油诗算不得精妙，却写出了自己独特的从政写作的经历和从容淡定的一种人生况味，自是不俗。

3

　　2014 年 3 月，从宁波海关的朋友那里得知，王跃文应邀到宁波做一场题为"《大清相国》的时代及其历史回响"的讲座。我便在北京给长沙的王跃文打电话，偏巧他更换了手机，几经周折，总算通了话，他准备于 3 月 22 日夜飞到宁波。我告诉他，多年不见了，我们就在宁波相聚吧。他说："让您老舟车劳顿跑这么远见弟子，真是诚惶诚恐，愧不敢当！"

　　22 日，因飞机晚点，到宁波已是深夜，我让宁波海关的朋友开车直奔宁波王跃文下榻的宾馆。携手相晤，他已过了知天命之年，我也满头白发，为岁月流逝、人生短暂，不胜唏嘘，又为他佳作迭出，影响更大而高兴。

　　第二天上午，我们相约一起去天一阁游览。在飘逸着书香的天一阁，谈的内容自然是文化、文学。我是"一事无成身渐老，一钱不值何消说"，而跃文是"君看今日树上花，不是去年枝上朵"，不断有新作问世。我们谈到他从 2013 年底开始热卖畅销的长篇历史小说《大清相国》。

　　我正是 2013 年底在书店里买的《大清相国》。《大清相国》讲的是清朝官员陈廷敬五十余年的为官生涯。他既为庙堂解忧，又心怀百姓，在与明珠、索额图、高士奇等同僚的明争暗斗中，如履薄冰，却每每化险为夷，功绩卓然。他历任工、吏、户、刑四部尚书，至文渊阁大学士，年逾七旬全身而退。康熙帝评价他："几尽完人。"

我知道，一贯创作严谨的王跃文，写《大清相国》不是戏说。王跃文证实，小说中所有的历史事件和人物形迹，都是经过他认真考证的。以我对清史的了解，无法回答朋友"堪称'古代官员典范'的陈廷敬，此前为何不为人知"，王跃文认为，那是因为陈廷敬为人一贯低调，只知踏踏实实工作，不求大红大紫显于世。这类官吏，在争名逐利的古代官场，多被埋没。

王跃文说，他一开始，是为电视剧而写了陈廷敬的故事，后电视剧搁浅，他才把剧本改成小说《大清相国》。他还透露，《大清相国》大红大紫，又因中央领导的肯定，畅销四十多万册后，改编成电影、电视剧的工作正在紧锣密鼓地进行着。

午间，我任顾问的宁波海关文学社团，在海关食堂请王跃文吃了一顿便饭。饭后，文学青年手捧刚刚买来的《大清相国》，请他签名留念。他特意送给我一本，在扉页上写着：

兆骞老师万寿无疆。王跃文 2014.3.22

他说，这是他对我的祝福和祈祷。

下午，他就到宁波市图书馆去做讲座。他不让我跟他去，说："老师一去，弟子岂敢在圣人面前念《三字经》？"

当晚，宁波海关副关长，也是在海关很有人望的作家刘玉升，听罢回来告诉我：王跃文才华横溢，妙语连珠，讲座很精彩，前来聆听的读者把图书馆挤得满满的，时不时爆发笑声和掌声。

刘玉升说，王跃文的讲座令他印象最深的有三方面。首先，他不同意把《大清相国》视为公务员的"官场教科书"，并从中学习为官之道。他说，"小说从来不是任何教科书"。其次，文学的作用在于它是人类文化积累的一个重要方面，而不是教育人。他说："读者看一部小说，得到的往往是与小说中的人物同悲同喜的体验，或者说寻个乐子，仅此而已。"最后，王跃文让喜欢文学的读者，与他分享自己的经验："要多看多写，要多看经典名著，如同鉴宝一样，好东西见得多了，就会找到一个标杆，这样才能积累写作经验。"

后来，我多次到宁波大学、宁波图书馆做讲座。宁波是个热爱文化的城市。戊戌岁尾，我与天津作协主席肖克凡一起在新建的图书馆就有一场关于阅读的对话。那是新图书馆开馆后的首次文学活动。

不久，王跃文推出了一部新作《我不懂味》，其中说："识时务者为俊杰，此话常被人奉为人生信条，我却鄙视这种庸俗的实用主义哲学。"在该书中，王跃文坦诚地表达了自己对很多问题的富有独到性和个性的看法。

2014年7月，我应邀与王蒙、叶辛等人参加了在贵阳举行的第二十四届全国图书交易博览会，又与跃文不期而遇。相抱之后，我们坐在贵宾席聊天。王跃文说，其"六年磨一剑"的新书《爱历元年》将在此会上首发。这本以"中年危机"为切入点的小说，将文化人特有的抗争使命感表现得特别突出鲜明。

小说家总是将自己的影子投射到小说的主人公身上，《爱历元年》中，跃文把自己掰成了三份，分别投射到三个主人公身上。他说，这样塑造的人物平凡又美好，"就在我们身边"。王跃文是借助《爱历元年》回顾过去几十年中国的变化的。他感慨地道："过去二三十年，中国人仓促上路，走得太快。现在，到了应该慢下来，停下来，好好想想的时候了。"会后，我要与叶辛等一干作家到黔东南采风，匆匆告别跃文。

2014年10月，王跃文的中篇小说《漫水》获得第六届鲁迅文学奖。小说可视为王跃文对中国传统文化之美与善的深情礼赞。《漫水》写两个农民，坦坦荡荡，相互爱慕，互相帮助，如光风霁月、高山流水，情感诚恳认真，表现出二人坚定的人格、高尚的灵魂。小说故事发生在古老、淳朴、美丽的普通乡村，与主人公的纯净心灵浑然相融，达到汉语写作的诗性境界。王跃文的获奖感言《我诗意的乡愁无处安放》，与小说的表述相得益彰。他说："《漫水》是我对故乡的深情回望，是我关于乡愁的诗意叙述。"是的，王跃文的精神和心灵一直"在路上"，在路上的人，都是寻找家园的人，这种寻找既是对"我从哪里来"的追问，也是对"我到哪里去"的思考。他把诗意的乡愁安放在自我的灵魂里，也安放在他的文学里。

如果说，王跃文在其《国画》《梅次的故事》《苍黄》《大清相国》《爱历元年》等小说里，潜隐着他的感受和认识、勇敢和回避、呐喊和难言、旗帜般的象征和心血斑斑的披历，将机警、细密、精致的安排和不动声色的倾诉铺于纸上，化成人间烟云，其间跳跃的是王跃文充满忧患意识的活着的魂，那么，他的随笔、散文，则包容着、表现着他全部的人生体验、真知灼见、文学气质和文化修养。而我从这里，读出了他的坚忍、自信、淡泊，还有令人心悸的孤独。

2015 年 8 月，我的七卷本《民国清流》第一卷出版，我寄给王跃文，供老朋友茶余饭后消遣。不想，他很快对该书做出这样的评价：

> 汪兆骞老师深谙《左传》笔法，其《民国清流》依照编年剪裁民国历史，将人物置于云谲波诡的大事件、大冲突中摹形刻画，以史家手眼钩沉实录，以文学笔墨传神写照，于人物书写中别嫌疑，于叙事中富褒贬，明是非，定犹豫，善善恶恶，援史明志，其为士人清流招魂之深情苦心，令人感佩。

读罢，我诚惶诚恐的同时，感到无比温暖。

牡丹拒绝著繁花

—— 张抗抗以温婉和哀愁的美学情感捍卫人的尊严

有人说，我们在历史上能够见到的所谓"人性"表达，全由男权文化一手操持。历史当中最基本的人性差异——"第二性"与第一性之间的最基本的差异统统被那些男性叙事的宏大话语所淹没，所覆盖。对此，我不敢苟同。

　　当越来越多的女性投入文学艺术创作，历史和现实当中的一个真实的女性自我渐渐清晰地浮凸出来。当她们从长期被压抑着的女性心理解放出来，触摸人性的真实时，人性的解释便又多了一个角度和层面。对这样的表述，我是赞同的。

　　记得20世纪80年代中期，时任天津百花出版社社长郑法清，在一家天津酒楼请张贤亮、冯骥才、张洁，还有我等七八个人吃饭。酒过三巡，谈到文学时，张洁对张贤亮的成名作《绿化树》《男人的一半是女人》坦率甚至激烈地提出批评。大意是被读者极为推崇的这两个中篇，基本上是男性文化虚幻的自我认知和父权神化，抽掉了马缨花、何香香对章永璘所做的精神和肉体的牺牲和奉献，他身上的光环便立刻消遁。张洁的话，举座皆惊。在这之前，我读过张洁的《爱，是不能忘记的》，作家通过一场高尚的乌托邦恋情，揭示了"爱情是女人生命的全部，对男人只是其中的一部分"。这次张洁数落贤亮，应是《爱，是不能忘记的》理性阐述。

　　我不认为这是张洁对张贤亮所谓男权文化的声讨，而仅是对写《绿化树》《男人的一半是女人》的张贤亮所表现的自恋的批评。但是，20世纪90年代，"女性文学"或曰"女性写作"，作为一个学术概念在中国提出来，实际上，这种概念的提出与西方女权主义思潮在中国的传播有关。

　　但在中国，女权主义、女性文学只是一个话语实践。多年来，只有模糊的

"男女平等"口号，压根儿没有完整的女性运动。中国特色的政治话语支配下的女性运动，对中国女性来讲，福耶祸耶，很难说清。

我的老领导，曾是革命战士的女作家韦君宜，在她的《关于〈女人〉》一文中所言，解放七年后，一些从延安来的女同志忘忘记了革命传统，开始陪丈夫休闲、度假，懒散、享受，她很看不惯。"永远保持战斗传统"，才避免成为新兴资产阶级。只有投身革命工作，生命才有意义。她把女性积极生活，寻求情感慰藉视为堕落。可见，女性解放还是一个神话的当下，文学表现性别泯灭到性别复苏，人性泯灭到人性复苏及生命价值，才是正道。文学作为人学，在表现人性时，男作家与女作家难道有本质的差异吗？如果有，那只有高下、文野之分，气质、风格之别。进入新时期之后，张洁、谌容、铁凝、王安忆、张抗抗等，以其令人耳目一新的作品，全面记录这一时期人性复苏的历史进程。她们与男性作家一起，共同书写了继"五四"之后，一段辉煌壮丽的文学风景。

作为职业编辑，身在《当代》这一几可俯视文坛的平台，我亲身经历并参与了色彩斑斓、云谲波诡的新时期文学大潮。因阅读与编辑作家的作品，真正走进他们作品的腠理，而发现他们构建的独特的艺术世界，听到他们"自己的声音"，窥视到他们的灵魂，于是视为知己，便与很多作家成了朋友、知友和诤友。比如，与我有近四十年交往的张抗抗，便是我的挚友。但我是个俗人，注定常常因眼拙和孤陋而失去好作品和本可成为朋友的人。

1

1979 年，先在《收获》读到张抗抗的《爱的权利》，接着又在这年 11 月从《北京文艺》读到张洁的《爱，是不能忘记的》。对张洁，我是熟悉的，上一年 7 月，她携处女作《从森林里来的孩子》惊艳地登上还不拥挤的文坛。偏巧又有社长韦君宜的好评和推荐，她作品中清澈、明丽的色彩及弥漫出的"温柔的悲伤"，更是深深打动了我。

而对张抗抗，我虽早闻其名，却从未谋面。

《爱的权利》，也是一部很深刻的作品，小说既冷峻而又热烈地审视外部世界人物的性格、心灵、人生理想，同时将目光更多地内视，反思自我，拷问自我的灵魂。但艺术上略显粗糙。那时张抗抗还是远在黑龙江的作家，在京城的文学活动中很难一见，远不如与张洁、谌容、戴厚英、航鹰等女作家交往方便，我关注就少了。

一次，到黑龙江参加笔会，我曾让在《当代》发表过作品的程树臻安排我和张抗抗见见面，不巧张抗抗不在东北，未能晤面。我要见张抗抗，缘于 20 世纪 80 年代初，她与蒋子龙都在北京作家讲习所深造，作为同窗，蒋子龙对张抗抗评价颇高，曾告诉我，她是一个大气、有个性而又有才华的作家，兼有南方的灵性、北方的豪气的她，在班上有极好的口碑和人缘。陈国凯则用了八个字向我介绍抗抗——"花容月貌，锦绣文章"。

大约是 1986 年，我到南京参加第七届全国中短篇小说颁奖会，游览扬州时，好像是《收获》杂志的编辑程永新告诉我，《收获》的三、四期要发张抗抗一部写知青的长篇小说，不同于写苦难的知青小说，而是对人性的观照。我一直以《当代》与《收获》交换期刊，后来就读到张抗抗的《隐形伴侣》。

《隐形伴侣》，写两个"满怀理想激情"的青年男女肖潇与陈旭，插队到北大荒半截河农场。在逆境中相恋结婚。不久，肖潇发现陈旭有说谎、偷窃、虚伪、酗酒等恶习，大为不满。陈旭向她坦陈自己的人品和弱点，表明他并不是故意隐瞒这些恶习，只是为了他们之间的这份情感，怕她唾弃他，才没有将这一切告诉她。陈旭的坦诚相告，没有换回肖潇的理解，她决定与坏人分手。后来，坚信"只要自己干净，世界就不会弄脏"的她，发现自己时不时也不由自主地玩弄"说谎"和作假的把戏，而且周围的人都在不自觉中弄虚作假，似乎每个人都有两个"自我"。人人都有"两重性"，个个都有个"隐形伴侣"。

我觉得，《隐形伴侣》是对人和人性的洞察，其揭示的哲学意义在于撕破人和人性的本来面目，让人看到自己真实的灵魂。抗抗是借知青生活的框架，开始自觉地向人类更具普遍和深化意义的人性峭崖攀登。《隐形伴侣》沉潜于深的历史意识，用动态的目光，将人性的结构世界与历史世界的变迁结合起来，这是小说的成功之处。当然，对人性世界的复杂性的发现，不是张抗抗的独门秘籍，新时期文学思潮发展，为作家提供了主体性与"性格二重组合"的新鲜见解。尽管肖潇、陈旭的形象涵量尚欠丰赡，小说结构也略显松散，但无可争辩的是，张抗抗的《隐形伴侣》对人性的解构、对人性世界的反省、对灵魂的自我拷问，是对知青文学的整体超越。

1988 年 6 月，好朋友评论家张韧送我一本他写的评论集《小说世界探索录》，我们曾对其中一篇评张抗抗的文章《三点构架：现代灵魂的审视与拯救》，进行了争论。我不同意他的"三点构架"论，也反对"拯救"说。婆说婆有理，公说公有理，但我们一致同意张抗抗的《隐形伴侣》写得好。二人击掌一笑，弄得周围人莫名。

2

真的见到张抗抗，大约是 1994 年。那年，她的第二部长篇小说《赤彤丹朱》在我社出版前后，这本书的责编告诉我，张抗抗将在一个下午，到北楼二层的编辑室取样书。

"你不是一直要见她吗？那就过来吧。"

我到场时，张抗抗好像正忙着给人签书。那天，她穿了一件浅色的外套，披肩是米色的，低头写字时，乌黑的短发微垂，映着白皙的脸庞，姿态优雅，她抬头看了我一眼，绽出浅浅的笑靥，具有南国佳丽的韵致，我始信"美女作家"之称谓。

当下，文学创作和文学批评并没有完全走出病态政治学和庸俗社会学泥淖，对文学的人性、人道主义关注不够。但张抗抗的《赤彤丹朱》在表现人性和社会生活，捍卫人的尊严和文学尊严方面，让我们看到她的非凡智慧和勇气。

《赤彤丹朱》用不同于传统小说的叙述方式和结构，讲述了奶奶、父亲张恺、母亲朱小玲三代的悲欢离合的命运，对历史进行反思。故事从 1923 年写起，主人公朱小玲在进步学生裴嫣的影响下，参加了中国共产党，并与进步青年、《民族日报》的记者张恺相恋结婚，共同在抗日烽火中的杭州从事地下救亡运动。1949 年，这对"红色恋人"、革命伉俪（朱小玲、张恺），在共和国早春的政治运动中，仅仅因坐过国民党监狱，在绝无申辩与反抗可能的情况下，受到审查和专政整整三十年。小说揭示的因参加革命而蒙受整肃，因解放人类而受尽苦难的人生荒谬的残酷事实，真实地呈现半个世纪以来中国的社会变迁及精神跌宕——精神与热血、追求与血泪，搅拌成种种束手无策的当代迷茫和悲剧。小说巧妙而深刻地用"红"色作为聚焦故事的"天眼"，于是"赤""彤""丹""朱"四个不同的红色排列组合，构成了一幅悲壮而恐怖的历史景观，其间各色人物的悲剧性命运，皆在笔端赋予思考和审美价值。

曾在我社工作过的萧乾说，抗抗是用充满感情的手，去抚摸过去的岁月，而当这只手抚摸到历史伤疤的时候，这种疼痛就更具有了集体意识。

读《赤彤丹朱》，如同读《隐形伴侣》，从肖潇和朱小玲对真理的追求、对炽烈生活的向往中，我似乎发现了张抗抗的影子。她的内心深处是敏感的、浪漫的、矛盾的，也是孤独的。

那年年底，《中篇小说选刊》的朋友章士添到北京，请萧马、严歌苓父女、张抗抗，还有我和我女儿吃饭，士添口若悬河，几乎淹没了我们，我没能与抗抗深入交谈。原本，我想问问抗抗，她在反思被政治狂热驱使的历史同时，能否写写被物欲驱使的当下人们的疯狂生活。因为我与抗抗还不熟稔，未敢贸然说出。

没想到，张抗抗在 1996 年出版了充满浪漫主义的爱情交响曲《情爱画廊》。老朋友翻译家文艺批评家叶廷芳，是这样评价这部长篇小说的："《情爱画廊》以绘画般的精妙语言，把我们带到了一个用斑斓色彩创造的精神世界，让读者感到主人公精神领域那些用文字难以表达的信息和情状。造型艺术的创作规律与文学不完全相同，它更多地需要'酒神'的莅临，使自己进入身心搅浑的境界，在'一瞬间的癫狂'（迪伦·马特语）中仿佛看到了魔鬼。"（《平衡生命压抑的审美游戏——张抗抗〈情爱画廊〉之我见》）而我则认为《情爱画廊》是对人性的丰富性做了诗性的表达，善于写日常生活状态，并不是动辄就是全景式宏大叙事，抑或就是构架传奇的曲折故事。我以为，靠外在的故事取胜的小说皆不入流，庸常而琐碎的平淡人生烟火，才是生活的常态，抓住平凡生活的本质，并提炼出其间的诗意，表现人性中熠熠夺目的幽微之光，才是好的小说。张抗抗在这方面的努力有目共睹。

直到 21 世纪初，应云南邀请，中国作协的唐达成、李準等一批作家组成代表团去昭通访贫问苦。同受邀的我与叶廷芳，还饶有兴味地谈《情爱画廊》。好像那时正播由它改编的电视剧，反响不小。

从此，张抗抗被视为呈现青春、爱情时代风景的作家。她的作品善于细腻、精确地表现情欲世界里人在现实和梦想之间的自我搏斗，看到人性的崇高和卑微，看到他们生存和爱情的美妙与悲凉。我们的文学，很少探讨地缘特色对作家的形成和作品特色的影响，而对作家生命的底色对其作品的影响格外注重。

地缘对张抗抗的影响，是很明显的。从容貌和气质上，你可以断定，温婉而灵秀的她，定是经过南国灵山秀水的濡染和江南文化的熏陶，才会有眉宇间的妩媚、顾盼中的嫣然、举手投足的婀娜。而从张抗抗爽直大气、快人快语、敢作敢当的性格上看，那是东北广袤黑土地、巍峨长白山赋予她的禀性。南北文化的交融，塑造了一个既矛盾又和谐的张抗抗。和谐表现在她的性格和灵魂里，矛盾则是一个南国的美人，怎会有北方男人的做派和气质。

3

我在写《王蒙与"季节系列"长篇小说》一文中，提到王蒙的四部"季节系列"长篇小说编辑出版时，编辑部有些不同声音。作为责编，我希望人们都能认识它对中国文学史的独特而重要的价值，评论界略显迟疑时，张抗抗以"四季心灵"为题，以睿智美学的眼光、诗的语言，为"季节系列"高唱赞歌。

"一季一季的年华似水，一年一年的季节更替，酷暑严冬淫雨寒霜，风云突变冷暖自知。在那些诡谲离奇、斑驳多姿的'四季'风光里，我们一口气阅尽了共和国三十年的历史……四季系列是一次宏大叙事的成功操练，构筑了中国'革命'知识分子精神演变的心灵史。"

我读她的《四季心灵》时，很感动。从美学观念上讲，她是崇真尚实的，从精神上讲，她又有侠肝义胆。她的真性情、胆与识支撑的真人格，让很多文学前辈都对她爱护有加。张光年读过她的《赤彤丹朱》《情爱画廊》等小说后，写信、著文热情鼓励。黄秋耘十几年间，以五六十封亲笔信凝聚了对她的文学关怀。汪曾祺赠画题诗，褒奖这位才女。画为两朵牡丹，绿色的叶片洇成暗红色，空白处用隽秀的行书题七绝一首：

看朱成碧且由它，大道从来直似斜。

闻说洛阳春索莫，牡丹拒绝著繁花。

文人气质，骨气铮然，是抒怀，也是对晚辈文坛美女的期望。

张抗抗十分重感情，滴水之恩，她会永生铭记。1974 年初夏，她患甲状腺囊肿，从莽莽苍苍的北大荒回杭州治病，途经上海，她下了车。儿童文学作家任大霖介绍她到上海文艺出版社找谢泉铭。谢泉铭正在编"上山下乡知识青年创作丛书"。第一次见到张抗抗，他这样描述：一天，一个梳着短辫的姑娘，推门进屋，自报家门后，捧出一部长篇小说《分界线》手稿。我承诺及时审读。后来我和另一位编辑看了，觉得小说写得生活气息浓郁，人物写得也生动，语言又十分清新，但缺乏总体构思，情节也不集中，建议她做一次大的修改。

张抗抗欣然接受了谢泉铭的建议，回到杭州，带病修改《分界线》。后因改得太苦，抗抗发高烧住进医院。谢泉铭得知消息，与一年轻编辑从上海赶到杭州去探望。一进病房，二人怔住了，抗抗竟然坐在病床上，埋头改稿，床褥下面还放着不少经典小说，可以想见，为了改好《分界线》，她做了很多功课。

整整经过一年的艰苦写作，这部三十万字的长篇终于脱胎换骨，面目一新。谁想到，这时出版社人事科的同志拿来几封黑龙江农场寄来的匿名信给谢泉铭看，除了人身攻击、恶语中伤并无实际内容。谢泉铭要人事科同志不要声张，抵住了歪风邪气。直到 1975 年《分界线》出版，谢泉铭也没向抗抗透露此事。

不久，张抗抗被借调到该社，帮助编辑"上山下乡知识青年创作丛书"。我熟悉的王安忆、郑九蝉，还有孙颙的作品，都被编进此丛书。20 世纪 80 年代初，我到上海找王小鹰及在《儿童时代》当编辑的王安忆组稿时，见到过此丛书。前不久，到贵州开笔会，叶辛还提及此事。

谢泉铭则是我在 20 世纪 80 年代初《中篇小说选刊》组织的福建武夷山笔会上认识后，成为朋友的。畅游山水之间，谢泉铭将关于张抗抗的故事讲给我听，我便记住了她。

张抗抗一直感恩谢泉铭，几次邀他和家人一起到镜泊湖休息休息，为人做嫁衣裳的泉铭，忙得像陀螺般的，每每感谢她的美意，却终未成行。后来，张抗抗将对谢泉铭的扶携之情，写进一篇叫"陀螺"的散文里，其真挚温暖的师生之情，让人动容。

张抗抗不仅在小说世界里，敢于将黎民黔首所遭遇的苦难和不公诉诸艺术形象，并表达愤慨和批判，在现实生活中，她更敢对社会不公和百姓的冤情抱打不平，伸张社会正义，表现出知识分子的良知和血性。

杭州一中，有位教语文的女教师，叫刘舜华。1955 年 5 月，在全国开展的反胡风运动和肃反运动中，她仅仅因与胡风通过两封信，便被捕，判管制两年，本应于 1957 年 6 月期满释放，但刘舜华一直杳无音信。所谓的"胡风反革命案"平反后，刘舜华依然下落不明。于是，她的学生和张抗抗一家，开始了漫长而艰难的追寻。2000年，他们才从浙江省监狱管理局得到复函，证实刘舜华不幸于1962年1月27日死于监狱，复函对其间的骇人冤情却未置一词。查阅当年有关案卷，才得知"表现极坏，态度不老实"，竟然是丧失性命的缘由。他们在愤懑和失望中，用手中的笔为老师的冤情抱打不平。张抗抗甚至在参加全国政协会议期间，向记者披露此事，经过不懈努力，2003年5月26日，杭州市中级人民法院对刘舜华一案作出终审判决：刘舜华无罪！张抗抗在判决前，写了《难以缄默——故事以外的又一个故事》一文，记述了这一奇冤的来龙去脉。张抗抗说，"作为一个写作的人，面对这起前后历时多年，而至今延宕未决的刘舜华案，我不得不写出以上的文字，与其说是出于一个公民的责任感，不如说是被刘舜华老师当年教过的学生那份真挚的师生情谊所感动"，我们不能不为张抗抗"近半个世纪后对她的冤屈仍难以释怀地追思和呼吁"而感动。

这是一个有良知的作家，捍卫人的尊严和社会公正的理性声音。

4

几乎所有的著名作家，写的小说与散文间都具有"互文性"。张抗抗自己曾说："小说是我，散文更是我。虚构的小说，真实在生活本质；而散文，本应是一个里里外外透明的真实。"作家真实的情感，是小说和散文的灵魂。小说诉诸价值判断，而散文则是一种情感的抒发和一种审美观照。当然，价值判断和审美观照是相互渗透交融于小说和散文中的，只是各有侧重而已。这是我读张抗抗小说与散文的一点感悟。

20世纪90年代以来，我发现散文创作渐渐成为张抗抗创作的一个重要领域。你会不时看到她的散文随笔。我正是从90年代开始关注散文创作的。我注意到，考察一位小说家，最好读读他的散文随笔。大凡其散文感觉敏锐、灵性十足、对美和生活的感受力、还原力、表现力很强，这位作家定能写出好小说。当你从他的散文中只看到阅世不浅，饱历沧桑，而心灵和感官已被磨蚀，他的小说也到了夕阳晚照了。我认为张抗抗属于前者。你会从她的散文中，看到她以自由不羁的天性倾吐当代人的复杂心声，她遵从心灵呼唤，"有什么话，说什么话"（胡适语），把大量被文学筛汰的鲜活还原本色，她以深邃的哲思、诗的意境，显露出她独具的人格魅力。

2003 年，新华出版社邀我主编一套"金蔷薇散文名家新作文库"。我给国文、心武、子龙、铁凝、张炜、晓声、抗抗等十五位朋友每人编一本。张抗抗卷名为"嫁衣之约"。第二年元月出版后，她在扉页题曰"感谢汪兆骞先生培植'蔷薇'。张抗抗 2004 年元月"。

主编这套十五卷三百多万字的散文丛书，让我有机会在朋友的散文海洋中徜徉，从爱国情愫到人类命运，从乡恋情结到精神归宿，从人生局限到终极价值，从伦理习俗到哲学思辨。读他们的散文，如同饕餮精神的盛宴，让自己的灵魂受到一次洗礼。也让我重新认识张抗抗，我们也熟稔起来。

几年后，中国海关出版社也让我给他们主编一套"中国当代文学大家随笔文丛"，我首先想到张抗抗、张贤亮、张炜、邵燕祥等朋友和老师，作为中国海关的文学顾问，我与中国海关出版社社长左铁、该丛书责编包岩与作家们合作很愉快。张抗抗卷曰"追述中的拷问"，分我忆、我爱、我记、我行、我读、我感、我思七辑。装帧由朋友高海军设计，大气又典雅，且有书香之气。

我与包岩开车到抗抗位于西郊的别墅拜访了她。这座别墅被树木和鲜花簇拥着，主人把它收拾得缤纷而雅致，如同主人自己。每次来到这里，总会想起爱种花草的她，在《营造小窝》中写的曾到北大的作家宗璞家讨要茑萝的种子，第二年种到自家花圃，好容易盼到长出嫩叶，却没有茑萝的模样，请花匠师傅鉴定，竟然是苋菜，不禁让人莞尔。

思乡和乡愁一直是中国文学的一个基本主调。思乡缘于人类的一种美好情感，许多有乡土记忆的作家，都把这种情感化成一种文学的乡愁。

张抗抗认为自己是个流浪者，"几十年来，我漂泊不定，浪迹天涯"。但她又何时不思念水光潋滟的杭州城，还有江南小镇洛舍的外婆家，甚至对祖籍广东新会和她插队多年的北大荒也悠悠牵挂。她的《故乡在远方》《红领巾、蓝领巾的故事》《地上有字》《没有春天》都是写乡愁的，都带着浓郁的温情与哀愁的美学情感。

游子的心，如浮云沧海，在传统与现代碰撞中，张抗抗保住了心灵中那份美丽的乡土记忆，也就保住了中国文人的文脉和优雅。

张抗抗不委流俗的个性和艺术气质，在小说里，在散文里，热烈又清凉、浓丽又萧散，像一湾流水、一带青山。

前不久，张抗抗的一本散文集《回忆找到我》出版，我被邀成为嘉宾，出席新书发布会。《文艺报》以"张抗抗推出散文集《回忆找到我》"为题，报道了此次活动。文中说，"书中，她用优美生动的文笔，写尽人间真情，回忆中的那些美好与温馨、美丽与哀愁、感动与欣慰，纷至沓来"，"在汪兆骞看来，《回忆找到我》是一部目光深邃、襟怀阔达的作品，作者的散文具有中国文学中的诗词境界与东方哲学形成的默契和呼应，呈现了中国文人特有的高贵品质和优雅情怀"。

张抗抗以诗的语言、哲学的思辨，谈自己散文的回忆之道："我们总是在走，一边走一边播撒着全世界都能生长的种子。我们随遇而安，落地生根；既来则安，四海为家。也许我走过了太多的地方，我有太多的第二故乡。"她说，我们都是离开故乡后才会有思恋之情，离开它才会获得第二次生命，想到它种种的好。经过很多年沉淀，有些东西被遗忘了，忘不掉的是最深的感情。这本书里，回忆主动找到我的，都是那些快乐、美好的片段……

后来，我写了一篇评论，算是对张抗抗散文创作的浅见。

附：灵魂高贵、文风优雅的《回忆找到我》

丁酉之春，伴着缤纷鲜花付梓的张抗抗散文集《回忆找到我》，是一部目光深邃、胸襟阔达、灵魂高贵、文风优雅的好书。同时，对当前亟须理论批评更新和指导的散文创作实践，提供一个足资借鉴的好文本。

芸芸众生，在喧嚣热闹的逐利社会中，想活得心态安稳、气定神闲，要洗涤灵魂，多读点儿高品相、大境界的散文，似是一种明智的选择。

散文，一直滋养了我们优雅的民族和高贵的文学。从文分骈散的时代起，散文的疆域逐步扩大，到今天能容纳文学空间任何形式的经验。散文领域出现了某些意味深长的新生态、新气象、新品质。有趣的是，小说家竟成了蔚为壮观的散文大军的主力。

近几年，我曾受几家出版社之邀，主编过多套大型散文丛书。熟稔的好朋友莫言、铁凝、李国文、梁晓声、张抗抗等小说家，成了骨干，他们那些以诗意审美方式完成的惊世骇俗的好散文，支撑了丛书。小说家把目光投向自己经历的熟悉生活，人间烟火，在笔下娓娓道来。道的是各自的个性和情怀、激情和思索。他们站在家园和文化的高度上，探索人性，书写思想，描摹世态风情，体现各自的文化和价值判断。小说和散文间，有"互文性"，小说家的散文，如张抗抗、李国文、梁晓声，其成就和影响甚或已超过小说。

《隐形伴侣》《赤彤丹朱》《情爱画廊》和《作女》等有温度、有寓意、有质感、有生命力的鲜活人物形象的小说，使张抗抗遐迩闻名于文坛，深受读者欢迎。同时，一直把散文当成重要文学领域的张抗抗，先后出版了《嫁衣之刎》《张抗抗随笔》《追述中的拷问》等散文集，其散文站在大的历史和文化背景下，把自己的思想情感融入人间万家灯火，以文学眼光发现美，开掘美，展示美，怀着爱和乡愁寻找生命的精神家园，以诗意的审美方式，完成对哲学境界的一种抵达。更为可贵的是，张抗抗的散文具有中国文学中的诗词境界与东方哲学形成的默契和呼应，而且呈现了中国文人特有的高贵品质和优雅的情怀。

张抗抗具有坦诚、旷达、优雅的性格和气质，散文似乎更合于她的这种性格和气质的外化。她曾说过："小说是我，散文更是我，虚构的小说，真实在生活本质，而散文，本应是一个里里外外透明的真实。"她出生于庚寅年，属虎，"人有虎性，虎虎而有生气"，"写作时留着虎性"。有趣的是，这生生虎性，又使她独具中国士大夫高雅美学特性的散文，增添了虎虎生气。

《回忆找到我》立意高远，妙用"回忆"。芸芸众生，瞬间生灭，而回忆远比生命、时间长久，人们永远离不开回忆。我曾经在《当代》杂志编辑过王蒙先生的四部"季节"系列长篇小说，其中《踌躇的季节》一书，王蒙有这样一段关于回忆的富有哲理的表述："回忆是对于自我和存在的唯一证明，是对于苦和甜的唯一回应和抚平。"大师之言，剀切中理。

回忆，为作家提供了一个广阔的文化空间，张抗抗以成熟自信的姿态，穿行于人生羁旅，漫游于主流话语和文化中心地带。于是，往事在回忆中延长爱意，亲情在回忆中荡漾，依恋在回忆中重温，伤口在回忆中抚摸。回忆构成了人生经历的苦辣酸甜的本色滋味；回忆让复杂的人性赤裸裸原生优雅地呈现；回忆中对中国文化进行了深刻的追溯、拷问、反思。回忆时而大江东去，时而小桥流水，时而是黄钟大吕，时而低吟浅唱，但有强大的精神气场。

《回忆找到我》是一首爱的弦歌，讴歌的是母爱、父爱、情爱、自爱以及推己及人、及物的更博大的爱。张抗抗此部散文集，几可从爱的角度加以解读。她是用爱的光辉，笼罩着、感染着、思辨着、评论着她经历的人生和笔下的一切。

其中，"父母之树的果实"一辑，写的是高贵动人的亲情。坚强、善良、生性洒脱的母亲，在苦难岁月中，把女儿当作"一个美丽的童话存在"，熬过"政治歧视、饥寒交迫"的漫漫长夜。母亲生命凋谢前，"一如冷傲的秋菊"，仪态万方地告别了她钟爱的女儿。那一刻，一生身陷困境，从不颓丧、不沉沦、顽强尊严的一位伟大母亲形象，像一尊高大的雕像，陡然矗立在我们面前，如同将爱洒向人间的圣母。

在爱的协奏中，母爱是爱弦上的一曲心歌，那么父爱则是一首咏叹调。父亲把青春和梦想献给了抗日战争和解放战争，到革命胜利之后，"猝不及防地"变成了"黑夜里的人们"，"成了历史反革命"。他和妻子茹苦含辛地支撑家庭，抚养女儿。在劫后余生的最后时光，耄耋暮年的父亲，一面照料多病的妻子，一面以其汪洋恣肆的才情、不泯的自由、独立的个性，出版了《文学之梦与人生笔记》。他和妻子"跌宕起伏的个人经历，丰富激扬的生活情感，饱受磨难屈辱仍然乐观刚毅的精神力量"，浓缩在这部书里，它因有灵魂和骨骼而厚重。

"风过无痕"一辑，写的是思乡和乡情。思乡一直是中国文学的基本主调，思乡源于人类的一种美好情感。怀有乡土记忆的作家，把这种情感化成一种文学乡愁。张抗抗自称是个流浪者，"几十年来，我漂泊不定，浪迹天涯"。她怀念水光潋滟的杭州城、外婆的洛舍小镇，甚至时时对祖籍广东新会和插队多年的“北大荒”也悠悠牵挂。张抗抗是带着浓郁的温情与哀愁的美学情感，书写心灵中那份美丽的乡土记忆、美丽的乡愁的。

《回忆找到我》，吟唱出来的人间烟火、世态人情，让人感到一种近似于永恒的节奏和韵律，那是悠远的人类呼唤，是经久的世间喟叹，有《高山流水》的高尚情怀，有《广陵散》的典雅激越，有《平沙落雁》的清凉萧疏。

劝君读一读高贵优雅的《回忆找到我》。

5

2002 年，张抗抗出版了她的第四部长篇小说《作女》。

《作（音平，北京话里有折腾之意）女》是一部描写当代都市女性生活的小说。商品社会，让素来平静而乏味的都市生活，变得如万花筒般色彩斑斓，一个被物欲驱使的，具有巨大活力与普遍堕落的疯狂而崭新的时代随之到来。在商品经济原则彻底侵蚀一切的同时，中国城市的世俗化也很快完成，世俗化的利益角逐成为一大“人文景观”。

张抗抗说，这种巨大变化，一直“‘迫使’我们对女性的活动给予更多的关注”。她还说：“我对‘作’这个字发生了强烈的兴趣，因为这是中国本土女性在争取自由的成长过程中，带有的普遍性的行为特征。女性是感性的，力气也不够，所以只能以‘作’的方式来反抗。”“不再被动地接受命运安排，而希望由自己来选择生活。”

张抗抗把这些思考，在《作女》中化成肉质丰满、汁液丰盈的果实，让读者阅读时一点点剥开来，最后看到里面坚硬的核，再把核播撒在人的心里，让它自己去发芽。“这个‘作’字，恰恰就是我在生活中得到的种子，”张抗抗这样表述，“我书中的作女们，都不仅仅是为了物质生活而‘作’的，都市白领女性经济独立、人格独立，‘作’是企图获得更大的精神空间，是一种自我肯定和自我宣泄。"

《作女》的故事并不复杂，主要讲女主人公卓尔与三个男人老乔、卢荟、郑达磊的故事，抑或抽象成卓尔与性、文明、金钱三者的关系。故事明白晓畅却不失深邃的哲学意味。卓尔是一个性格极复杂的女人，她既有追求创新的上进心，又有追逐功利的欲望，尤其在感情上既喜新又厌旧，她不要"爱"，躲避"爱"，对性和欲望却永不满足。她勇于挑战世俗观念，在追求精神和行为上的自由过程中，虽屡屡败下阵来，却屡败屡战。卓尔"陌生的这一个"，是文学画廊里从未见到的艺术形象。无怪有人说："卓尔是过去文学史里还没有的形象，那么我觉得这个小说已经是成功了。"（孟繁华语）当然，他又认为《作女》"是一部有商业价值的严肃小说"，委婉地表示了遗憾。

合上《作女》时，我理解了卓尔，也理解了抗抗。小说中卓尔人生之路的悲剧性的"作"中，交织了女人的清醒与迷惘、背负与绝望、抗争与落网，也交织了抗抗"为了那个大写的'人'，为了'人'心底不灭的抗争精神"（张抗抗《大江逆行》中语）作出的努力和困惑，还有进行文化突围上的痛苦和挣扎。

有几次，我甚至想会会张抗抗，告诉她说："我身边似没有卓尔，我却被卓尔所包围，我不是卓尔，我却被卓尔附体。卓尔作为被物化的典型化的文学形象，傲然地与我们的灵魂对视。"

现代主义的兴起与文学多元化的当下，典型化似被驱逐出创作原则，张抗抗的卓尔，怕又不能简单地用典型化界定。卓尔应该是一个商品化社会中"一个陌生又熟悉的这一个"。

在世俗生活里，诚如张抗抗自己说，"是个纤细的江南女子，磨砺得柔韧而坚强，以后的日子，我也许还会继续流浪"。而在文学中的张抗抗，更像一条鱼，自由自在，无拘无束，不断在极大又极小的文学世界里，寻觅着、创造着自己的精神家园。

问题是没有人知道她未来的路怎么走。在文学世界里，她没有什么不敢冲撞，也没有什么不敢书写的。她所构筑的文学世界，比我们眼前的许多作品可信得多、丰赡得多。她的作品使我们照见自身，照见我们内心最幽深之地里的欲望和灵魂。这些文字的确神采斐然，让你读之悦然、陶然、肃然。

落笔到此，不免泛起想象的涟漪。

6

己亥年初，广东人民出版社出版了一套由老友向继东策划、陈思和主编的"文学回忆录"丛书，著名作家叶辛、蒋子龙、张炜、刘心武、王跃文、陈忠实、张抗抗等每人的作品一册，收录他们有关文学的回忆与反思，以及在文学创作道路上对人生、社会和历史诸问题的思考。其重要意义，在于中国作家近四十年的文学道路和人的历史，将在这里"立此存照"，给文学一个见证，给未来一份信史，也给广大读者多维度认识作家提供了读本。作为唯一的嘉宾，我在其新闻发布会上做了发言，为她的书唱了赞歌。

习近平在文艺工作座谈会上，做出"文艺批评是文艺创作的一面镜子、一剂良药，是引导创作、多出精品、提高审美、引领风尚的重要力量"的重要论述，不啻是一声惊雷。

《大不列颠百科全书》认为，文学批评是对文学作品及文艺问题的理性思考。《中国大百科全书》也指出，"文学批评是一种科学的审美活动"。所谓文学评论，是对具体作家的作品的分析、鉴赏和评价，是文学批评的一部分。但众所周知，一直以来，文学批评并没有完全走出病态政治学、庸俗社会学的泥淖。没有"无畏地揭示真相，肯定真善美理想，让人性中的虚伪、凶残、血腥、无耻都感到战栗和无趣"（陈思和语）。

让人欣慰的是，作家们毅然出现在不景气的文学批评阵地，以随笔的方式，谈艺说文；以对话体或文学讲座，参与文学的相互切磋，彼此辨析，深入浅出，避免文学批评的刻板说教，形成一种充满张力、活力，有可读性，又有理论思考的文学批评形态。老实说，其深厚的理论造诣和审美水平，求真尚实的科学气质，让一些批评家相形见绌。

张抗抗的《文学回忆录》，从文学观、文学路、文学谈三个方面，"理性而节制地"回顾与表述自己与文学的关系，对于已经出版了一百种以上各类文学著作，总计发表短、中、长篇小说和散文约七百万字，"从业"年龄已近四十年的自己，"意味着一次冷静的自我评判"。

她说，收录本书的"文学随笔、创作谈、访谈录，都是过往历史的真实产物，尽管个人的回忆录，于历史、文学史而言，是如此轻微而渺小，但因它所印证的时代刻度，或许尚有一点史料的价值"。斯言讷讷，语多剀切。作家的文学观与人生观之间，存在着耐人寻味的对应性。你可以从抗抗的创作和论述中，见出其价值观和人生态度。其文学观、人生态度决定了她文学创作的人性深度，可见其灵魂，又可见其在捍卫人的尊严、文学的尊严时表现出的非凡智慧和勇气。

读张抗抗的《文学回忆录》，你会发现她对中国文学有深刻的了解和体察，她是把文学评论置于时代、历史和文学的总格局中，加以考察、论说，充盈着大家气魄，不仅有女性作家的温婉平和，更不失锐气、朝气和雄健之气。每篇文章不管长短，既有深思，又有伴随着奔突、炽热、深沉的心灵情感的交响，感情与气势浑然一体，既深入浅出，又大气淋漓。

2019年1月10日上午，由广东人民出版社主办的"一席美谈"之张抗抗《文学回忆录》新书分享会，在北京国际展览中心举行。"著名作家张抗抗，对谈嘉宾著名编辑家、作家汪兆骞，亲临活动现场，与大家一起回顾中国当代文学的发展之路，以文学名义，致敬人生。活动现场座无虚席，气氛热烈。"（"新浪读书"）

为了让我准备在分享会发言，张抗抗的《文学回忆录》印出之前，广东人民出版社的朋友，先让印刷厂抢印了一本样书递我。我用了五天时间，认真地读了张抗抗的《文学回忆录》，其间有些文章我已拜读过，但重读仍感触良多。过去我更多地关注她的创作，现在读过她把激情放到理性的层面浇铸出的酣烈深刻的批评之论，让我更认识了作为熟谙文学评论之道的张抗抗的别样风采。

好朋友之间，总是互为嘉宾参加文学活动。在我的《民国清流》新书发布会上，张抗抗作为嘉宾，曾鼓励说："汪先生最近一连出了好几本书，都是系统地梳理民国文化史、文学史和思想史的。打个比喻，民国就像一艘沉没的豪华巨轮，上面有无数宝藏值得我们挖掘，汪先生的这套民国系列，就在为我们打捞这些宝贝。"

在我的《文学即人学：诺贝尔文学奖百年群星闪耀时》一书的新闻发布会上，作为嘉宾，张抗抗也曾有精彩的发言。

好风凭借力，朋友间相互支撑，才会有一片文学的清澈的蓝天。

直挂云帆济沧海

——梁晓声的知青小说与写普通人的《人世间》

很早以前，我曾给几家报刊撰写过几篇介绍梁晓声的文章，其中一篇《冰雪肝胆梁晓声》收录在我的随笔集《记忆飘逝》里。文中引一位诗人的话："我看人总是以目光触其骨骼，若有金石之声，相击之声，便引为知己。"我看到晓声的冰雪肝胆，将他引为知己。

读晓声的文章，见其直面人生，忧时忧世，忧济元元。"穷年忧黎民，叹息肠内热"，其为人处世，披肝沥胆，古道热肠。我视其为文坛冰雪肝胆、踽踽独行的豪侠。我曾向曾经的作协掌门人唐达成表述过我的看法，评论家唐达成闻之，目光闪烁道："读其书，看其人，知晓声乃是高怀观世、壮气横天之君子。"

晓声重友谊，讲情义。我主动向他约稿，不久，他将《浮城》初稿交给我，算是对我就职的《当代》之回报。遗憾的是，并非出于审美的原因，《当代》虚与委蛇，作退稿处理。晓声毫无怨言，另投花城出版社，人家比我们有眼力和魄力。《浮城》出版后，深受读者欢迎，印了几十万册。晓声并未因此疏远《当代》和朋友，不久又将长篇小说《红晕》和中篇小说《盗靴》给我，皆编发在《当代》。

晓声心地善良，恪守"滴水之恩，当涌泉相报"的古训。那年，老作家林予不幸罹患绝症，经济并不宽裕的晓声得知后，便汇去当时可视为巨款的四千元，接济经济拮据、病入膏肓的老作家。早年晓声初出茅庐，闯荡文坛，东北老作家林予曾给过他热情的帮助，精心帮助他修正稿件并推荐给报刊。二十年过去，已成知名作家的梁晓声，从未忘记长辈作家对他的提携和奖掖之情。他说："人有生死之界，感情无人为之界，我永远忘不了林先生。"

在梁晓声寄钱给林予先生之际，他曾向极为富有的熟人发出呼吁，希望他们省些在山珍海味和夜总会方面毫无节制的开销，救助陷入困境的林予。但是直到老作家撒手人寰，有钱的熟人竟然一分钱也舍不得拿出来，对此，晓声愤慨地道："金钱迷住了这类人的灵魂！"于是，他萌生创作三部曲《泯灭》的念头，鞭笞金钱对人灵魂的异化。

曾有一位记者到黄亭子儿影宿舍楼去采访梁晓声，有些唐突地看到他正用午餐的情景：两片烤焦的馒头片、两小块菱形的玉米发糕、一根黄瓜、两根大葱、一碟黄酱，晓声大快朵颐，吃得津津有味。这一早就让我看惯了的情景，委实让记者惊讶不已。《人世间》的责任编辑，也是我的朋友李师东，看到晓声的书房"一张小木桌，一把小木椅"，他坐在这里，"一笔一画地写着字，完完全全一个爬格子的工匠样子"，不胜感慨。一位驰骋文坛的骁将，日子过得如此简朴清苦。

其实，从小就家境贫寒的梁晓声对生活并无奢求，过普通日子，挺好。他父亲是个建筑工人，梁晓声在嘈杂的大院长大，品学兼优的哥哥考上大学，父母亲悲痛而歉疚地对哥哥说："孩子，家里穷，供不起你上大学啊！"有美好憧憬和前程的哥哥沉默了，后来精神失常，父母为此抱憾终生。梁晓声心里在流血，肩负了哥哥的生活和医疗至今，其眷眷亲情让人动容。其刻骨铭心的人生体验升华为人道主义，成为其文学作品的骨骼和血肉。

一直以来，为了因穷困而不能上学的孩子，梁晓声多次慷慨捐款给希望工程。有一次，他一下子将省吃俭用节省下来的五六千元捐了出去。差不多每次收到稿费，他总是一半交给母亲生活和给哥哥治病，剩下一半就寄给渴望求学的穷困孩子。他知道，靠自己微薄的力量改变不了现实。但他实实在在地去奉献社会，和那些只尚空谈悲悯苍生形成鲜明的对照。梁晓声为文，敢于为社会正义发声，为黎民黔首的困厄疾呼，表现出一个有良知的知识分子的理性、担当和道义。梁晓声做人，有真性情，有以真人格支撑的胆与识，有侠肝义胆，留下许多警醒世人的东西，犹如暮鼓晨钟。

我在绥芬河开会时，得到晓声获得茅盾文学奖的信息，即刻发短信向他祝贺，他回的短信是："兄长，收到啦，自家人，有空聚哈，问嫂子好！"

文学的深度实际上是灵魂的深度，作文与做人，只在精神或灵魂深处彼此相通。

1

20世纪70年代末，一批知青作家积极参与并壮大了"伤痕""反思"文学潮流，他们的作品既表现对自己洒下青春热血的土地的眷恋，又对自己悲剧性英雄主义命运进行叩问，同时也将农村生活的图景带进文学，在文坛刮起一股别样的知青文学之风。

梁晓声以一个北大荒拓荒者的身份，创作了一批讴歌一代青年英雄主义精神的独树一帜的小说，成为知青文学的代表人物之一。梁晓声在《我加了一块砖》一文中，坚定地否定了"上山下乡"运动，认为这"是一场荒谬的运动"。但是，他又以《这是一片神奇的土地》中李晓燕率领知青小分队对"鬼沼"的开发胜利，以《今晚有暴风雪》中知青的小镰刀战胜了机械化的传奇，向世人证明，这并不"意味着被卷入这场运动前后长达十一年之久的千百万知识青年也是荒谬的。不，恰恰相反，他们是极其热忱的一代，真诚的一代……富有牺牲精神、开创精神和责任感的一代"。他的知青小说，与其说是一种艺术创作，毋宁说是具有他们这一代人精神演化的历史特征，凸显了理想主义色彩。像《北大荒纪实》，描写"走资派"之子王文君，为证明自己是革命青年，跳进波涛汹涌的冰河中，打捞十条麻袋，献出十九岁的生命。《白桦林作证》中的邹心萍，看到自己的知青伙伴纷纷离开北大荒，返回城市，为表示自己的初心，愤怒砍掉他们共同栽种的"扎根树"上的枝条，誓与"背叛誓言者"决绝。但在这种富于理想的高昂的格调背后，我们隐约看到极左思潮扼杀人性的本质。晓声一直秉持的理想主义精神和情怀，使他的知青小说有极高的辨识度，在文学界产生了广泛影响。

从他的小说中可以看出，那场宏大的"上山下乡"运动对梁晓声的影响是如此深刻，知青经历在他的灵魂中又是如此神圣。这与更多的知青作家痛切地发现自己最宝贵的青春被无端地推入荒谬的苦难戕害后，开始冷静地反思自己和民族的悲剧命运而创作的作品，形成明显的反差，意趣相左。

但是，梁晓声是一位清醒的现实主义作家。他曾在《京华见闻录》一文中，有一段剀切中理的反思："于是，在'文化大革命'中，我们这一代的热爱、景仰、崇拜、服从便达到了'无限'的'光辉'的顶点。这是整整一代青年的迷乱与狂热。对于社会来说是飓风，是火，是大潮，是一泻千里的狂澜，是冲决一切的力量！当这一切都过去之后，我们累了。当我们累了的时候，我们才开始严峻地思考。"

梁晓声表达了知青作家对自身命运的思索，对新时代理想命题的探求，逐步走出"文化大革命"语境和简单化的泥淖，他们的小说向更深的思想底蕴进发。

梁晓声的文学，越走越深刻。

梁晓声的小说创作，从内容上可以分为两部分。

他早期以知青文学登上文坛。所谓知青文学。是表现"上山下乡"运动形成的一个特殊青年群体命运的文学样式。知青，是"文化大革命"的亲历者，知青作家产生在这个特殊的群体里，他们的底色极其沉重，更富有特色，他们在轰轰烈烈的"文化大革命"中，作为"红卫兵"轰轰烈烈地度过青春，经过那个残酷的政治斗争的风暴的洗礼。

后来，不再年轻的梁晓声又创作了《年轮》《知青》《返城年代》等，这是他反思使命的延续，也是书写人性不泯激情的延续。

如果一定要为知青文学作结，这并不容易，必须从知青这一群体入手，因为"他们熟练地操持着后来看来是极其虚伪的模式化宏大话语，他们甚至过早地接触了人与人之间的阴暗残酷的政治斗争策略。这些都使他们的青春充斥着政治斗争的幻想，充满着对政治文化的热情，也充满着人生的虚无。同时上山下乡的经历又使他们来自乡村，来自民间的经验极其丰富"，他们的文学创作，"他们认知世界的方式别具特色，在对祖国大地的强烈的热爱中，他们热情讴歌真善美，表现出对假恶丑极端的排拒，他们富于自我批判精神，更喜欢用一种回忆的角度来叙述历史，在对现实流行的浮沉中，他们坚持理想和崇高","他们更习惯于在思想厚度上大刀阔斧地表现他们特有的冲击和激情"（《共和国文学 50 年》第三章）。在知青们普遍对社会理想和信念产生怀疑动摇，一些知青文学强化岁月蹉跎、不堪回首的消极情绪的背景下，梁晓声的知青文学作品，还是表现出不同于世俗的人生价值标准。比如，他写知青大返城以后的命运和人生故事的《雪城》，为知青受到的种种不公正的对待打抱不平，为他们传奇的知青生活做了记录，成为历史存证。尽管其思想力度和艺术水平表现平平，但给知青文学尾声留下了发乎真情的浓墨重彩的文字。

到了 20 世纪 90 年代至 21 世纪初，梁晓声"关注的视角和创作的理念都会伴随时代的进程有所调整"，即开始讲"当下"题材的故事，他在《书写城市的平民子弟》一文中表述："小说家应该成为时代的文学性的书记员，这是我的文学理念之一。"

回眸知青小说，梁晓声直面现实的多部长篇小说、六十余部中篇小说、无数短篇小说，无论从创作数量上，还是艺术质量上看，都令人刮目。这些小说构成了一幅梁晓声笔下的中国社会的文学式的"清明上河图"。其集大成者，乃于戊戌年初由中国青年出版社出版的三卷本《人世间》。这部一百二十万字的长篇小说，"系中国作家协会 2017 年度重点作品扶持选题，也是'十三五'国家重点出版物出版规划项目图书，获得 2018 年度国家出版基金资助"（文艺报 2019 年 1 月 28 日《梁晓声〈人世间〉在京研讨》）。戊戌年岁尾，中国青年出版社总社与中央广播电视总台央广娱乐广播（AM747）联合主办的梁晓声长篇小说《人世间》有声版首播发布仪式暨读者见面会在京召开。

《人世间》甫一出版，动静不大，甚至有些沉寂，但一年之后的戊戌年底开始，突然重点宣传，先是在 2019 年 1 月 10 日在北京图书订货会上举行梁晓声出席的新闻发布会。十三天后，由中国作协创研部、中国青年出版总社和文艺报社联合主办的作家梁晓声长篇小说《人世间》研讨会在京举行。合乎逻辑的解释，应该是《人世间》在世间产生了较大的影响。

在写《人世间》期间，晓声检查出身体有些毛病。我拉晓声到山西走了一趋。我俩应邀去讲学，此外，我请山西的朋友带我们到一个名医那里给晓声看看病。老先生把脉之后，说晓声身体并无大碍，开了几服药。晓声满面喜悦。回京的高铁上，我俩兴奋不已，话也格外地多。

2018 年初，梁晓声在《人世间》出版不久，发表《书写城市的平民子弟》一文中称："创作《人世间》，就是想将五十年来中国社会发展变化，直观地告诉人们"，"让他们知道从前的中国是什么样子"，"我曾写过《中国社会各阶层分析》，所谓师法乎上，我希望自己能创作一部文学性强的，跨度五十年的各阶层分析。我对民间特别是城市底层的生活比较熟悉，也比较熟悉知识分子、文艺人士近五十年来的心路历程"，"欣慰的是，在一百二十万字的《人世间》中，一些内容是其他小说中不常见的，一些人物是文学画廊中少有的，一些生活片段也不是仅靠创作经验编出来的。它们都是源于我这个作家独特的生活积累，都有鲜明的个性特征"，"《人世间》值得对从前的中国及民间缺乏了解的年轻人读一读。我希望能向他们提供一点鲜活的、有质感的认知内容，对他们将来的人生有所帮助"。

《人世间》几乎囊括了 20 世纪 70 年代到当下的中国关乎时代变迁的最重要的历史事件、巨大的社会变化。这是一部伟大的叙事作品，负载着庄重的使命，渴望通过流年风雨的人情世态，来折射芸芸众生的灵魂在新旧嬗替的大变革中的种种面容及命运。这是一个并不轻松的文学实践。自打"十七年"所谓文学宏大又"假大空"模式的叙事，经过改革开放的冲击迅速瓦解，作家们挣脱了意识形态的羁绊，文学呈现了多元化的局面。在更有力量的经济大潮作用下，作家们的创作日趋细碎化、频繁化、流行化。偶有《白鹿原》《平凡的世界》等佳作出现，但更多是为传统文化的消失唱挽歌或固守文学道德意识的德性论叙事式的，叩问历史、探寻人类精神文明的作品。

文学期待那种以个性眼光投注，透视当代社会生活、世道人心，探索人的灵魂，直指人性深处的现实主义力作。在这种期待中，梁晓声的《人世间》横空出世，实在让人们惊喜。

《人世间》以当代北方省会城市为背景，以共和国的同代人平民周氏三兄妹五十年的生活轨迹为线索，勾连并刻画了同样是平民的十多个人跌宕起伏的人生，通过他们的命运，多方位、多角度、多层次地展现了中国社会半个世纪宏阔的历史、时代的图景和人世间芸芸众生酸甜苦辣的生存状态，以及向往美好生活的精神风貌。

《人世间》是一部交织着人生命运的变奏曲，分三个乐章：聚焦充满向往的青年，关注挣扎的中年，书写豁达的桑榆晚年。全曲没有扣人心弦、一波三折的叙事，没有英雄咏叹，却充满激情昂扬的旋律，有史诗品格。

《人世间》写的不是极端事件，十多个主要人物也都是普通的人物形象，都包含着一个理想向度，都是在宏阔历史和时代变革中摔打成长起来的、立得住的精神形象。如果按照恩格斯《致敏·考茨基》所说"每个人都是典型，但同时又是一定的单个人，正如老黑格尔所说的，是一个'这个'，而且应当是如此"的观点，《人世间》中各个个性和风貌不一的十多个平民形象，应该算作文学典型。正是通过这十几位平民形象的塑造，梁晓声的《人世间》与人间烟火中彰显了道义和担当，在喜怒哀乐的叙事中完成了半个世纪中国老百姓的生活史，也完成了其"好人文化"的形象表述。

都是在具体的人物中讲述老百姓自己的故事，它与路遥的《平凡的世界》并不相同。两者涉及的历史阶段不大一样，一个以农民为中心，一个侧重写工人。更重要的差异，在于路遥将平凡世界中的普通人物英雄化，而晓声的《人世间》是"好人文化"的形象表述。无论社会如何变化，时代怎样变迁，每个人都要努力做一个好人。在艺术上，《人世间》"不是将外部社会机械地穿插、叠加在故事情节之上，而是将之内化在人物命运及其情感与精神世界之中，通过人的感觉方式的变化，呈现出社会生活总体性的变化"（刘大为语）。而《平凡的世界》"在究竟是血肉交凝的整体，还是支离纷披的堆积上，小说并非处处达到化境"（雷达《诗与史的恢宏画卷——评〈平凡的世界〉》）。梁晓声的老到深刻，自有公论。

《人世间》获得第十届茅盾文学奖且排名第一，实至名归。《人世间》是一个时代有良知者的精神守望的果实，是梁晓声向传统现实主义的致敬，证明了传统现实主义之树依然是根深叶茂的常青之树。

2

我喜欢梁晓声的散文随笔，早在 2014 年，我应新华出版社之邀，为其主编十五卷本"金蔷薇散文名家新作文库"时，就编了他的一本散文随笔集《沉默的墙》。

丁酉年初，读了两本晓声新出版的随笔集：一曰《中国人的人性与人生》，一曰《此心未歇最关情》。读罢，想起"凌云健笔意纵横"的老年庾信，如今晓声"文章老更成"，总能给人以警戒思索与温馨感动，如闻暮鼓晨钟。

《中国人的人性与人生》，是以充满人文理性的文字，对当代中国人的文化心理状态、中国人的人生境遇，以及关于中国的文化与文化人，给出了自己的观察和评述；或可说，晓声在解读对物的占有欲和追逐，以及这种欲望和追逐所固有的对人自身完整性的挑战、破坏及考验，已构成的近代化社会的人文主题和基本矛盾，蕴积着思悟和启示。晓声对政治道德充满激情，体现了一种忧患意识，在其犀利凝重的理性背后，有知识分子的良知和道义存焉。

《此心未歇最关情》却是一部"温柔书写世间情"的散文集。由金刚怒目，变为柔情似水，看似悖反的味道，其实这恰恰证明一位成熟作家精神的丰富性和艺术风格的多样性。王蒙曾说："我身上有两种倾向或两种走向都非常鲜明，比如一种是幽默，一种是伤感。"晓声亦然。

早年，他以《今夜有暴风雪》傲然走上文坛。土地和理想构成了晓声知青小说的叙述，他对知青的革命理想怀着极大的热情，其作品跳动着青春的激情，浸润着诗性的倾诉，鼓荡着一种英雄情绪，感动了千万读者。十多年前，我和朋友编了一套"汉语表达者系列"丛书，编选了一本《平民作家梁晓声》。在封四上，印了一段已被新闻媒体称作"中国作家中自觉地选择平民立场的"梁晓声的谈话。那是他回答一位作家评价他的文章"一针见血地指向拜金主义、官僚主义和利己主义，在抨击中杂着怨气，有一种宣泄快感"时说的："我在理念上，其实并不算偏颇……社会有时需要几个有棱角的作家，写点有棱角的文章，当温良的成为绝大多数，我就做不讨人喜欢的少数吧！这也算是一种自觉的生态平衡吧。"那时，晓声不少作品围绕着物化现实，以洞幽烛微的反叛姿态，固守文学的道德意识，开展对社会不公的批判和人性的探索。充满理想主义精神的晓声，又多了一种批判现实主义的色彩。这与《中国人的人性和人生》一脉相承。

《此心未歇最关情》妙在一个"情"字，文章"非本之真情，万无能之理"（林琴南语）。晓声深谙此道。其文在情字上深下功夫，发乎于心，诉之以情，以情聚合，以情动人。借一个"情"字，套用老子的名言，曰："情可道，非常道。"所谓"非常道"，即晓声写情的艺术个性：以对平凡众生心灵世界的开掘，发现产生内在力量的情感，来打动人心，并力图概括我们当下生活中芸芸众生的世态风景。而在关乎"情"的叙事中，我们也感受到晓声的襟怀、气度与精神。

"亲情回望"一辑是一组写亲情的文字，写家境的贫寒、童年的悲辛、那些遥远的浸润着泪水的痛苦记忆，突显出亲情的温暖深挚和人性的魅力，读来格外感人：

困难时期，一家人靠从面袋里的残存面渣，做成疙瘩汤充饥，忽来一陌生老者讨饭，母亲给他端水洗脸后，把自己那碗稀疙瘩汤盛给他。

童年时，因饥饿，梁晓声偷拿一老汉一块一家人赖以充饥的豆饼（猪饲料），母亲知道后，不仅让儿子还给人家，还把家里仅剩的几个土豆和窝头送给老人。

少年的梁晓声，省吃俭用，攒下一点钱，陆续买了三十几本小人儿书，拿到街上出租，挣钱贴补家用，不料被一年轻警察没收。母亲代他承认错误，并讨要小人儿书，粗鲁的年轻警察将其推出派出所门外。为了被轻蔑的一个自尊女人的尊严，母亲执拗地坐在那里讨要。夜深了，警察终于将小人儿书及书包扔在儿子怀里，母亲说："数数。"结果，"缺了三本《水浒》"。警察从衣兜里掏出三本小人儿书，嘟囔着："哟嗬，还跟我来这一套！"正当母亲拉着儿子下台阶时，年轻警察又以将军命令士兵那样的口气道："等在这儿，没我的允许不准离开！"结果，他上街截了一辆小汽车，大声说："把那女人和孩子送回家去！"……

在这一辑中，晓声还写了对本色父亲的崇敬与患精神病兄长的动人的股肱深情，在人间烟火中，我们发现人间大爱，同时从中感悟到，人可以生活在底层，可以处于卑微地位，但人的心灵和精神并不卑贱，他们活得很有尊严。

这些生活细节，都是晓声亲身经历。正是这些人生阅历，让作为作家的他发现了人世间朴素情感的诗意之美，自己也在充溢爱心情感的沐浴濡染下，领悟人生，升华人生。这样，才有后来以一介屡弱书生，喝退一群殴打民工的恶少，让围观者肃然起敬的梁晓声；才有后来拿出当时很金贵的四千元，资助一位罹患癌症的老作家，后将几乎一年的工资捐给希望工程的梁晓声；才有后来在政协会议上，关心国运民疾，大声建言的梁晓声。

"那个年代的爱"一辑中的《鹿心血》《鸽哨》，以珍宝岛事件爆发前，战争阴云密布的东北中苏边境为背景，围绕着一条叫"娜嘉"的苏联狗、一只叫"白姑娘"的中国鸽子的故事，呈现中苏边民的友情。《喷壶》则写的是在"人性恶被以'革命'的义名调动起来"的"文化大革命"间，一个曾抽打校长，剪女老师头发，毁掉女同学一双"秀美白皙的小手"的少年学生，一生都等待着忏悔赎罪的故事。

"泪和光"一辑中的《烛的泪》，写一对进城弹棉花的夫妻，在艰难的生存状态下，安贫乐道，相濡以沫，生命和情感呈现了诗性状态。《玉顺嫂的股》写的是一个农妇，在物欲的诱惑下，炒股赔得血本无归的悲剧。《一盆面》写农村一个新媳妇，为了一盆面杀人，锒铛入狱。《离乡》写一美丽的乡下少女，要到城里讨幸福生活前，将自己的身子交给一个陌生男人的故事。

借助这些人物的故事，我们看到人性、人情的复杂。一切文艺其实都是人们"物态化"的存在，文学的观照只不过是为了认识人的生存和人性而已。晓声的老到在于他以平实甚至略带率真的笔触，把我们带入人物的情感命运的深处。他对笔下的我们似曾相识人物的人生经历、心灵世界和精神矛盾的描绘，是十分到位、十分出色的。愈是挖掘普通人的精神底蕴，就愈表现出时代生活的深层流动。此外，应该注意，晓声对普通人灵魂之壳中的人性丑陋所进行的揭示和道义拷问，与他作品讴歌人情、人性之美及对苍生的悲悯情怀相互映衬，构成了他散文的文学肌理和品质，也形成了他散文的独特的美学趣味。

"问世间，情为何物"？与元好问的"直教人生死相许"的爱情相比，晓声的小说和随笔散文写出了人世间烟火里更博大的本真的感情、老百姓的感情。

晓声获得茅盾文学奖之后，谈到"阅读与人生"，说："我觉得思想是需要沉淀的，人的一生也是思想不断沉淀，不断剔除劣质的思想，积累和保留优质思想的一个过程。"是的，梁晓声的《人世间》，就是遵循这一认识，书写了近半个世纪中国城市平民生活史、社会变迁史、底层青年不懈奋斗的成长史。这是一部写"好人文化"的向善的史诗性的长篇巨著。

作为老朋友，我向梁晓声这样一位有人道主义悲悯情怀的作家致以崇高敬意。

出版《人世间》之后，梁晓声又推出了谈"狐鬼"的《狐鬼启示录：梁晓声谈〈聊斋〉》。这是一部从特别的视角，以独特的审美观解读《聊斋志异》的随笔集，别开生面地发掘了中国神鬼故事背后的文化内涵。在梁晓声看来，《聊斋志异》里的鬼有鬼格，狐有狐品，在这个瑰丽奇幻的世界里，狐鬼比人还有人格和人性。梁晓声深谙蒲松龄借狐鬼高扬人性原则，批判社会现实，臧否人世的现实主义之情，特意以"聊斋体"仿写了《犬神》《狐惩淫》《聂小倩别传》几个小故事，写得鬼狐神味十足，颇得蒲松龄神传。

梁晓声的文学疆域是如此广阔，其文学武器样样精良，桑榆之年的他，潇洒地行走于文学江湖。

洛水嵩云恣意看

——铁凝从《哦，香雪》到《玫瑰门》

新时期文学在对极左思潮的控诉和清算中，对于受伤的"人性"的观照和抚慰，是作家共同关注的社会母题。新时期文学，全面记载了这一时期人性复苏的历史进程。但不少论者，总是把男女作家分开，大谈"女性意识"与男性文化主宰论，大谈文化寻父与颠覆男权，大谈家园回望与重写母系……

　　纵观漫长的中外文学史，传世的经典作品只有文学风格之分，而文学风格从根本上说，取决于作家的创作个性——个人气质、人格精神、审美情趣、艺术才具，似与男女之分无涉。而影响作家对生活的观察、感受、认识和表现，影响作家去构建独特的文学艺术世界的，与是男是女也毫无关系。强调"女性意识与女性写作"，往往会忽视、遮蔽女性作家作品的社会与人性的深度和力量。

　　张洁、韦君宜、戴厚英、谌容、王安忆、铁凝、张抗抗等一批优秀的女作家，她们都满怀激情，以艺术的方式对人性进行反思，以成熟而自信的姿态，穿行于主流话语之间，将笔触一步步逼向人性本质，使新时期文学呈现出一片生机盎然的景象。

1

1982 年 5 月，我到中国青年出版社开会，会后到《青年文学》串门，主编陈浩增及马未都一干熟人都在。浩增递给我一本杂志，说："有篇《哦，香雪》，值得老弟一阅。"

20 世纪 80 年代初，《青年文学》不断推出佳作和文学新人，是当时颇有影响的杂志。浩增具有很高的艺术鉴赏能力，在青年作家群里很有人望。他夫人顾志成，是《中国青年报》编辑，20 世纪 70 年代末曾编发过我的文章。故他们与我熟稔。

我回家读《哦，香雪》，被深深吸引。小说写了一个生活闭塞的山村中的姑娘香雪，跑到刚刚修好的山区小火车站，用一篮子鸡蛋，换回了一个她神往的神秘的带磁铁的铅笔盒。啪的一声，她关上铅笔盒，满怀着满足感，回到台儿沟的家，更把希望、憧憬带了回来。火车在小车站停留的一分钟，我们听到了新生活流到山区的无标题音乐。小说不以构制情节见长，而偏重于诗意的抒情化描写。

作品正是通过对人物和环境细节的铺陈点染，将一幅人物及景象小品绘制得意趣盎然。于是，我记住了铁凝。

那年冬天，我与同事赵惠中（后调至和平出版社任社长）去天津拜会鲍昌、方纪后，又去拜会孙犁先生。孙犁那时略显瘦削，不过精神还好，脸上浮着温厚的笑容。他穿着对襟棉袄，戴着蓝色套袖，坐在书桌后。他的身边有盆水仙，绽放着淡淡的白花。

谈到小说时，孙犁先生就提到铁凝的《哦，香雪》，很是赞赏，说铁凝注重描写纯真、清丽的少女情怀。他说，他曾在 1980 年铁凝出版第一部小说集《夜路》时，为该书作了序，他让家人从书柜里取出天津百花文艺出版社出版的这本书。序中说："你对生活，是很认真的，在浓重之中，能做淡远之想……有方向而能作曲折。"铁凝曾写过一个短篇小说《灶火的故事》，自己很看重，请省里的文学前辈看时，长者们对她说"路子"不对，劝她按传统路子写。铁凝迟疑了，就斗胆寄给《天津日报》的孙犁，本想听听意见，不料这篇一万五千字的东西，竟然被孙犁倾力推荐，刊在《天津日报》的《文艺》增刊上，接着《小说月报》做了转载。很多年后，我读铁凝写的《怀念孙犁先生》，为那种对文学老人深挚的怀念之情而动容。

《哦，香雪》获1982年全国优秀短篇小说奖，同时又获《青年文学》颁发的"青年文学创作奖"。我参加颁奖会时，与梳着马尾辫的年轻而清丽的铁凝认识了。

次年，铁凝在《十月》杂志发表了中篇小说《没有纽扣的红衬衫》，获全国优秀中篇小说奖和"十月文学奖"。我记得上中学的女儿，把载有《没有纽扣的红衬衫》的那期《十月》拿到班里，每天上晚自习时读半个小时，听者莫不全神贯注。《没有纽扣的红衬衫》后改编成电影《红衣少女》，受到观众喜爱而获电影百花奖。

《没有纽扣的红衬衫》描写都市女中学生安然、安静姐妹的日常生活，并通过这姐妹两个人物，表现了少女对人的真实、自然天性的渴望与追求。她们天真未凿，情窦未开，但有一个五光十色的灵魂世界。小说只向读者提供形象和紧贴形象的生活哲理，而不是跳出来进行抽象的概括。因此，小说里弥漫着人物的情绪、生活的情绪。读惯了触及重大社会问题、曲尽悲欢离合的小说，你会发现铁凝的这篇东西像生活本身一样平淡、艰难和严酷。但从中，我们看到了两个少女在自我与现实的矛盾中，心灵波动的真实记录。

《没有纽扣的红衬衫》一如《哦，香雪》那清新、流畅、自然、雅致的文风，却又融入了幽默俏皮，使作品更耐读了。在对生活和人的认识和理解的深化上，《没有纽扣的红衬衫》比《哦，香雪》更成熟了。

值得注意的是小说中姐妹俩的父母。母亲"举着红旗喊，举着刷子喊，举着语录喊"，可悲地失去了自我，仅剩下一身糨糊和一个可怜的"红外围"袖章。父亲不肯就范，却落得失意终生，他的独立不羁的气质和艺术家的良知，对姐妹的心灵都起到良好的熏陶作用。当听到安然喊出"时代把我们这一代造就得比父辈要世故"时，我既感到沉重，又看到希望。

在《十月》举行的"十月文学奖"颁奖会上，我与一脸灿烂笑容的铁凝再次见面。读《没有纽扣的红衬衫》时，从气质、秉性、性格，乃至小说中的父亲、母亲看，我认定铁凝应是安然、安静两个人物中的一个，后觉得这猜测过于幼稚可笑。文学常识告诉我，任何一部文学作品，毫无例外地都会有作者的影子和灵魂。为达到发掘人的精神深度的目的，作家把自己写进作品，存在无限的可能性。

2

20 世纪 80 年代中后期，铁凝的小说风格发生了明显变化，由注重对美的青春的诗意表达，转向对生活中滞重一面的揭示。

我读过铁凝两篇随笔，一是华艺出版社编的"中国当代著名作家新作大系"之铁凝卷《遭遇礼拜八》的序，一是我主编的新华出版社"金蔷薇散文名家新作文库"之铁凝卷《护心之心》中的《想象胡同》。两文写的皆是亲身经历且刻骨铭心的往事。前者，写铁凝一次随新闻记者到冀中平原一个著名村子参观。该村被宣传为物质文明、精神文明同步发展，富得钱懒得去数而是用秤来称的致富典型。而一家母子拾到金表而不昧的事迹，更是成了被讲千遍的故事。每次有采访，他们家门口总会有一群放弃念书的小学生，拍着紫红的小手，高呼"热烈欢迎"的口号。铁凝在母子二人垂手侍立讲捡表的故事时，突然发现，他们家院里有一盆娇艳的白色月季花在乍暖还寒的初春绽放，走近一看，竟是一盆假花。这盆假花给小村的故事也蒙上了虚假的色彩。

铁凝在文章最后说："我绝非有意对那个村子不恭敬，即使它给过我一些真真假假的感受。您知道，我的有些小说看上去对生活是不大恭敬，那实在是因为我企望着生活更神圣。"

另一篇是《想象胡同》，放在散文集《护心之心》第一篇，写的是铁凝因父母去"五七"干校劳动，她被送到家住北京西城胡同的外婆家寄居，而做了几年北京胡同里的孩子。那时，厚重的黑漆门扇上早年镌刻的"总集福荫，备致嘉祥"的对联，已被红纸黑字的"四海翻腾云月怒，五洲震荡风雷激"的对联盖住。外婆院子的西屋住着一对没有子女的中年夫妇崔先生和崔太太。崔先生傲慢而孤僻，早年曾留学日本，现任某自动化研究所的高级工程师。夫妇过得平和，相敬如宾。一天深夜，崔先生被人抓走，十年无消息。崔太太那夜疯了。她曾挎着一只印花小包袱一次次地逃跑，又一次次被街道大妈抓回，后终因肺病死在了西屋。很多年后，崔先生回到院中，砸开西屋的锈锁，他也疯了。从此，他头戴白色法国帽盔，穿一身笔挺的黑呢中山装，手持一根楠木拐杖，在胡同游走、演说。铁凝曾在夏日一个安静的中午，在胡同遇见崔先生在前面走。突然，崔先生在幽深狭窄、街门紧闭的胡同猛然转身。她看见法国帽盔下是一张黄白浮肿的脸。他并不看她，而是将目光绕过她，使劲朝她身后望去。后来听说他得过一笔数额不少的补发工资，又被侄子骗去。"出人意料的是，当时我却没有受到崔先生的惊吓，只觉得那时崔先生的眼睛是刹那的欣喜和欣喜之后的疑惑……"

再真实的小说也抵不上生活的真实，再荒诞的小说也抵不上生活的荒诞。铁凝的创作转向对生活滞重的揭示，是合乎逻辑的。

铁凝 1986 年发表了《麦秸垛》，1987 年发表了《闰七月》，1988 年发表了《棉花垛》等小说。《麦秸垛》中的大芝娘与大芝母女，《棉花垛》中的米子与小臭母女，以及知青沈小凤，最终没有摆脱政治文化中的悲剧性命运，这些小说都是从女性最深层的生存形态上揭示现有文化内涵的。铁凝用细腻的感知表述"母性"的宽容、平静和宁和的同时，又有一种无形的松弛、倦怠和美丽的慵情，具有独特的审美形态。

20 世纪 80 年代末，铁凝发表了长篇小说《玫瑰门》。这是一部从多方位观照和解读中国当代女性史的文本。《玫瑰门》写的是外婆、舅妈、外孙女三代女人，在"文化大革命"专制年代下人格扭曲异化而最终难以救赎的故事。我们发现，女性与社会、女性与历史已成为铁凝小说的重要内容。

《玫瑰门》是以母亲或女性的血缘为主脉来构建小说框架的作品。我在《当代》编发的张宇长篇小说《疼痛与抚摸》，就是这类通过三代女人婚姻和爱情的历程，书写女性亘古的希冀与痛苦，展现她们心灵跋涉的艰涩，探求生命存在意义的作品。但铁凝的《玫瑰门》深刻揭示了三个女人相依为命又相互仇视的表层之下，还呈现了一个未经证实、尚处封闭的另一个世界。这里充满了自私、偏狭、妒忌、仇恨，肆无忌惮地发泄的人性阴暗面。我们由此从铁凝的小说中，获得更加深厚、更加复杂的人性内容。批评家戴锦华在评论张洁、王安忆、铁凝三位女作家时说："在三代女性人生之路的悲剧中，她（作家）交织起女人的清醒与迷惘、背负与绝望、逃脱与落网。"

铁凝的另一长篇小说《大浴女》，虽没有《玫瑰门》影响大，却也是一部极富深刻内涵的作品。这两部长篇小说都是对女性生存状态和复杂人性的思考和体验。《大浴女》对道德的质疑似乎更明显。从主人公尹小跳和尹小帆姐妹的成长过程看，几乎人人都有道德的失落和危机，每个人都缺乏道德自信。道德乃社会意识形态之一，是人们共同生活及其行为的准则和规范，道德通过社会的或一个阶级的舆论对社会生活起约束作用。作家从道德入手，不仅能触摸人性深处，还能反映社会生活本质。铁凝创作的小说，"将多声部对话、欲望奇观、精神分析和话语狂欢做了扭结一体的游走。那是伴随着高度阅读快感的深度，也是真实性和技艺的双重洞开。在那些'好看'的小说里，铁凝把书写游戏与噬心历史语境，个体生命的自明与纠葛，行云流水般的美妙饶舌与令人眩晕的哲理锋芒，挽歌和反讽的奇特平衡呈在读者面前。它吸引你又打击你，你迷醉地进入了'舒心的折磨'，只是爱读，读下去，读到底"（陈超《铁凝·写作者的魅力（代序）》）。

3

20 世纪 90 年代中期，铁凝给我写了一封信，信封里鼓鼓的。打开一看，是她父亲写的几篇散文。铁凝在信中说，父亲是位画家，很喜欢文学，画画之余，写了几篇散文，看看能否在《当代》发表。

我知道他父铁扬是位很有造诣和名气的画家，曾在中央戏剧学院任教授。中央美术学院教授、原油画系主任潘世勋先生，曾在为铁扬画册作的序中说了画家间彼此赏识又极有见地的话："日前，铁扬又有近百幅油画、水粉画新作奉出，题材更加'凡俗'单纯，画面却尤为高贵丰润。北方的河，北方的山，北方的馒头和北方的女人，铁扬在其中以非他莫属的特殊能力和才情，创造、传达出了养育他心灵的这一文化环境中的那种特殊的壮丽……铁扬无疑是一个有力量影响一个时代的情绪的艺术家之一。"

画家的散文，我读过黄永玉、黄苗子、范曾等名人的。他们的散文不仅用清新活泼、独具魅力的文字抒发自己唯美的感情独白，还为读者营造唯美的艺术氛围。丰富的阅历和生活积累，经过独特的艺术表现，呈现出令人耳目一新的视觉生态。

铁扬的散文，写山川景物，长于描绘意境，语势从容，诗意盎然，洗尽人生凡俗，只剩下一片寂静，如此超越尘俗的审美情趣，源于东方哲学的深层浸润。

铁扬的散文在《当代》发表之后，好朋友、评论家张韧到我办公室聊天，看了铁扬的散文说："文中有画，有干净的大境界，又有生命的律动。"我将此话用电话转告铁扬先生，他似乎有些激动地表示感谢。铁凝从小就看父亲作画，在油画颜料清苦的气味中，看父亲怎样把空白的画布铺满颜色。父亲用一双大手托着他的作品，脸上满是宁静和疼爱。父亲这种表情最初启迪了铁凝的心智，当她对绘画一无所知时，就忽然明白了艺术的魅力。父亲的画，弥漫着一种可以触摸的激情，那是他生命的一部分，那是由他的生命派生出的许多永恒的瞬间。

铁凝说："即使面对他的静物，我也会生出快乐和不安。于是我想，什么是静物呢？照字面的解释，静物就是安静的东西。但山川树木不也安静吗？它们进入画家的视野，可被称作风景，静物实际也是风景的一种啊！在画家笔下，一只花瓶的呼吸与一条河的沉默原本无须界定，它们都是有形的生命。还有人，人在父亲的笔下不也是静穆的自然吗？作为观众的我，才会在雨后的村边读出许多北方的故事，才会在被薄雾打湿的无数花瓣上感应到世界的庄重和俏皮，才会在娇艳欲滴的红土堆上发现令人惊惧的美丽，才会在蓬勃苗壮的人体上悟出喜悦人生的明媚。"

文笔、画笔潇洒运笔，文学渗透着美术，美术也会提升文学。人文与自然交相辉映，反刍自己人生经历和特殊感受的铁扬的画、铁凝的文，"短长肥瘠各有态，玉环飞燕谁敢憎"，都是"以形写神"，自有相通之处。铁扬用画，铁凝用文，都深邃而又纯真地寄托着父女对人类生命、对永恒自然的宽厚和体贴。用潘世勋的话说，他们"以自己诚实的劳动，有效地抚慰着世纪末的喧嚣浮躁和被无限夸张了的疑惑与冷漠"。

画家父亲绘画，给铁凝以文艺熏陶，使她可以在报刊上著文谈论凡·高和高更之间的争论。铁扬还应女儿之请，为她的《夜路》《没有纽扣的红衬衫》《玫瑰门》等书作封面装帧设计。我们人民文学出版社的封面设计大师张守义看到后，大为称赞云：真称得上珠联璧合了。

20世纪90年代末一个春天，铁扬在中国美术馆举办了个人画展，我从外地出差返京时，画展已接近尾声。从我家到美术馆，我步行十分钟，匆匆赶去，已近黄昏。流连于铁扬那处处是烂漫真情的画海，我如同看到一幅幅人生风景。

铁凝母亲退休前是一位声乐教授。她无私忘我地传授技艺，很受学生欢迎。她退休后，又同时受聘于两所大学，继续教授音乐。铁凝说，她母亲一辈子乘公共汽车上下班，公共汽车连接了她的声乐事业，连接了她的教室、学生之间的所有活动，她生命的很多时光是在公共汽车上度过的，当然，公共汽车也使她几十年间饱受奔波之苦。

父亲是画家，母亲是声乐教授，铁凝是作家，他们可谓是文艺之家了。但是，即便铁凝成了著名作家，写作也不是她生活的全部。她在写作之外，必须承担应承担的一切，像所有普通居家过日子的人一样，买菜、洗衣、做饭，打扫卫生，浏览时装，定期交纳水电费、有线电视费以及各种费，关注物价以利于在自由市场和商贩讨价还价。

此外，有些非她必须承担的，可她乐于参与其间。比如，用她的话说，以外行的耳朵欣赏音乐，比如看画，比如看电影——1995年旅美期间，因为喜欢汤姆·汉克斯（《阿甘正传》主演），就花几天时间看了他的全部电影。再比如，悉心揣摩她父亲的某些收藏品，有时会与他一起去淘换它们。父亲喜欢民间"俗物"，如油灯、火镰、擀面杖等，她会随父亲一起到山里去寻这些"宝物"。

20世纪末，王蒙的"季节系列"长篇小说研讨会在京举行，雷达、何西来、何振邦、铁凝、王朔等评论家、作家应邀到会。我是"季节系列"长篇小说的责任编辑，又是《当代》负责人之一，参与组织工作。会上，铁凝做了很精彩的发言。会后，我与铁凝照了张合影。我们结识多年，不谓不熟稔，但似乎这是我们第一次的二人合影。后来，每年中国作协的春节联谊活动上，我们都合影留念，是生命年轮的纪念，更是友谊的纪念。相见亦无事，不见又思君，正所谓"人间有味是清欢"（苏轼）。

2005年，我打电话告诉她，新华出版社邀我主编一套散文名家丛书，希望她给我自编一本。不久，她的《护心之心》散文集就交稿了。

在《护心之心》的勒口上，我们这样评价她：

> 铁凝的作品擅长从生活中普通的人与事中，特别细腻地描写人物的内心，从中折射出人们的理想与追求、希冀与憧憬、矛盾与痛苦。读者会在她柔婉清新的文学语言节奏中，步入和谐理想的诗意境界。她主张没有"大老实"的文学姿态或者文学态度，就没有谋篇布局落笔行文的智慧，"大老实"是一种返璞归真后的新境界，是一种绝顶的智慧。

自有云霄万里高

——严文井的童话及与我的交往

儿童文学是中国现当代文学的重要组成部分，出现过一大批儿童文学的拓荒者、耕耘者，其中叶圣陶、冰心、陈伯吹、严文井等，成就辉煌。他们的创作丰富了儿童文学观念，其对儿童生活的思考和艺术探索，使中国当代儿童文学领域呈现繁荣局面。

　　严文井的儿童文学作品，激荡着一种蓬勃的活力和进取精神，富有儿童情趣、诗的意境及哲学旨趣，对儿童文学创作产生过积极深远的影响。

　　除了写童话、寓言外，严文井还是一位文学理论家。他在晚年对文学旧有的思维方式和僵化的理论格局，进行过尖锐的批判。此外，严文井在中国作家协会领导中，是常青树：1949 年任《人民文学》副主编；1949 年 10 月 27 日中国作家协会党组组成时，任党组成员；1956 年成为中国作协书记处十一位书记之一；1958 年 4 月被任命为中国作协党组副书记；1960 年任中国作协党组成员；1980 年任人民文学出版社社长的他，成为中国作家协会儿童文学委员会主任委员。

　　严文井饱读诗书，学识渊博，经历丰富，诙谐谦和，处事圆熟，奖掖后进，是中国文坛一位睿智有趣的忠厚长者。

1

"斯文有传，学者有师"（宋·苏轼《祭欧阳文忠公文》）。我的文学生涯的导师中，严老文井是重要的一位。

我认识严老文井，是在 20 世纪 50 年代末。1958 年我在北京六十六中读高一时，校长姚幼钧请年轻的军旅作家王愿坚到校给师生做革命传统教育报告。自 1954 年始，王愿坚发表了短篇小说《党费》，一举成名，接着又创作了《七根火柴》《粮食的故事》《妈妈》《小游击队员》《支队政委》等小说，有的被选入中学语文课本。王愿坚是部队的年轻作家，其作品大多取材于第二次国内革命战争时期的斗争生活，表现艰苦斗争岁月里红军战士和游击队员的英雄传奇和牺牲精神。其作品填补了我军早期战争生活的空白，其小说结构精巧，文字精练，意境精美，特别是常常截取一个典型的生活片段，捕捉人物性格发出光辉的一刹那，完成英雄性格的书写。这无疑对怀有英雄梦想的年轻人有巨大的吸引力。

听完王愿坚的报告，姚校长还特意安排校文学小组的成员，与王愿坚座谈，于是，怀有文学梦想的我，便结识了这位当时炙手可热的著名作家。巧得很，散会时，我与王愿坚同骑自行车回家，发现我们住在南小街东西相对的两条胡同里。我在遂安伯，他在禄米仓，一箭之遥。他拉我去他家吃了一顿晚饭。从此，我们就成了朋友，那一年他二十九岁，我十七岁。

一次，在他家聊过他的革命经历之后，他说，带你去一位著名儿童文学作家的家里去玩。沿南小街南行百十米，东拐到东总布胡同四十六号，进了坐南朝北的不大门楼，王愿坚说，这个院儿住的都是文曲星，有严文井、赵树理等大名鼎鼎的文坛宿将。王愿坚领我敲开了左侧北房的门，一位略有些秃顶、笑容满面的中年人把我们迎进客房兼书房。那时，严文井在中国作家协会担任书记处书记，负责外事工作。他和蔼可亲，谈吐幽默。

我曾将此次拜访严文井之行告诉了姚校长。姚校长笑曰："严文井啊，那可是我在延安时的老师啊！"1938年，严文井到延安，入抗日军政大学，次年在延安鲁迅艺术学院教书，其学员中就有姚校长。她还告诉我，1944年，她曾读过严文井当年在重庆出版的长篇小说《一个人的烦恼》。可惜，此书在战争年代焚于战火。

等我又一次去看严文井，姚校长已与严文井通过电话。他幽默地笑道："你是姚幼钧的高徒，我曾是她的尊师，那你该称我为师爷了！"或许有了这层关系，离我家不足半华里，萧乾称"大酱缸"的东总布胡同四十六号，便成了我心中的文学殿堂。

家住新街口百花深处的爷爷，知我有了严文井这位忘年交，也很高兴，他特意为我写了一条幅"经师易求，人师难得"（《北周书·卢诞传》）。一次，他去遂安伯胡同，拉我去见我家世交杨扶青。他家在胡同东，与我胡同西的家，有二百米远，也是我常去的地方。杨爷爷是河北乐亭人，与昌黎出生的爷爷，年轻时都办工业，是交谊甚深的乡党。1924年，李大钊得到共产国际通知，邀他去苏联开会，其时他正暂居昌黎五峰山韩公祠，躲避北洋军阀通缉，杨扶青慷慨解囊，捐赠五百现大洋，秘密送李大钊乘火车赴莫斯科，参加第五次共产国际大会。三年后，李大钊血沃北京，杨爷爷又帮助李大钊的家属。解放前，我爷爷汪华堂建立汪华堂奖学基金会，杨爷爷任秘书长，其时如李长之等不少优秀学生都受惠于该奖学金。解放后，与周恩来熟稔的杨扶青，担任共和国水产部副部长。我母亲是杨奶奶的好友，同居遂安伯，来往密切。杨爷爷得知严文井对我爱护有加，拟设私宴于王府井全聚德，敦请严文井小酌。我持请柬去请严文井，他却摇着略秃的脑袋，以《红楼梦》第五回里的话"惟心会而不可口传，可神通而不可语达"，推辞了邀请。我到杨爷爷家复命。杨爷爷笑曰：知识分子小心谨慎，可以理解。多年以后，谈到此事，严文井说，那时政治严酷，"无多言，多言多败；无多事，多事多患"，中国文人不得不处处小心。我从身为政协委员的爷爷那里得知，那年冬，赵树理因给陈伯达发出一封声援在庐山被批判的彭德怀的万言书，他认定曾为他的小说《小二黑结婚》写书名的彭大将军没错，被称为"与彭德怀一文一武，遥相呼应，猖狂向党进攻"的反面典型，受到中国作协的批判。但他不服气，在 1960 年 3 月向中国作协交的检查中，仍有这样的话，"我向各级所反映的问题及自己建议的解决办法，姑无论其合适与否，其精神都是想把问题解决了，而把公社办好的"，"我自信还是个敢想的人，虽然学的马列主义不多，遇事难免有想错的地方，但是想对了的地方也还不少，不要妄自菲薄，应该随着敲紧的锣鼓活跃起来"。

严文井一直对赵树理那股坚持真理又桀骜不驯的犟劲儿深表赞赏，对他不被人理解的苦痛也深为理解。老赵不时地闯进他的屋里，主动"送戏上门"，"老严，我来给你唱段上党梆子"。不等老严让座，他早已坐在桌边，双手齐用，以敲打手指头代替打板和锣鼓，节奏急促紧张，同时哼着高亢的过门，一段上党梆子就有滋有味地唱起来。唱罢，他马上又自我推荐，"再来段更好的"……

严文井说："我隐隐感觉到老赵的寂寞。"当时严文井是不可能什么话都对我直说的。而我本来不谙世事，除上学读书，对外部事物是雾中看花，也不感兴趣。我到严文井家，要么将习作呈上，听他点评，要么谈读什么书之后的体会，要么就是由他谈自己的事儿。他 1915 年出生在湖北武昌，那年是乙卯年，属兔。高洪波曾写《老兔严文井》，严文井为属兔，颇得意，说中国 20 世纪初有三位属兔的文化巨人风云际会，不仅改造了北京大学，而且为繁荣中国思想文化奠下基石：蔡元培，前清翰林生，生于丁卯年；陈独秀，光绪秀才，生于己卯年；胡适，洋博士，新文化运动扛大旗者，生于辛卯年。然后，他目光炯炯地看着我，说："我亦一兔，老兔严文井是也！"

2

严文井父亲是中学教师，经常失业，家境贫寒。严文井是老大，要帮助父母照料弟妹，经常编故事哄他们玩耍。十岁时，严文井如醉如痴地迷恋《西游记》《三国演义》《水浒传》《聊斋志异》和七侠五义等古典小说，后又转向安徒生、格林等童话大师的巨著。他给弟弟妹妹讲其间的故事，哄得他们服服帖帖。1934年，严文井毕业于湖北省立高中，四年后到延安参加革命。

严文井自读高中时就写散文、诗歌、小说。严文井第一次写童话，始于1940年。翌年，其童话剧《南南和胡子伯伯》出版。他还创作了童话《大雁和鸭子》《皇帝说的话》和《希望和奴隶们》等。在延安，他还创作了前面提到的长篇小说《一个人的烦恼》。小说于1944年在重庆出版，茅盾为此书作了序。我一直到图书馆查阅，无缘一睹。严文井只简单地说，这是一本写知识分子的很浅薄的小说。大约是20世纪80年代初，在一次有茅盾参加的我社召开的会上，休息时，我请教茅盾先生，严文井写的《一个人的烦恼》尚有印象否。他说，四十多年前的事了，已有些模糊了，依稀记得那是一部写知识分子觉醒、正义和软弱、动摇的小说，据说周扬肯定了该小说，毛主席读后也给予了正面评价。奇怪的是，严文井对此总是打哈哈，总是讳莫如深。

解放战争后期，北平解放，第一次文代会召开，严文井被选为中华全国文学工作者协会全国委员，工作之余，他先后创作出版了《丁丁的一次奇怪的旅行》（1950）、《蚯蚓和蜜蜂的故事》（1954）、《三只骄傲的小猫》（1954）、《下次开船港》（1958）、《小溪流的歌》（1959）。后来，到了六十岁后，进入新时期，严文井出任人民文学出版社社长，我已成为人民文学出版社编辑之时，他又创作了《南方的话》《气球、瓷瓶和手绢》《歌孩》《沼泽里的故事》《"歪脑袋"木头桩》等作品，于1983年出版了《严文井童话集》。

我读大学中文系时，对研究严文井童话颇有兴趣，重读了《小溪流的歌》和《下次开船港》后，有些体会。一年暑假，我去拜访严文井，向他汇报学习情况，我先滚瓜烂熟地背诵了他的《小溪流的歌》，表示我在认真研究他的童话。我说，小溪流克服千难万险，奔流不息，由涓涓细流成浩浩江河东流入海，有积极进取、乐观勇敢的精神，似是比喻我们青少年不畏崎岖，奋勇向前，有少年强则中国强的深意。《下次开船港》劝勉学生要珍惜光阴的同时，塑造了几个不同性格和品质的童话人物：故作清高、刚愎自用的纸板公鸡，口是心非的直肠子小蛇，醉生梦死的洋铁人和白瓷人，敢于在紧要关头挺身而出，牺牲自己的竹子兄弟及老面人，勇敢善良、天真纯洁的唐小西等。作品通过这些人物的活动并相对照，表现人物思想品格的真善美、假恶丑，为小读者指明健康成长的道路。诚如严文井所说，"童话虽然很多是用散文写作的，而我却想把它算作一种诗体，一种奉献给儿童的特殊诗体"，一种"无画的画帖，或一些没有诗的形式的诗篇"，"我的基调是从人生观上考虑得更多一些，这也是我的一点肤浅的哲学思想"（严文井《泛论童话》）。诗体的童话充满生活气息，形象生动多彩，故事有趣深刻，有浓郁的诗情画意，有深刻的哲理内涵。

严文井听完我的表述，只说了一句："文章一小技，于道未为尊。"我知道，这是杜甫《贻华阳柳少府》诗中的一句。1961 年，我把读《小溪流的歌》等童话的心得，整理成一篇东西，发表在一家儿童报刊上。

那天，严文井要我陪他下盘围棋。我不谙对弈之道。他笑曰："无妨无妨，我的棋术也很臭。"对弈时，他执白，我执黑。走了几着，我心里乐了，老头果然不是高手。对弈时，他给我讲了与大棋迷赵树理对弈的故事。那时他们同住四十六号，赵家房间里总备棋具。一日，赵树理非要与严文井过过着，没想到手"很臭"的严文井却旗开得胜。老赵不干了，非逼他再战一局，一连三盘，老赵竟无胜绩。又一次苦战，老赵两盘皆输。第三盘开始之时，时间已过深夜十一点，文井夫人便打发孩子来催回家睡觉，文井便回家了。过了几天，赢了两盘的严文井进入第三盘时又被夫人叫走。第二天上班时，中国作家协会秘书长陈白尘告诉严文井，昨晚老赵大怒，说："李淑华（严文井夫人）不把人当人，我和她两个人总有一个先死。要是我不死，我每天早上到她家门前去砸碎一颗棋子，把棋子砸完为止……"陈白尘笑着说："别砸别砸，那要砸多少天，你把棋子棋盘都送给我得了。"听罢，我正好输棋了，捧腹大笑，便打趣道："放心，我不会为了证明比您棋术高，而非要再下不可。但我很自信，我能赢您。"

严文井却很自责，下棋只图娱乐，不该较劲儿，一点不给老赵面子。

严文井喜欢音乐，特别喜欢欣赏西方古典音乐。他家置有留声机，买了很多西方古典音乐唱片。有时到他家，我就主动把留声机上满条，放上黑唱片，和他一起听贝多芬或莫扎特。严文井在《赵树理在北京胡同里》一文中，提到严、赵关于上党梆子与西方古典音乐之争的故事。他跟我讲了不止三次。说的是，一天，他正在屋里听一个花腔女高音的咏叹调，老赵又闯进来，嘿嘿地说了俏皮话："猫尾巴又被门夹住了！"他不理睬老赵，只管听，老赵也坐下来听，似被女高音的咏叹调打动了，面带微笑，不再讥笑。有天晚上，老赵来谈天，说上党梆子也有和声，演员的歌唱和伴奏的乐器不是一个声部平行进行的，并举例示范。老严认为"这个老师范生是学过一些乐理并具备一定的西方音乐知识的"。

严文井认为赵树理以小说创作名重文坛，并不像有些人所说，赵树理是"土得掉渣的"泥腿子作家。赵树理国学底子深厚，唐诗宋词都有功底，其诗《打卦歌》有白居易诗风。西安事变这一天，他写了小说《打倒汉奸》，整篇都用有韵的对话写成。严文井说："出乎我意料的是，他还读过不少五四时期的文艺作品和一些外国作品的译本。他的科学常识很丰富。我这才明白，老赵并不是个'土包子'，他肚子里装的洋货不少。"在一次闲谈中，有人不知怎么说起了某个人的桃色新闻。赵树理一下子联想到契诃夫的《在避暑山庄里》，便详细地讲了那个幽默故事的内容和细节，而1932年发表的《歌生》，以西方的"象征主义"及"意识流"手法讲了一个借尸还魂的故事。

我读过赵树理的《三里湾》，曾向严文井请教，这篇小说似并未固守传统小说技法。严文井颔首而笑说，老赵的《三里湾》确有属于世界文学的东西。但话锋一转，他评价道，老赵擅长书写中国农村的矛盾，尤其擅长写农民精神世界的躁动不安，《三里湾》中，被封建宗法制度扭曲的人格，尤其生动，但以大团圆的方式表现当时的农村生活，实际上并没有解决真正的社会矛盾。这既显示出他思想和意识上的局限，更大大削弱了该小说的美学价值。他还意味深长地说，这是所有作家的局限和悲剧。我在后来在《中国作家》杂志发表的评论马烽小说的长文中，重复了严文井的这一高见。

当时，正逢国家困难时期，我一次去严文井家，他在桌子上放上饼干和伊拉克蜜枣，要我和他的孩子们吃。那是他参加外事活动时，从自己的那份点心中省下的，而我也正好带去一些从莫斯科餐厅买回的面包，孝敬严文井。我爷爷有外汇券，可以经常去消费。不知怎么又提到赵树理，严文井说，比起劳动人民，作家有可观的稿费（后来当了《当代》杂志主编的秦兆阳，写了一部中篇小说《老山界》，所获稿费即可在北池子买一座四合院），困难时期，他们饿不着肚子。严文井告诉我，赵树理在 1953 年以前，把每月所得稿费的一半，以交党费的形式上交国家，在实行稿费、工资同时享受后，他不再领工资，直到困难时期。他外出公差，从不报销，看病交钱，不享受公费医疗。严文井讲这些时，是充满敬佩之情的。

3

转眼到了改革开放新时期，严文井回到人民文学出版社任社长，在第三次全国文代会前的 1979 年，人民文学出版社成了全国文学的中心。那年 2 月，人民文学出版社在友谊宾馆召开了一次全国部分小说作者会议，冯骥才、刘心武、蒋子龙、叶辛等悉数参加。我正在办理从教育局到人民文学出版社的调动手续，也参加了会议的服务工作。

那次友谊宾馆之会，邀请了茅盾先生，由严文井主持。这是一次文学解放的会议，在全国文学界产生重要影响，推动了新时期文学的蓬勃发展。冯骥才的中篇小说《铺花的歧路》、竹林的长篇小说《生活的路》、孙颙的中篇小说《冬》等都受到茅盾和大会的肯定。参会的作家受到启发、鼓舞，都跃跃欲试。文学的春天降临了。

1979 年底，第三次作代会召开，在选举作协领导时，中国作协的常青树严文井，却意外遭遇落选，心情郁闷。我在会上去看他，他心情沮丧地说："他们不该这样对我！"

大会之后，严文井病了，住进医院。我去高干病房看他，医师说有中风迹象，但会很快康复。病房里，半导体收音机正播放着肖邦的交响乐。

我调人民文学出版社并没有找严文井帮忙。有一位朋友，其公公是湖南军阀唐生智之弟唐生明。唐生明与沈从文交谊很深，我这位朋友几次带我去崇文门沈从文家，去拜访沈先生。沈先生看过我写的一些文章，加上"文化大革命"期间我与王愿坚两次到小羊宜宾胡同沈从文家拜访，他对我有较好的印象。一次，孟伟哉和严文井到崇文门沈从文家拜会沈从文，正好我与朋友也在沈家，严文井谈到人民文学出版社要办大型儿童文学期刊《朝花》诸事。沈从文插嘴道："这位年轻人可去应聘。"严文井笑而不答，过些日子，人民文学出版社党委书记周游突然让《朝花》一位编辑赵慧中找到我，说社里派他帮我办理调动的手续。很快，我被正式调到人民文学出版社，在《朝花》任编辑。不久，帮我调动的赵慧中，调往和平出版社，后任社长。我知道上苍对我多有眷顾，很多人都帮助我实现当编辑的梦想，但真正关键的人物是严文井。因工作调整，《朝花》停刊，在我写了《朝花》与读者告别的停刊词后，我被孟伟哉调到《当代》杂志工作。《当代》为我提供了一个可以瞭望中国当代文学的最高平台，使我的羁旅文学生涯如鱼得水。

附：眼睛

很有一段时间，我总不敢迎接文井老人的目光。尽管那目光依然明澈深邃，依然平和慈祥。

严文井是我的老领导，他参与创建中国作家协会之后，便到人民文学出版社主持工作多年，后一直是我们《当代》杂志的顾问。

他为人豁达宽宏，读到他的目光，心头便涌出几多幽默感，仿佛自己又变成了淘气的顽童，总想在他面前撒欢儿、炝蹦儿。

一年夏天，老人穿了一件黄得耀眼的T恤，出现在我社的院落里，看上去特新潮，人也显得格外年轻精神。于是，我便跑过去和老人耍贫嘴、逗乐儿："嘿，这老头儿真帅！"老人挺高兴，报以天真可爱的笑。

此刻，你会觉得这位新中国儿童文学的泰斗，童心未泯，灵魂永远那么鲜活年轻。

我们都喜欢到文井老人家去，都喜欢听他说话，从他硕大的头颅里蹦跶出来的故事似乎永无穷尽。

一次，我去找他聊天。当文井夫人康大姐给我们冲上热气袅袅的咖啡，老人便开讲。说有一次，他奉命在家照看外孙萌萌。五岁的小家伙淘气得可以，降伏的办法，只有给他讲故事。那次讲的是《萌萌当部长》。萌萌当部长的第一天，就让秘书为他买了许多汽水。当了部长的萌萌自然没人再敢管他，他便喝了又喝。后来部长要找厕所，却不知厕所在什么地方，憋不住了，部长尿了一地，秘书们生了气，就把这个部长赶下了台。

萌萌听了老爷爷的故事，觉得挺逗，就折着跟头大笑。听罢故事，我们也笑，但慢慢地，笑便凝固在脸上，心里有一种苦涩在升腾。

文井老人的幽默不是油滑，不是尖刻，不是冷嘲，而是高尚鲜活的幽默，蕴含着深刻的哲理，这大概便是司马迁所主张的"善为人言笑，然合乎大道"，也即李渔所说"于嬉笑诙谐之处，包含绝大文章"！于是，我就想写一篇关于严文井的文章。说来也巧，刚要动笔，就读到一篇阿毕写文井的文章。作者说他总是在美丽宜人的场景和环境，与西服革履、打着领带的严文井先生谋面，先在日本东京最豪华的新大谷饭店，后又在北京中国大饭店等令人炫目的地方。我在文章中调侃地写道，文井进入豪华的场所，其气派舒适自不必说，单那美味珍馐，也是令人垂涎。可我偏偏没那么好的福分。我和老领导文井老头的晤面，却总在极一般的场合，"或在出版社寒酸杂乱的办公室，或在东总布胡同他家那几间黑黢黢的小屋"。后来老人鸟枪换炮，迁入新居，房舍是宽敞豁亮了，可除了到处堆满了书籍，就是因养猫而弥漫的异味，远谈不上富丽堂皇。偶尔陪他去吃饭，也大都没有生猛海鲜，咀嚼不到那时很火的潮州菜，但文井老人吃得津津有味。

一年岁尾，我们到现已拆除的"咸亨酒店"，请文井老人、秦兆阳等几位老前辈吃饭，那菜肴也很普通。酒过三巡，文井老人双手抱拳云："辛苦各位了，我老头儿的生计，全靠你们了！"似乎不像时下发了横财的文化人的口气和派头。至于文井老人的服饰，我实在想不起他有什么好的行头。西服穿过，那多是在出国访问或接待外宾的时候。除此便是布衣便装，干干净净倒也颇为潇洒。

我在文章中，还写文井老人喜欢读《聊斋》，说简直到了走火入魔的程度。他觉得《聊斋》中那些有着善良灵魂的美丽狐仙，实在比人还可爱、可敬。他一直梦想着会有美貌的狐仙，在夜晚飘然而至，伴他品茗谈禅。好梦虽未成真，却于奇诡之中听到文学灵魂的召唤，修炼出一身的仙气：超然物外，心静如水，睿智深邃，自然幽默。

文章发表之后，我社的老领导、诗人屠岸写信说，文章读过了，写得不错。但也有朋友说：你调侃王朔受到好评，但用这种笔法写文井就未免不大严肃了。我着实感到惶惑和不安，便打电话给文井老人。他说文章读过了，结尾处"以其生命践信的中华学生"大约是"学子"的笔误。其语气虽无特别的不悦，也无特别的兴奋。原以为文章深得文井老人文风的真传，他老人家会高兴的，于是惶惑不安更甚。

说心里话，我特别敬重和喜爱文井老人。他一生酷爱读书，常年沉浸在古今中外浩如烟海的书籍之中，朝夕熏陶，汲取自强不息、厚德载物之精神，使他成为当今文坛有大学问、真学问的智者。

他的童话滋养了几代人，凡说儿童文学，几乎没有不提到他的。他的创作酝酿于祖国苦难年代，成熟与丰收，则是在新中国成立以后。他以哲人的眼睛，用充满热情与诗意的笔，为儿童也为成人奉献了独具特色的新童话。

读他在延安时写的长篇小说《一个人的烦恼》，尽管你猜不透这位大作家的心思，但那极丰富的内涵和深刻的哲理，却给你无穷的思索。

他的道德文章既恪守传统文化的精华，又不拘于传统而勇于开拓创新，永远让你感到新鲜的活力，这便是他身边总是会集着文坛新锐的原因。

早在延安文艺座谈会前夕，已是鲁艺学富五车、受人尊敬的教师严文井，曾和毛主席探讨过如何评价李白、杜甫。毛主席说他喜欢李白，不大喜欢杜甫。为什么？杜甫哭哭啼啼，是哭哭啼啼的现实主义。好像文井对此未必苟同。纵观文井的文学创作，我们会发现唐代两位大诗人对他都有着深刻的影响。

文井老人那双眼睛是睿智的、犀利的。有些人评论文学作品，总是引经据典，长篇大论，有时又矢不中的。而文井老人却能言简意赅、鞭辟入里地抓住要害。

几年前，曾有一位名噪文坛的很有才气的作家，连续发表了几部中篇小说，皆产生轰动效应，成为当时文坛一道亮丽的风景线。当这位作家得到太多的赞美之词的时候，文井老人却不无忧虑地指出作品雷同的毛病，虽则只用了十六个字。原话记不太准了，大约是"才子落难，巧遇佳人；潜心悟道，时来运转"。

细心品味，实在精辟又一针见血。

记得有一次，我和文井老人一起参加一个取材《聊斋》的电视剧座谈会。人们普遍认为该剧沉闷呆板，却找不到症结所在。

文井慢悠悠地说道："我看少了点儿仙气。"当导演的朋友听罢，一下子跳将起来，旁若无人地叫道："着啊！"终于找到了拍《聊斋》的金钥匙，拍出了好看的《聊斋》电视剧。

老人八十多岁，却极有生活情趣，爱猫自不必说，那是他多年的一乐儿。文井喜听原装西方交响乐，伴着扣人心弦的律动，让灵魂出窍，畅游五方八极，让心和旋律一起，寻找灵魂的栖息地。老人又痴迷于国粹京剧，轻吟浅唱，用心灵和凄绝悲壮的历史对话，从鲜活的历史人物身上，感悟人生，咏叹出"我本是卧龙岗散淡的人"，表达自己的人生境界。老人还爱看围棋和足球，并深谙其道，为中国足球总冲不出亚洲而太息，为围棋落后于韩国而扼腕。他的心很灿烂，他的心很广阔，他的心很活泼，他的心很年轻。

他的眼睛也很慈祥，他的眼睛也很犀利，但写了那篇文章之后，我不敢再迎接他的目光。

1991年仲春，文井老人突然赠我一帧题为"严文井自剖"的自画像，上书"兆骞一笑，文井一九九一、三、廿六"。

曾耳闻文井老人擅丹青，但未曾想到他的人物肖像画得如此传神。我愕然而又惊喜。

当我终于可以从容地面对画上文井这双眼睛的时候，我发现文井不再是那个我熟悉的慈爱、平和的老人，而是用冷峻的目光审视着世界的睿智的哲人。

凝视着这双目光深邃的眼睛，一个勇敢地剖析自己灵魂，执着地追求真理，本其良知素养关注世道人心而攘臂前行的天之骄子，便赫然矗立在我的眼前。

我的心灵一下子被深深地震撼了，我那悬浮的心悄然落定，将那恼人的自责和委屈全部放逐。这落定的灵魂，正有心音怦然响起……

热肠倚枕写文章

——聂绀弩的文人风骨与沉浮人生

聂绀弩，对大部分中国人来讲，并不是一个耳熟能详的名字，而在20世纪的文坛却是个叱咤风云的人物。他留下的独立人格力量和文化财富，犹如一座尚未深挖的矿藏，在未来漫长的岁月里，将闪耀着熠熠光辉。

　　聂绀弩的一生充满传奇，更具悲剧色彩。他的命运悲剧，不堪回首，却必须面对。我们透过历史烟云，回眸这位已经作古的作家，不仅是因为他的生命过程弥漫着一种文化意绪，还因其文化生命的巨大魅力，以及他所承载的那段可堪镜鉴的民族的苦难历史。

　　"神祇编织不幸，以使后代唱歌。"我要为聂绀弩的苦难灵魂而唱，为他的文人风骨而歌。聂绀弩是我的同事，也算师长。在寂寞的书房里感受窗外温暖的阳光时，我一想起他，就有一种独远的悲凉与沉重……

1

"聂绀弩是条大河",是我的老同事、忘年交、诗人牛汉说的。此语充满诗意又蕴含沧桑,或可说是聂绀弩生命的写照。

我是 20 世纪 70 年代末才走近这条河的。不过,那时这条河已不再汹涌澎湃,变成一条顽强向前、默默流淌的小溪。他吟唱着"炼狱天堂唯一笑,人间不觉泪痕多",重回他曾任过副总编辑的人民文学出版社,算是落叶归根,重操旧业,我们有幸成了同事。他已七十多岁,很少来社,偶尔相遇,我总是极恭敬地向老前辈点头微笑,他那清瘦的脸上便浮现倏尔即逝的一丝笑意。

过去,常听年长的同事提及聂绀弩趣闻逸事,让人莞尔。他的肚子里有说不完的故事,他的工作极为出色,他编辑出版了很多在学术界有影响的优秀图书。平庸的人对聂绀弩的名人雅士的特立独行颇有微词,但又不得不服膺聂绀弩的传奇经历和博学多才。况且,他不仅是一位资深的革命老前辈,还是新文化运动的一位骁将。

聂绀弩,湖北京山人。1924 年,他考入黄埔军校二期,与周恩来交好。1927 年,他赴苏就读莫斯科中山大学,1928 年回国,在南京国民党中央通讯社任副主任。1931 年,他因参加反日运动而离职逃往上海,不久,在上海参加左翼作家联盟,编《中华日报》副刊《动向》,得以认识鲁迅,并成为鲁迅倚重的青年作家。1934 年,聂绀弩和萧军各自都想办一个文学期刊,并将这种想法分别致信鲁迅和胡风。鲁迅认为两人都办分散力量,不如合办,便有了《海燕》的诞生。由于他人从中作梗,《海燕》无疾而终。因谣言伤及鲁迅,聂绀弩便写《论乌鸦》揭露真相,为鲁迅辩诬。这种仗义执言和对鲁迅的爱护,受到左联友人的赞誉,他进而结交茅盾、丁玲等作家。1934 年,聂绀弩加入了中国共产党,1938 年在新四军任文化委员会委员兼秘书,编辑军部刊物《抗敌》的文艺部分。之后，聂绀弩历任浙江省委刊物《文化战士》主编、桂林《力报》副刊编辑、重庆《商务日报》和《新民报》副刊编辑、西南学院教授。新中国成立后，他又历任中南区文教委员会委员、中国作家协会理事兼古典文学研究部副部长、人民文学出版社副总编辑、中国文字改革委员会委员等职。

聂绀弩的作品有《绀弩杂文选》《历史的奥秘》《夜戏》《山呼》等几十部，洋洋洒洒竟有数百万字。杂文、诗歌、小说、散文、戏曲、评论等诸多文体，聂绀弩无不涉猎，皆有造诣，尤以杂文的成就和影响最大。

聂绀弩写杂文，师承鲁迅，内容广博，有揭露控诉侵略者的，有对国民党腐败统治的鄙夷和鞭笞的，有歌颂新中国新气象的。这些杂文无不流露出中华民族的浩然正气。

读这些文章，你会发现聂绀弩历史知识的丰富和古典文学素养的精深。我尤喜欢他解放前的杂文，笔锋泼辣恣肆，行文挥洒自如，逻辑缜密，幽默风趣，故胡乔木誉他"是当代不可多得的杂文家"。这段历史，是聂绀弩意气风发、戎马倥偬、瀚海扬帆、人生得意的"华容道岁月"。

2

作家写人，如同为其"画像"，注定不是一件容易的事。给伟人"画像"，更难。胡适说，给人"画像"，"最主要条件是纪实传真"，而"中国的文人却最缺乏说实话的习惯"。不仅对政治、时人有忌讳，还有对尊者讳的谬例，或诔颂，或诋诬，多不能"纪实传信"。

黄埔军校二期、鲁迅忠实的学生聂绀弩，于1945年初，在重庆写了《伦理三见》。其一、其二是对钱穆、冯友兰两学者的辩驳。其三是对重庆坐滑竿、轿子的有钱有势的阔人的憎恶和鄙视，笔锋犀利。到了9月，又在重庆写了《毛泽东先生与鱼肝油丸》。此文中的毛泽东，不是供奉在神龛里满头光环的偶像，也不是正襟危坐、不食人间烟火的超人，而是一"原生态"的真实、可敬、可爱、可亲的人民领袖，写得真有点惊世骇俗。

阅读此文，是在其发表三十七年后的 1983 年。几年前经历了漫长的炼狱之苦，聂绀弩拖着老迈病身，携着大量诗作（后出版《散宜生诗》），重返我就职的人民文学出版社。得知他有"一篇散文《毛泽东先生与鱼肝油丸》，在'文化大革命'被认为反动证据"（聂绀弩 1983 年 5 月 9 日写给诗人屠岸的信），我便迫不及待地找来阅读。

抗日战争胜利后的 1945 年 9 月，为谋求和平的毛泽东，到重庆与蒋介石谈判。在重庆重见毛泽东，聂绀弩不禁回忆起 1938 年春，在延安见到他的情景。有感而发，遂有这篇记毛泽东日常生活片段的散文。

文章开篇，映入眼帘，是站在台上给一千多军民做报告的毛泽东，"身材不高，背不直，脸不长，脸上还有点虚胖，颜色也不怎么健康，光着头，穿一件褪了色的灰布军装，上面显然有些各样的污痕，风纪扣也不扣"，寥寥几笔，就形象传神地勾画出领袖艰苦朴素的本色，为民族解放事业操劳过度的憔悴也跃然纸上。

接下来，写毛泽东演讲的情状，"声音不高，可是大家都听得见，一点激昂、慷慨的气都没有，一点也不像在台上讲演，一点也不像在讲着抗战的大道理，倒像和你促膝地谈着一些无关紧要的家常琐事，话里面没有难懂的名词或深奥的理论，似乎无论什么深奥的东西，他都能用极浅近乃至极陈旧的话表达出来"。不讲排场，不摆架子，不重威义，不唱高调，不装腔作态，聂绀弩笔下的领袖是这样平易、亲切、自然，而深入浅出唠家常式地宣传救国大道，更具有哲人思想家的魅力。

毛泽东走下讲台后，与毛泽东同行的丁玲，叫住在上海就熟稔的聂绀弩，把他介绍给毛泽东。一路同行中都说了些什么话，早已忘记，但毛泽东与人闲聊时的态度、方式，却让他终生难忘。毛泽东谈话时，"不威胁人，不使人拘谨，不使人自己觉得渺小；他自己不矜持，也不谦虚，没有很多应酬话，却又并不冷淡。初次见面，谈起来就像老朋友一样"，"很坦率地发表意见"。"毛先生的态度，就算并不全部真诚，也未尝不蔼然可亲"。"跟讲演的时候一样，也爱夹杂些笑话，也爱笑，讲得很慢，也夹杂着几声咳嗽"。写到这里，领袖已如左邻右舍的老熟人一般，平实、坦诚、和蔼、幽默亲切，还略带点儿文人的落落，让你感到既温暖，又感到平等和自尊。

聂绀弩是把自己放在与毛泽东平等的位置上，在无所顾忌的心境下，以文人自由不羁的天性，如胡适名言"有什么话，说什么话"般，只遵从心灵的呼唤，用真实的感觉和情感，感悟这位创造和影响历史的伟人的心灵。这样的笔触是极自然的，完全泯绝了硬做的痕迹，里面的东西，都是人物自己有的，无须外加，浑然天成。

后来因香港作家高旅的稿费一事，我去聂绀弩家，顺便把我的阅读感觉告诉他。他躺在小床上，沉默了许久才说："称为英雄的，并非以思想或强力称雄的人，而只是靠心灵而伟大的人。"我知道这是罗曼·罗兰写在《贝多芬传》的序里的话，聂绀弩就是这样写领袖毛泽东的。

3

"凡一种文化值衰落之时，为此文化所化之人，必感苦痛。"这是大学者陈寅恪的话，道出了在中国传统文化动荡的年代里，每个有良知的学人那不可逃避的命运。聂绀弩和丁玲、吴祖光等一大群文化精英被流放到北大荒之后，都经历着种种文化苦痛，沧海桑田，命运弄人。

一次，聂绀弩的老伴儿，曾是民革组织部副部长，后又任交通部部长的周颖，从北京到北大荒探望他。二老相视无言，沉默中背负着伤痛和屈辱的心灵却翻江倒海。聂绀弩见到相濡以沫的妻子，毕竟有了些慰藉。幽默的天性让他戏称自己是"忘忧草"，妻子也为了化解沉重的苦楚，以"合欢花"自比，这是黑土地上顽强生长的花草。原本聂绀弩是吃食堂的，妻子一来，他就在"家"里吃"小灶"。不料，聂绀弩烧水时不慎引燃了茅草房，于是，被上纲上线追究责任。面临灾祸还残存书生气的聂绀弩只好硬着头皮检讨。据目击者徐玙旬描述，聂绀弩并不紧张，只是以学究式的幽默说："只怪我烧锅时忘了戴眼镜。

戴上眼镜是四只眼，少了一双，怎不出纰漏？"说着说着，又扯到自己不该姓"聂"，说聂字是三个耳朵，一对成双，剩下一个耳不成双，自然听觉失灵。又曰，这几天"火头军"（做饭）的差事本是周颖包揽的，可那会儿她偏偏上山采猴头菇去了，夫妻脱了双，不惹麻烦，岂不怪哉？原本严肃的案情调查会，竟以调查组的哄堂大笑而终，"有"欢而散。

"纵火"一案，化险为夷，可到中午时分，聂绀弩又突然失踪。冒着弥天大雪，众人四处搜寻，才在十里开外的老山林里找到正与伐木工谈得火热的他。他说，当文人受够了气，要留在此处当工人。看来，他是下了决心，有备而来的。他那落了厚厚积雪的肩上，扛着用绳子系的一串黄灿灿的窝窝头。好说歹说，他才跟大家往回走。路上有人指着黑幽幽的被飞雪笼罩的森林说，若你不回来，那就便宜狼了。聂绀弩神情黯然地自语："自然界的禽兽是有灵性的，不会伤害善良的好人。"大家一路沉默。

吃了夜饭之后，聂绀弩突然像换了一个人，显得兴高采烈的。他从衣兜儿里摸出一张纸头，他说，那是他在林场写的诗，非要念给大家听，以报答众人对他的厚爱。诗中最后两句是："投柯四顾漫天雪，今夜家中烤火么。"从不正经地检查，转而愤怒逃离，再到黯然返回，最后有雅兴以诗抒怀，对此行径，人们真的难以解读。但是，我还是能从这一系列行为的悖论中，真正地猜透他的心迹。

4

聂绀弩从茫茫苦海里爬出来后，回到北京，住进垂杨柳北劲松十一楼。他把这写进诗里，戏曰"居家不在垂杨柳，暮色苍茫立劲松"，谐谑中有一种旷达的人文气象。我曾因工作去过几次聂绀弩小而杂的居所。后来他因患"废退性肌腱萎缩症"，骨瘦如柴，卧在小床上。

有一次，去他那里问香港作家邵慎之的通信地址，因为我编的邵先生的长篇小说《金剃刀》已出版，拟寄样书和稿费，知邵先生与聂绀弩是朋友，便来问他。他拿起笔，在一张纸上吃力却清楚地写下他朋友的地址，递给我时，突然问："汪兆铭与你是何人？"突如其来的发问让我不知所措，无言以对。他又说："只差一字，'文化大革命'时没查你？"我笑了说："他们都没有您有学问，只知汪精卫，哪知汪兆铭。"他也笑了。聂绀弩八十岁时，在《人民日报》发了两首七律，题为"八十虚度"，乃自寿也。"虚度"，改自《离骚》"皇揽揆余初度兮"，自谦之意。"南洋群岛渡浪翻，北大荒原雪压诗"句，概括一生之蹉跎。

聂绀弩的书房自冠"三红金水之斋"，可窥见聂绀弩的一生喜爱《三国演义》《红楼梦》《金瓶梅》《水浒传》等经典。他不仅喜爱这些经典，而且对这些经典有深入的研究，发表过很多有学术价值的论文。晚年，他卧在床上，或倚着枕头，写了《且说三国演义》等论文。他还应邀拟写《论贾宝玉》，写了一半，终因病魔缠身而罢手。胡风先生在《和聂绀弩》诗中有"分香润色怜花草，善与通灵木石居"句，足见聂绀弩对《红楼梦》之爱，对红学研究之深。

其实，聂绀弩纵有"怜花草""木石居"的雅好，但那只是短暂的时光。大部分岁月，是在北大荒的冰雪和监狱的凄冷中度过的。问他怎样度过艰难的日子，他很轻松地笑道："在山西牢房里，有一位同号姓包，跟我说，他'不喜欢鲁迅'。问其故，包说，鲁迅全盘否定阿Q，人没阿Q气，怎么能活呢？他就是靠阿Q气，挺到七十，瘐死狱中。"

聂绀弩顿了顿，望着楼外那幽深的蓝天，说："我比包有更多的阿Q精神，才熬到今天。"他在《九日戏柬迩冬》一诗中吟道："嵩衡泰华皆0等，庭户轩窗且Q豪。"他硬是用阿Q精神，承受了如四座大山般的沉重的苦难。但在我看来，他所谓的阿Q精神，仅仅是一种自慰和自嘲而已。在他的背后，心头压了嵩、衡、泰、华四座名山的苦痛，一息尚存，苦挨而已。像他这样的知识分子，本该成为专司思考的思想者，代表这个民族的理性和灵魂，但命运不仅让他们集体落难，又让他们集体失语。对聂绀弩们来说，沦落的不只是文人的道义，还有曾经圣洁的灵魂。我不信，那阿Q精神真的能压住他心底的苦痛。

他在欺骗自己，也在欺骗世人。

聂绀弩晚年，曾出版《散宜生诗》集，甫一问世，学界大噪，一度洛阳纸贵。诗人屠岸说："聂老的旧体诗，像他的散文，嬉笑怒骂，皆成文章，是杂文风格的诗。"说到点子上，眼光独具。具有文学常识的人都知道，没有批判锋芒，岂能称杂文。聂绀弩的诗用春秋笔法，于嬉笑怒骂中评说历史、臧否人物，虽收敛锋芒而不淋漓尽致，却也意蕴深远、老谋深算。

聂绀弩装出来的阿Q气，有时是绷不住的。这一刻，阿Q精神远遁了，我们方见到他些许的文人风骨和真性情。

5

死亡的气息终于逼近这个倔强的老人。丙寅年（1986年）临近春节，我和同事去看望聂绀弩，见他已气息奄奄，众人劝他去医院住院治疗，夫人周颖摇头说："他不肯去！"不久，周颖打来电话，说聂绀弩同意住院了。古典部的同事又抬又抱，总算把他安放在医院的病床上。大家欣喜地回到出版社。不料尚未把被褥焐热，聂绀弩竟反悔，不住院了。如此闹了几次，没办法，众人又费九牛二虎之力，把他弄回家。

究竟什么原因让聂绀弩如此轻命，不甚了然。有人说，自爱女受难辞世后，他彻骨悲痛，从此就把生命看得很轻贱。其实，了解他的人清楚，哀莫大于心死，他那颗渴望飞翔的心既已沉落，命又何足珍贵？

1986年3月26日，聂绀弩对妻子说："我要吃一个蜜橘。"他如愿以偿地吃完蜜橘，带着一丝满足，平静安详地睡去，作别了他钟爱的文学。这条大河也戛然失声，再不浩浩流淌。早春的风，裹挟着远山的寒气，呜呜地为文曲星致哀。人们来到八宝山，送聂绀弩西行。

聂绀弩走了，他把独立的人格力量和丰富的精神遗产留给了后人，如陶渊明所咏"死去何所道，托体同山阿"了。黄苗子、郁风夫妇曾书赠聂绀弩一副对联。郁风口占上联"冷眼对窗看世界",黄苗子捷才对下联"热肠倚枕写文章"。就此,画出聂绀弩翁的人生大境界,这也是最贴切的"墓志铭"。

哦,那曾是一条怎样汹涌澎湃的大河哟!

羁旅文学，看到的风景（代跋）

当了一辈子为人做嫁衣的编辑，天天徜徉于文字海洋，与各路文界好汉和侠女成了朋友，便有了与作家、作品相知对晤的日日夜夜。高山仰止，鉴德知来，终身受益。退休之前，除了写发稿笺，月明星稀之时，偶尔也随手写些同作品及友人问答交谈、扯闲篇儿式的文字，聊以自悦，也愿悦人。

英国史学家爱·霍·卡尔说："历史是历史家跟他的事实之间，相互作用的连续不断的过程，是现在跟过去之间的永无止境的问答交谈。"套用他的话，我经历的文学之路，是我与作家、作品连续不断的问答交谈的过程。

岁月之旅，消磨而且沉积，一切都变得淡然，唯与文学的对语或可长久地继续下去。因为此生即已与文学结下不解之缘，虽"一事无成人渐老"，但内心里燃烧的那簇文学之火，却依然灼灼如炬。

"白发书生寂寞心"，为对文学的那份坚守，为一个有良知者痴痴的精神守望，我于2012年春接受北京电视台为我作的专访节目。文坛的朋友说，有点意思。你与那么多作家打了一辈子交道，熟悉其作品，又熟稔其人，何不如实道来，弄成一本书，让我们与那些值得结识而并不相识的作家，变为有一面之识，你功莫大焉。况且，你的私人话语，或可为文学史提供一份证词，搂草打兔子，也算让你捡个便宜。受到鼓励，我就真的弄成这本小书。先是由重庆出版集团出版，五年过去，又经认真补充整理，再度出版，以飨读者。但它带有那段历史时期的话语痕迹，或让年轻读者感到陌生。

我有幸亲历并参与了新时期改革开放语境下的文学变迁。我就职的人民文学出版社《当代》杂志，为我提供了一个可以眺望文坛和参与新时期文学建设的平台。

我把新时期文学视为中国文学长河中，最为汹涌澎湃的流段。有人也称之为 20 世纪中国文学的一个域名。新时期文学并不是一个快乐的乐章，一开始它就呈现了悲壮苍凉的情怀，而拉开的却是辉煌的序幕。接下来，便是一出出好戏粉墨登场：伤痕文学、反思文学、改革文学、寻根文学、先锋文学……

　　所谓伤痕文学是"诉说历史伤痛"，重在揭伤疤，诉苦难。写的是阶级斗争给民族和国家心灵深处留下的巨大伤痛。作为一个永恒的文学母题，苦难叙事有自己独特的性质，它总是指向过去，又总是试图通过讲述来让人们铭记苦难，甚至避免苦难再次发生。苦难叙事也并不只是历史发生后的文字记载，它还是一种文学"追忆"。文学叙事超越于历史记录的特别之处，在于它不仅可以以丰富的方式解释历史，还可使不同的人参与到对苦难的集体性体验之中。

　　卢新华的《伤痕》写"文化大革命"给人们带来的苦难。刘心武的《班主任》突破政治禁区，写文化专制主义对青少年的残害。这些作品是对"实践是检验真理唯一标准"大讨论的直接呼应。《当代》发表并获首届茅盾文学奖的《芙蓉镇》《将军吟》及王蒙的《恋爱的季节》《失恋的季节》《踌躇的季节》《狂欢的季节》等长篇小说，应该说是这类文学的代表作。

　　这类作品呈现个体和家庭悲剧，知识分子苦难史，老干部在苦难中表现出的对革命的忠诚……但多因着眼政治层面，议论多、批判多，故事简单，缺少丰盈的文学血肉，读者并不满足。

　　这里，需要对伤痕文学的发轫之作，做个澄清：曾在南京工作过的美籍华人作家陈若曦于 1976 年，在台北远景出版社出版的小说《尹县长》，早于《伤痕》《班主任》。

　　所谓反思文学，利用文学作品，对中国社会进行形象回顾和总结。一个长期沉浸并咀嚼苦难的民族，是没希望的。中国作家从来不缺少思考，在他们有了话语权的时候，他们就不失时机地对中国社会进行反思。举国的作家都用文学进行反思，这是历史的独特风景。是本该成为代表民族精神和灵魂的作家的觉醒，是作家的责任和担当。鲁彦周的《天云山传奇》、茹志鹃的《剪辑错了的故事》、高晓声的《李顺大造屋》等，是反思文学的收获。1981 年在《当代》发表并获首届茅盾文学奖的李国文的《冬天里的春天》，以及在 1986 年第五期

《当代》上发表的张炜的《古船》，更是被视为新时期文学重要成果。

经历了回眸民族的伤痛，又经历了对历史的深刻反思，一部分敏感的作家把目光投向中国经济和社会的大变革，于是催生了"改革文学"。改革文学的浩然正气，给新时期文学，带来了一种宏大气象。首开风气之先者，是天津工人作家蒋子龙，他的《乔厂长上任记》《开拓者》《一个工厂秘书的日记》《赤橙黄绿青蓝紫》等一系列工业题材小说，揭示了改革大潮下都市工业群落中人与人之间的复杂微妙的关系和他们的生存状态及生存景观，并较深刻地反映了工业建设中的种种矛盾。这些作品还塑造了一群有高度历史责任感、锐意进取的改革者形象，拉开了改革文学的大幕。我们《当代》也推出了蒋子龙的《锅碗瓢盆交响曲》、李国文的《花园街五号》、苏叔阳的《故土》、张锲的《改革者》及柯云路的《三千万》《新星》《京都纪事》等小说，在社会上引起较大反响。但我们重新审视这些所谓的"改革文学"时，会发现有些以改革示人的作品多抓住生活的表象，来充当生活的本来面貌，以暗度陈仓，故不久，"改革文学"风光不再。

有意思的是，"改革文学"与"伤痕文学"都产生过极大的社会性轰动效应。但轰动是因读者关注社会变革而不是文学本身。

20世纪80年代中期，一批作家不约而同地开始关注文化的寻根问题，如韩少功写《文学的根》，郑万隆写《我的根》，阿城作《文化制约人类》，在《当代》杂志发表小说《远村》的郑义作《跨越文化断裂带》，另一位在《当代》发表小说《最后一个渔佬》的李杭育写《理一理我们的根》。他们与不少作家、批评家关于文学寻根的论述，掀起一股文化寻根的浪潮，尽管文化"寻根"没有宣言，但提出文学继承并重建民族传统文化的倡议，却得到作家们的广泛支持。

作家们意识到，我们国家在经历严酷政治斗争之后，中国文化已经断裂，其结果使文学失去了根基。所以后来，陈忠实创作了《白鹿原》，为传统文化的失守，唱了一曲挽歌，以毁灭的方式，呈现中国传统文化的价值。文学想要发展，必须接上传统的文化源流，并将文学之根深深植于民族文化土壤之中。

文学的文化寻根潮流中，又涌现了一批优秀作家和作品。像王安忆的《小鲍庄》、冯骥才的《三寸金莲》、莫言的《红高粱》系列、陆天明的《泥日》等。他们的作品，突破了文学作品只局限于"社会"意义的话语，使文化语境走进文学更广阔的天空。

在 20 世纪二三十年代，一批到西方留学的诗人作家，徐志摩、李金发、戴望舒、施蛰存等，借鉴西方文学的创作手法和艺术风格，创作了不少与中国传统文学迥然不同的诗和小说，人们称这类舶来作品为现代派或先锋派。其实，这种判断是不准确的。20 世纪初出现的西方现代派的艺术精神，如意象、象征、反讽、意识流动、黑色幽默等，其真正的源头是两千多年前的中国古代文学。当然，新时期文学之王蒙的《蝴蝶》、刘索拉的《你别无选择》等小说，所具有的现代主义写作形态及所表现的浓重现代性，是与当代世界文学接轨的。

就小说而言，又可分为新写实、新乡土、新现实主义，它们曾依次亮相。从历届茅盾文学奖的作品，特别是第十届获奖的作品看，现实主义获得了全面的胜利。

随着中国社会变化，中国社会和人的思想意识发生变化，文学也发生了嬗变。这种变化动摇了文学的价值观和审美意识，于是文学加快了"主流文学""精英文学"和"大众文学"的分流，逐步形成雅俗共享文坛的多元化、多样化的局面。主流文学话语权受到挑战，精英文学表现出文学的生命力，大众文学满足文学的消费性。人道主义的悲悯，人性精神的张扬，书写普通人的生活和命运，已是中国文学不可逆转的潮流。

我的这种表述是否科学，待考，但大体脉络，自以为是清楚的。退休之后，便可以自由表达自己对文学的认识。我潜心研究，以十九年的磨砺，写出关于民国大师的集体传记七卷本《民国清流》，以及一部关于世界文学的四十七万字的长卷《文学即人学：诺贝尔文学奖百年群星闪耀时》。这些是对文学及文人的学术思考，濯去旧见，不委流俗，论必有据，以求新意。自知水平有限，做不到"世事洞明"，却有"亲临现场"的真实经历和切身体验。我的只言片语、鸡零狗碎，或可给"新时期文学"留下一种可资参考的证词。毕竟，多人阐述的历史，才有可能最接近历史的真相。

此外，我的回顾，不可避免地要面对文学领域中许多混沌的概念，如文学与政治的关系、文学的目的、如何评价文学作品等。对此，尽管我有自己的观点，但与此文的目的相抵牾，故搁置不谈。"文变染乎世情，兴废系于时序"。文学的发展，最终取决于社会生活的发展变化；取决于文学自身审美传统的继承和发展，作家的使命感、责任感，推动着这种变化。

文学是人类生存历史的写照。"新时期文学"以来的文学，也恰恰是粉碎了"四人帮"，经济建设取代阶级斗争、改革开放冲破闭关自守的新政治局面下，社会生活和人们生存状态的写照。它的诞生象征正义、善良、人性的回归，因此具有深刻的社会性和广泛的人民性。就文本而言，它是一种自由状态，题材、方法、语言、风格、流派空前丰富多彩。

这本小书，力求呈现我熟稔的作家朋友给中国文学奉献厚重文学画卷其间创作悲欢的点点滴滴，及他们在透视世道人心，探索人的灵魂时所表现的文心和人格。

他们的作品折射复兴中的古老民族及其灵魂在新旧嬗替的大变动中的种种面容，构成了一部宏大的叙事。

我的这些朋友都是"高居塔顶"，风吹草动就叮当有响（张中行语）的人物。这本小书如能使读者与这些值得结识而并不相识的人变为有一面之识，就让我有大喜过望的成就感，而欢呼雀跃了，然而或因我的水平有限，达不到这一目的，只好说声惭愧，抱歉了。

感谢重庆出版集团和现代出版社的厚爱，先后倾力推出这本小书。赠人以言，重于金石珠玉，暖于棉毛布帛，给全民阅读，捧柴添薪，功德无量。

是为跋。